サバンナの林を豊かに生きる

母系社会の人類学

杉山祐子 著
SUGIYAMA YUKO

生態人類学は挑む
MONOGRAPH 7

京都大学学術出版会

ミオンボ林があればどこへでもいける

サバンナの林が「われらベンバ」の生きる道

ザンビア北部の焼畑農耕民ベンバ。農業に厳しい環境で豊かに暮らす術、それは自然利用のジェネラリストとして生きることだ。その入り口は男女の連携から生まれる精緻な焼畑技術。人も祖先霊も野生動植物もともに生きるかれらの世界から「食物の道」を辿ってみる。

男性の技能が光る樹上伐採

立ち上る煙が雨雲を呼ぶ

枝葉を運ぶ女性の重労働が豊かな実りを約束する

調理加工作業。並んで製粉作業をする女性たち

キャッサバの製粉作業をする女性

世帯の格差や垣根があっても、女性の集まりを通して村中に食べ物が行きわたる。離村や分裂があっても、母系のつながりが人びとを呼び集める。貨幣経済の浸透、農業の商業化政策……それらの変化を焼畑農耕に組み入れて生業の幅を広げるかれらの近代化。

母系のつながりが離合集散の軸になる

焼いたあとの耕地にシコクビエを播くのは年長者の役割

伐採手不足を男性の共同労働でカバーする

採集したイモムシを加熱処理して、乾燥させる

魚毒漁。上流から魚毒を流す

乾燥イモムシは高価で取引され、商品と交換される。スカーフの品定めをする女性たち

ネットハンティングへ。肉を得る貴重な機会であるが、獲物の雌雄によって吉凶を占う場合もある

酒宴にて。瓢箪からシコクビエ酒「チプム」を竹製のストローで飲む

シコクビエ酒を醸す女性

酒のふるまいと労働

女性が醸す酒は、儀礼や宴に欠かせない。村びとの楽しみでもあり、共同労働への感謝を表す印でもある。国による換金作物栽培の普及による「お金の道」の出現で大きく揺らいだこの関係も、女性たちの新しい試みで装い新たな「食物の道」につながった。

換金作物のトウモロコシを栽培する畑で働き、収穫物を村に運ぶ

母系で結ばれた子ども集団。自分たちでも採集や狩りをおこなって「食物の道」を学ぶ。モールラットの待ち受け猟

祖霊祠で踊る子どもたち。新しいシコクビエの収穫を祖霊と共に喜ぶ

混迷する21世紀の荒野へ

地球という自然のなかで人類は長い時間をかけて多様な文化や社会を創りあげてきた。その長い歴史は、人類が自然の一部としての生物的存在から離陸して自然から乖離していく過程でもあった。その結果、現在の人類は地球という自然そのものを滅亡させてしまうかもしれない危険な存在になっている。世界がその危険性にやっと気づきはじめ、資本主義グローバリズムに変わるべき未来像を模索している。

そのような中で生態人類学は自然と文化という人間存在の二つの基盤にしっかり立脚し、人間の諸活動のすべての要素を含みながら、しかも具体的で説得力ある研究を目指すユニークな学問的営為として研究活動を続けてきた。現在地球上で急激に減少している多様な人類文化に着目し、そうした民族文化や地域文化の奥深さを描き出すため志のある研究者が実直で妥協のないフィールドワークを続けている。研究者たちはそこで得られたデータによって描かれる論文や現場に密着したモノグラフ等の作品以外に、この多様な人類のありかたを示す方法はないことを確信してきた。

生態人類学は、一九七三年五月に東京大学と京都大学の若手の人類学関係者が集まり第一回の生態人類学研究会を開催したのが始まりであった。この生態人類学研究会は二三回続き、一九九六年の生態人類学研究会を第一回の生態人類学会研究大会とすることで新たな学会となった。今年度（二〇二〇年）第二五回の生態人類学会研究大会を開催し今日に及んでいる。今や生態人類学を標榜する研究者も数多くなり、さまざまな大学や研究機関に所属している。

生態人類学会は二〇〇二年度に『講座・生態人類学』（京都大学学術出版会）八巻を発刊して、それまでの生態人類学の成果を世に問うている。この講座は、アフリカの狩猟採集民二巻、東アフリカの遊牧民、アフリカの農耕民、ニューギニアの諸集団、沖縄の諸論考のそれぞれに一巻をあて、さまざまな地域のさまざまな生業や生活を対象にした論文集という形のシリーズであった。また、エスノ・サイエンスや霊長類学と人類学をつなぐホミニゼーションに焦点をあてた領域にもそれぞれ一巻をあてている。

この『講座・生態人類学』発刊からすでに二〇年近く経過し、研究分野も対象とする地域ももはや生態人類学という名称では覆いきれない領域にまで広がっている。そして本学会発足以降、多くのすぐれた若手研究者も育ってきている。そうしたことを鑑みるならば、このたびの『生態人類学は挑む』一六巻の発刊は機が熟したというべきである。このシリーズはひとりの著者が長期の調査に基づいて描き出したモノグラフ一〇巻と従来の生態人類学の分野を超えた、領域横断的な研究分野も包摂した六巻の論集からなる。共通するのはいずれもひとりひとりの研究者が対象と向き合い、思索する中で問題を発見し、そして個別の問題を解くと同時にそれを普遍的な問題にまで還元して考究するスタイルをとっていることである。生態人類学が出発してほぼ五〇年が経つ。今回の『生態人類学は挑む』シリーズが、混迷する21世紀の荒野に、緑の風を呼び込み、希望の明りをともす新たな試みとなることを確信する。

日本の生態人類学の先導者は東京大学の渡辺仁先生、鈴木継美先生そして京都大学の伊谷純一郎先生であったが、生態人類学の草創期の研究を実質的に押し進めてきたのは六年前に逝去した掛谷誠氏や今回の論集の編者のひとりである大塚柳太郎氏である。

掛谷誠氏の夫人・掛谷英子さんより掛谷誠の遺志として本学会へのご寄進があり、本出版計画はこの資金で進められた。学会員一同、故人に出版のご報告を申し上げるとともに、掛谷英子さんの御厚意に深く謝意を捧げたい。

『生態人類学は挑む』編集委員会

目次

第4章　人びとの移動と村の発達サイクル……155

第5章　チテメネ農法の秘密と村長の権威……193

序章

ミオンボ林の焼畑農耕民

1　焼畑農耕民ベンバに出会う

ザンビア北部の台地に広がる明るいサバンナ・ウッドランドは、林を構成する木々の地元での呼び名にちなんでミオンボ林とよばれる。ミオンボ林を舞台に焼畑農耕を営んできたバントゥー系の人びと、ベンバ(Bemba)が本書の主人公である。

ベンバの人びとはミオンボ林の環境に適した農法を発達させ、二次林で展開する多様な動植物の狩猟採集を組み合わせた生業複合(複数の多様な活動の組み合わせから成る生業全体)を生み出してきた。かれらは生業複合を通してミオンボ林の多様な恵みを受け、安定した自給用の食料確保をはかる一方、北部州一帯を覆うほどの勢力をもった伝統的王国を作りあげた。さらに二〇世紀初頭以降の植民地化や現金経済の浸透、独立後の開発政策や農業の商業化など、度重なる近代化の波を受けながら自らの生きる場を築いてきた。私が出会ったのは、ミオンボ林の自然環境について細やかな知識をもち、それを柔軟に使いながら主体的に技術革新を続ける人びとであり、植民地期からの政府の圧力をかわしたり利用したりしながら、新しい地平を切り開いてきた人びとの歴史の蓄積であった。

ベンバの住む地域には、草地から木々が大きく育ったミオンボ林まで、さまざまな段階の植生が展開するが、ミオンボ林の木々は、ほかの地域とは違って低い位置にこんもりと枝葉を茂らせた特徴的な樹形をしている。人びとが長い年月にわたってミオンボ林を利用してきた結果、かれらが使いやすい形に変わってきたからだ。同時に、人びとの人生や集落の発達もまた、ミオンボ林の再生サイクルに同調して動き、王国の始祖を中心とする祖霊信仰に支えられた世界観を生み出してきた。ベンバの生業複合は、ミオンボ林の環境への絶え間ない働きかけと社会的なしくみが密接に結びついて成立する。その根底には、他者への分与（食物の分かち合い）を基調とする社会経済的なしくみがあり、だれもが安定的に食べられるような自給レベルの維持につながっている。

本書では、ベンバの生計活動を切り口にして、まず、環境利用のしくみとしての生業複合の様態を捉え、その基盤となっている人びとの移動性を王国という制度がどのように支えてきたかを検討する。さらに現金経済の浸透や農業の商業化などの変化を組み込んできた過程を描き、変化の中に反映される人びとの資源観と価値観を浮かび上がらせることを目的のひとつとする。それをふまえて村びと相互の関わり合いという文脈から、「食物の分かち合い」の経済のしくみ、すなわち安定した自給レベルの維持を可能にする社会のありようを明らかにすることを二つめの目的に設定したい。ベンバの生計活動ははっきりした性別分業で成り立っているので、この作業には不可避的にジェンダーの視点が関わってくる。

このような目的を設定したのはなぜか、その背景を少し詳しく説明しよう。

1……チテメネ・システムとベンバ社会の変化

ベンバの人びとが住むのは、ザンビア北部州の州都であるカサマを中心とした北部州（現在の行政区分では北部州とムチンガ州）[1]一帯だが、イギリス植民地時代における都市開発政策の影響で、現在のベンバは、コッパーベルト州やルサカ州にも居住域を広げており、ザンビア国内で最大の人口を擁する。[2]

二〇世紀初頭にイギリスの植民地となったザンビア（当時北ローデシア）では、植民地政策の基礎として、自然環境や地域の人びとの社会についてのさまざまな現地調査がおこなわれ、ベンバをはじめとする主要な民族集団についての詳細な記録が残されている。そのため、ベンバが大きな勢力をもつ伝統的王国を形成していたこと、母系をたどって出自集団を作る「母系社会」であること、人びとの生計が独特の焼畑農耕を基盤に成り立っていることなどの特徴が早くから知られていた。

一九三〇年代から一九四〇年代にかけて、土着の農耕を調査した生態学者のトラップネル（Trapnell 1943）は、ザンビアのミオンボ林帯に広く見られる特徴的な農法が、土地の選定から耕地の造成方法、作物の作付けに至るまで体系化された一群の農耕システムであることを見出し、それをチテメネ・システム（*Citemene system*）[3]と総称した。ミオンボ林の土はやせていて農業に不利な条件をもつといわれるが、そこで発達したチテメネ・システムは、伐採地の一部に枝葉を集積してからそれを焼いて耕地を造る方法によって有機物を補い、土地の生産性を確保する。それはミオンボ林の環境条件によく適応して発達した農法である。ベンバの焼畑もチテメネ・システムに分類されるが、耕地を造成するときに伐採地の中央一箇所に枝葉を集積する。この方法はとくに、「大サークルチテメネ　large circle citemene」と名づけられ、カオンデ（Kaonde）[4]の人びとのように伐採地の複数箇所に枝葉の集積を作る「小サークルチテメネ small circle citemene」とは区別される（Allan 1965）。本書では混乱を避けるため、ベンバの焼畑農法を「チテメネ・システム」または「チテメネ耕作」「チテメネ農法」、その耕地を「チテメネ」と記載する（第2章で詳述）。

トラップネルとほぼ同じ時期、ベンバの社会についての研究が人類学者のオードリー・リチャーズらによっておこなわれ、現地調査をもとにした詳細なデータを交えて、人びとの生計活動や母系社会のありようを描いた民族誌が複数残されている（Richards 1939, 1940, 1950, 1956; Whiteley and Slaski 1950）。

しかし、鉱山開発に重きをおく植民地政府は、チテメネ・システムを含む焼畑農耕を自給レベルの生産に留まる遅れた農業だとし、原則として禁止する。ベンバの住む北部州は土地がやせているうえ鉱山地帯から遠かったため、農業開発の対象ではなく、鉱山地帯への労働力供給地と位置づけられた。その結果、この地域では二〇世紀のかなり早い時期から鉱山地帯への出稼ぎが始まった。オードリー・リチャーズが描く一九三〇年代のベンバ社会は、青壮年層の鉱山地帯への出稼ぎが一般化し、働き手を送り出す側の農村部での男性労働力不足と、村落生活の荒廃が懸念されるようになる。現金経済が急速に浸透して、それまで年長者が中心となっていた権威構造が揺らぎ、生計活動における共同作業や食生活にも影響が及んだ。リチャーズは繰り返し、現金経済に対するベンバの農村生活の脆弱性を指摘していた（Richards 1939）。

私がはじめてベンバの人びとに出会ったのは、一九八三年のことである。リチャーズの著作を読んだ私は、彼女の時代から五〇年も経った一九八〇年代には、近代農法である常畑耕作も広がり、村の生活は大きく変化しているはずだと考えた。当時フィールドワークをしていた日本の山村で、近代化と商業化がいかに大きく生業

（1）二〇一一年に行政区分が改変されたが、本研究における以下の記述では調査時点での行政区分を用いる。
（2）二〇一〇年センサスによる。全人口の三四％ていどがベンバ語話者である。
（3）「チテメネ」は、焼畑のための伐採地・耕地を指す現地の呼び名にちなんでいる。
（4）ザンビア西部に住むバントゥー系の農耕民。ベンバと同じく母系社会である。

複合に影響したかを実感していたので、リチャーズの記録以後のベンバの人びとの変化を追跡することこそ、ザンビアでの私の課題だと、妙に身構えてベンバの村に向かったのだった。

2……経済格差を拡大しない近代化——チテメネ耕作を軸に展開する生計活動

予想とは逆に、住み込んだ村の人びとの生計はチテメネ耕作を軸に回っていた。集落の近くに小さい半常畑があるだけで、常畑らしきものは見当たらない。それぞれの世帯の耕地面積に差はあるものの、自給レベルを基本とする生計が維持され、異なる世帯の人びとが食事を共にする行動も見られる。村びと全体が参加するネットハンティング（網を使った追い込み猟）や酒宴もさかんに開かれている。そのようすは、数十年前に書かれたリチャーズの記述とまったく変わらないようにさえ見えた。幾度も近代化政策の波をかぶってきたはずなのに、これはどうしたことだろう。

村びとの来歴に注意してみると、村びとが外の世界を知らないわけでも、伝統回帰主義なわけでもないらしい。私が住み込んだ村では、多くの村びとが給与所得者として都市生活を経験していた。イギリス人の農場で車やトラクターを運転していた人や、町で自分の店を経営していた人もある。村びとは、いわゆる近代的な農業を知らずに焼畑を続けているのではなかった。では、焼畑という生業の何を評価しているのだろうか。

焼畑は耕作期間中に作物を供給するだけでなく、休閑期間をもつことを要とする農法である。農耕という活動にとって休閑は地力を回復させる過程であるのだが、人びとの生計にとっては、食用となる多様な野生動植物の住処を生みだす過程でもある。休閑した畑に再生する二次林は、休閑年数に応じて草地となり、低木が育ち、やがて焼畑に適した枝葉が茂るミオンボ林となる。人びとは農耕に加えて、さまざまな段階の二次林に生息する動植物を対象に、日常的に採集や狩猟をおこない、多様な環境の恵みを享受している。それはミオンボ林についての細やかな知識と身体化された技術に支えられる。かれらは農耕を軸にしながら複数の生計活動を組み合わせた「自然利用のジェネラリスト」(掛谷 一九九六、一九九八、一九九九)としての暮らしを選んでいたのだった。[5] しかも、当時の村の状況は、開墾される焼畑と二次林が再生するスピードがバランスを保ち、焼畑農耕が循環的な環境利用の方法として機能しているさまをつぶさに見ることができた。

村の生活をよく知るようになると、村びとの生活は近代化を経ても変わらないのではなく、人びとが幾多の近代化の波を乗り越えてきたのは、生計の軸を焼畑におくことによってなのだということがわかってきた。それはとくに一九九〇年代前後に市場経済化にむけた政策転換と相まって進められた農業の商業化政策に直面した際、村びととの対応に、よりはっきりと現れた。村びとは、焼畑によって生計の基盤を確保し、その上に換金作物栽培という外来の技術や知識を組み合わせて、新しい生業パターンを作りだしていた。

さらに興味深いのは、新しい生業パターンに不可欠な男性の働き手がいない世帯も含めて、ほとんどすべての世帯が新しい生業パターンをとるようになり、世帯間の経済的な格差がほとんど拡大しなかったことである。

---

(5)「自然利用のジェネラリスト」としての環境利用は、焼畑農耕民の場合、「広く薄く」環境を利用するシステムと密接に結びついている。このような環境利用システムは、それ自体が資源の持続的な利用を可能にする資源管理システムでもある。それは資源利用の非集約性を特徴とするが、単に農耕形態にのみ限定されるのではなく、価値観や世界観をも含めた生活様式(mode of life)の全体に関わる(掛谷 一九九八:八一)。掛谷はさらに、中緯度温帯の先進国をモデルとした集約的な生活様式との対比軸を示して、非集約的な生活様式の特徴を明らかにした。

それは、資源を集積し富を蓄える者が全体を牽引することを前提とする産業化社会のモデルや、経済的な格差をあらかじめ読み込んで社会の豊かさを構想する近代化政策のモデルとは、大きく異なる過程を経た変化だった。村びとの生計におけるこのような経緯をふまえれば、人びとの生計が焼畑を基盤に維持されていたのは、そのことじたいが、ベンバの人びとによって生み出された近代化への向き合いかたなのだと考えることができる。

ベンバの人びとは外来の技術や知識を取り入れ、現金経済と接合しつつも、近代化政策が示す生産中心の社会モデルとは異なる論理――「食べる」という消費の側面を重視する論理――で、自分たちの生活様式を練り上げてきた。かれらがめざす安定した「自給レベルの維持」は、地域内での消費を基盤にした生産と食物の分かち合いの経済によって成りたっている。

それは近代化政策がよってたつ、現金経済を介した商品生産中心の価値観からは、「遅れ」の象徴に見えるのだろうが、消費の側面を重視する人びとの立場からすれば、地域における「自給レベルの維持」は現金経済などの外部の変化に必要以上に左右されることなく、安定的に豊かな生活を維持する合理的な生計のありかただ。かれらが自給に重きをおくのは、生産技術に問題があるからではない。それは環境との向き合い方と生計戦略における立ち位置の問題なのである。近代的な環境利用は、区画された土地や空間それぞれに単一の機能をもたせて土地生産性を高める方向にドライブをかけるが、ベンバの村びとは境界線に区切られない「ひろがり」としてのミオンボ林を生活の場とし、そこに多様な環境を展開させる焼畑を選んできた。自分たちが食べることを生計戦略の主眼と考えれば、ベンバの人びとが環境の多様性に価値をおき、さまざまな方途を駆使して環境の多様性を維持してきたことが、よりよく理解できるのである。

さらに注目したいのは、区切られた土地を占有するのではなく、必要に応じてミオンボ林を使う権利を顕在化させる方途と、それを可能にする開かれた資源観・環境観である。それは王国をうしろだてに、広い範囲のミオンボ林を総有の資源とする利用であり、王国の始祖を中心とする祖霊信仰がその正当性を支えてきた。

冒頭で記した本書の最初の目的は、生業複合とその変化に現れる村びとの論理やそれを支える資源観・価値観を明らかにしようとするものである。具体的には、一九八〇年代の人びとの生計活動に焦点を当て、共時的な視点で環境利用のしくみとそれを支える世界観に接近する。さらに、一九九〇年代前後の変化も含め通時的視点から生業の変遷を捉えることによって、ベンバの村びとの現金経済との距離の取り方やそこに浮かび上がる論理を明らかにする。それは環境の多様性の保持を基盤に、選択肢を増やすことによって生計の安定と豊かさを指向する生計戦略であり、格差の拡大を抑えつつ新たな技術を組み込むしくみに結びつく。その作業をとおして、私たちがなじんできた産業化社会とは異なる社会のありかたを考えることができるだろう。

また、ベンバのチテメネ農法をミオンボ林の環境に適合して発達した「在来の技術」とみなしてその特徴を検討することは、これまでの生態人類学や地域研究で焦点化されてきた在来知（local knowledge）についての理解を深めることにもつながる。それは、当該地域における特定の自然環境への細やかな知識を土台にしながら身体化され、かつ体系化もされた技術だが、固定的で変化しないのではなく、外来の技術や知識を取りこみながら変化を積み重ねてできあがったものである（重田 一九九八、二〇〇二、二〇一三；Shigeta 2021）。ベンバの農法を在来知の文脈に位置づけ、ヒトと環境・技術や知識の関係のもちかたとして理解することによって、産業化社会における標準化された技術との対比を見ることもできるはずだ。

3……「自給レベルの維持」と分与の経済、平準化機構

本書の二つめの目的は、安定した自給レベルの維持を可能にする社会のありよう、すなわち「分かち合い」の経済を成り立たせるしくみを、村びと相互の関わり合いという文脈で明らかにすることだと述べた。それは村びとの生計における「自給」や「消費」が、すぐれて社会的な行為だと気づかされたためである。

食にまつわる行為の多くが、家庭という私的領域に囲い込まれた現在の私たちの社会を基準に考えると、消費は、世帯内の私的な狭い範囲で個別に行われる活動のように思われがちである。その文脈で「自給レベルの維持」という言葉を解釈すると、食料の生産と消費をめぐる活動がひとつの世帯や、せいぜい拡大家族程度の狭い範囲に留まるように見えてしまう。ジェンダーによる分業が明確なアフリカ農村で、食物の消費を担う女性たちの活動もまた、世帯内の私的領域に終始する、社会性に乏しい活動であるかのように誤解されてきた（杉山二〇〇七）。

しかし、ベンバの村でのフィールドワークを通じてわかったのは、自給レベルを安定的に維持するためには、世帯や村を越え、地理的にも社会的にも大きな広がりをもつネットワークが必要だということである。本書の第3章と第4章で詳しく述べるように、生産の単位は世帯であっても、村びとは日常的にほかの世帯の人びとと食事を共にするし、親族や友人を訪問して寄食することも珍しくない。不慮のできごとで食料が不足したときは、一時的に遠方の親族や知人を頼って行くこともある。それは、ひとつの家族や世帯だけの自給自足を指すのではなく、村全体や、ひいては地域全体に及ぶ広い社会的ネットワークに支えられて、長期的な自給レベルを安定化させるしくみだといえる。その行動は単に危機的な状況を回避するだけでなく、他地域の人びとが

利用する作物や技術を知るきっかけを得るという点で、ローカルな技術革新の入り口ともなりうる。

それゆえ、ここでは食物を中心とする消費という行為をすぐれて社会的な活動と位置づけ直す。その位置づけをふまえ、食物の消費にまつわる女性たちの自律的な動きと、男性を含む広い政治・社会的ネットワークの重要性にも注目しながら、「自給レベルの維持」を可能にする生計の具体像を見つめよう。

世帯を超えた食物の分かち合いという特徴は、他のアフリカ農耕民社会にも共通する。たとえばタンザニア南西部に住むトングウェの人びとは数世帯の小さな集落を作り、焼畑を中心とした生計を営んでいた。かれらはできるだけ少ない労力で安定した食物を確保しようとする自給志向の生産をおこなう。それらは世帯内だけで消費されるのではない。集落の他の人びとや他の集落との間で互酬的に食物を分配し消費する「食物の平均化」の傾向性をもつという[6]（掛谷 一九七四、一九七七、一九八六）。またザイール（当時）のクム社会でも集落内の共食が常態的に行われ、集落を「消費の共同体」と呼ぶことができるという（杉村 一九九四、二〇〇四）。

アフリカ農耕民社会に広く見られるこうした現象は、狩猟採集民社会における食物の分かち合いを思い起こさせる。しかし平等性への指向が強く、他者への権力を行使する者の存在が見られない狩猟採集民の社会とは違い[7]、焼畑農耕民の社会は、ベンバ王国における王（チーフ）[8]やトングウェのムワミと呼ばれる権威者[9]など、地位に伴うある種の権力が容認される社会である。農耕という生業が可能にする富の蓄積やある種の権力者の存

（6） 同じ集落の人びとのほかにも遠方からやってくる親族や知人などの来客に食物を提供してもてなし、自分たちもまた、集落の他の人びとから食物を供され、他の集落を訪ねて滞在し、もてなしを受ける。他の人びとに供する食物の総量はひとつの世帯が生産する食物の四割にも及んだという（掛谷 一九七四）。

在を考えると、そこには狩猟採集民の社会とは異なる不平等の芽が内包されていることに気づく。

農耕民の社会に共通する食物の分かち合いには、そうした不平等の芽を容認しつつも、格差の拡大を抑制する制度的なしくみが見いだされる。それは「平準化機構」と名づけられたしくみである（掛谷 一九八七）。その根底にあるのは、「多くを持つ者は持たざる者に分け与えなければならない」という強固な社会的規範だが、それに反した者には超自然的な力を媒介として引き起こされる災厄が降りかかるという妖術信仰がそれを下支えする。

多くの物を持ちながら他者に分け与えることを厭う者や強欲な者は、他者からの妬みや恨みをかい、その妬みが精霊や祖霊など超自然的な存在に働きかけて、分け与えない者に禍をなす。人びとはそうした状況に陥ることへの恐れから、他者からの妬みをかわないよう、他者への分与を心がける。他者の妬みへの恐れが「制度化された妬み」（掛谷 一九八七）として機能し、人びとの間の分かち合いを旨とする平準化機構が働くというわけである。それは他者より抜きん出て大きな耕地を開墾しようとする行動を控えさせ、結果的に環境の過度な開発を抑制することにもつながる。

富の蓄積を可能にする農耕という生産手段をもちつつも、平準化機構が特定の人びとへの富の集中を抑制することによって、結果的に集団全体の安定的な食料確保が実現するという考え方は、土地そのものを富の源泉としない焼畑農耕社会を理解するうえで重要である。しかし、これまでのところ、平準化機構が日常生活でどのように実質化されるのかは十分明らかにされておらず、本書ではそこに目を向ける必要がある。これまで農耕民社会に見られる食物の分かち合いは、他者への分与を旨とする社会規範と制度化された妬みという側面から説明されてきたが、人びとそれぞれの行動がどのように関わりながら分与に向かうのかは明らかになっていない。分与の規範のもつ力の強さや妬みへの恐れが根底にあることは疑う余地がないのだが、それだけが個人の内的な欲を抑えて利他的な行動へと転じる力だとは考えにくい。

本書では、そうした制度的側面に加えて、分かち合いの行動を実質化する他者との日常的な関わりに目を向ける。とくに、調理加工作業の共同を通じて生じる女性の集まりが、日常的な食物の分かち合いを実質化する具体的な様相を描き出そう。さらに、換金作物栽培が普及する過程で、本来は分かち合いの対象にならない現金が、どのようにその意味を変換され、分かち合いの文脈に乗せられたのかにも注意を払いたい。上述のような新しい生業パターンへの移行の際に、世帯間の格差が広がらなかった背景には、新しく導入されたモノの意味を変換し、在来の社会的文脈に埋め込む過程があったからである（第6章で詳述）。

モノの意味を変換する方途に加えて、分かち合いを実質化する具体的な様相を検討することは、これまで平準化機構という用語の下に隠れていた人びとの「集まり」という日常的な行動に光を当てることともなる。自

（7）生態人類学は人類史を視野に入れた「自然埋没型」（伊谷 一九八〇）の社会への関心から狩猟採集民社会の研究に端を発している。狩猟採集民社会の研究で明らかにされてきたのは、平等性が社会を特徴づける点であった。狩猟採集民の生計は食物の分かち合いを基本に成立している。肉の分配に象徴的に現れる精緻な分配のしくみと、成員間の格差の少なさ、絶対的な権力者のいない社会構造などに特徴づけられる。田中（一九七一、一九九四、二〇〇一）、寺嶋（一九九七a、一九九七b、二〇〇四）、菅原（一九九三）、市川（一九八二）など。

（8）イギリスの植民地となった北ローデシア（現ザンビア）において、ベンバなど伝統的王国を形成していた民族集団の王は「キング」ではなく「チーフ」と呼ばれ、宗主国イギリスの王との差が強調された。

（9）ムワミは複数の氏族を束ねる首長としての役割を果たす（掛谷 一九九四）。

分の世帯に食物が豊富にあるか否かにかかわらず、多くの成員が安定して食べ物を得ることを可能にするのは、どんな社会環境によるのかを見きわめたい。そこでは、消費の側面に関わる活動を担い、食物の分かち合いを実質化する女性たちの活動のもつ社会性が重要な焦点になるだろう。このことは、既婚女性が親和性の高い集まりを作りやすい母系社会を対象にすることで、よりはっきりと見えるはずである。

2 本書の構成

本書では、私自身が調査に深く関わった一九八三年から一九九四年までのデータを中心に話を進める。(10) 第1章から第5章は、チテメネ・システムとよばれる焼畑農耕を中心に醸成されてきたベンバ社会の特性に焦点をあて、第6章以降は一九八〇年代末以降の変化の様相を中心に論ずる。具体的には、次のような章構成をとる。

第1章では、ベンバの住む地域の環境や歴史についての概要と、調査地での村入りの経緯を説明する。これをふまえて第2章は、一九八〇年代の調査に基づき、生計活動の特徴と環境利用の様式、「他者への分与」が生活の根幹に埋めこまれた村の社会生活について、および、村の人びと全体が、安定してほどほどに食べていける状況を生みだす平準化機構とその制度的様相について論じる。第3章では、食物の調理加工に伴う女性たちの集まりに注目し、集まりに付随して生じる食物の分かち合いから、平準化機構が実質化される様相を描く。また、集まりを生みだす契機としての調理用具の所有と女性たちのミクロなポリティクスに言及し、超越的な権力者をもたないベンバ社会の特徴にもふれる。

第4章は、離合集散する人びとの移動に目を向け、中期的な時間軸で変動する世帯構成と生産・消費の単位について検討する。また、チテメネ耕地の伐採地選択をめぐる男性たちの思惑とライフステージ上の地位、村社会における位置取りなどの検討を通して、世代の異なる男性間の軋轢によって、分裂しがちな村の社会構造に言及する。そして村の分裂と再生の過程に浮かび上がるベンバの社会的権威と祖霊祭祀の関係を明らかにする。

第5章はチテメネ農法についての村びとの説明の構造と祖霊信仰によって結びつけられる農法とミオンボ林をめぐる世界観について述べる。さらにそれを土台とする村長の権威について論じる。

第6章は、一九八〇年代以降、急速に進められた農業の商業化政策と北部州の開発政策を受け、村の生計活動がどのように変化したのか、その様相と過程の動態を明らかにする。そこに生じた世帯間の経済的格差が、新しい酒の製法の導入を契機に再活性化した平準化機構のはたらきによって縮小し、トウモロコシ栽培がほとんどすべての世帯の生計に組み込まれるという大きな変化が促進された過程を描く。

第7章は、現在のチテメネ農法が錬成される過程を、人びとの側からのイノベーションとみなし、外来の作物や農法の受容の歴史から、イノベーションが広く普及するプロセスをモデル化する。さらにイノベーション

---

(10) 私自身のフィールドワークは、一九八三年八月~一二月、一九八四年五月~一九八五年二月、一九八五年七月~一二月、一九八八年五月~一九八九年三月、一九九〇年、一九九一年、一九九二年、一九九三年、一九九四年、二〇〇〇年、二〇〇三年の計一一回である。

が普及する過程で、新しい作物や方法を在来の論理に埋めこんでいく様相に注目して、変化の過程から抽出できるベンバ社会の特性に言及する。

「終章」では各章の記述をふまえて、環境の多様性を保持し、格差を拡大せずに近代化に向き合ってきたベンバ社会における分与のありようを、産業化された私たちの社会との比較の視点を含めて検討し、多様性の再生産に価値をおく生計活動と環境利用がもつ現代的可能性や、人びとが集まるという行為に付随する「分かち合い」と緩やかな共同の可能性について考えてみたい。

第1章

村入り——調査地概要

チーフ・ルチェンベに呼び出された村の男性が、着替えのシャツを探している。彼の息子が新しい白いシャツを渡そうとすると、「こんなきれいなシャツはいらないんだ」とご機嫌斜めのようである。それを見ていた私に気づいて、男性は言い訳のようにこう言った。「チーフの前に出たら、私ら一般人は地べたに仰向けに寝転がって挨拶をしなけりゃならないんだ。新しいシャツなんかすぐ泥だらけになってしまう。ベンバのムチンシ（礼節、敬意）を見せるのは大変だ」。村びとと王国はどんな関係にあるのだろう。

——一九八四年チーフ・ルチェンベの領内巡幸にてベンバの礼節　フィールドノートより

1 ベンバの人びととベンバランド

ベンバは、ザンビア北部に広がるミオンボ林帯（写真1—1）に住むバントゥー系の焼畑農耕民である。現在の行政区分で北部州とムチンガ（Mchinga）州にまたがるベンバランド（ベンバの住む地域）は、標高九〇〇メートルから一二〇〇メートルの高原地帯にあり、チャンベシ川、ルバンセンシ川、カンチビヤ川などの大河が流れているが、川辺林はほとんど発達していない。これらの川の支流沿いには、ダンボ（*dambo*）とよばれる季節湿地が発達し、ダンボをはさみこむようにミオンボ林がひろがっている。ベンバランドの南部、ムピカ県にはチブワ（Chibwa）スワンプとよばれる湿地帯があり、かつてはゾウやカバをはじめとする大型野生獣が数多く生息していた。チブワでは塩分の多い水を吸って生育する湿地の草を刈って焼き、その灰を使って精製する独

写真1-1　ミオンボ林

特の方法で製塩がおこなわれ、重要な交易品ともなっていた。

この地域の気候は、四月から八月初旬までの冷涼乾季、八月中旬から一〇月中旬までの暑熱乾季、一〇月下旬から翌年三月までの雨季、という三つの季節に分けられる。季節による気温の変動は大きく、冷涼乾季には朝晩の気温が一〇℃以下になるが、暑熱乾季の昼間には四〇℃近くまで気温が上がる。季節ごとの生活リズムの変化も大きい。年間の降雨量は、調査地のあるムピカ県では八〇〇〜一二〇〇ミリメートルである。

ベンバの人びとはミオンボ林を舞台とした焼畑農耕を軸に生計を営んできた。ミオンボ林帯の土壌は貧栄養で、生産性が低いといわれる。降雨量は少なくないものの、乾季と雨季の差が大きいこの地域では、ミオンボ林の厳しい環境に適した焼畑農法が発達した。ザンビアのミオンボ林帯に広く分布し、共通する特徴をもつ一群の農法をチテメネ・システム（*Citemene system*）と総称したのは、すでに述べたとおり生態学者のトラップネルらである。

ここでもう一度、チテメネ・システムについて確認しておこう。その大きな特徴は、伐採地の一部に枝葉を集積してから、集積部分を焼いて耕地を造る方法にある。その作業によって有機物を補い、土地の生産性を確保する。高い温度で土を焼くことによって、養分を植物が利用しやすい形に変え、雑草の種や病害虫を駆除する。造成された耕地は複数年の輪作体系に従って、多様な作物が栽培されるのが一般的である。一定の輪作期間を終えると休閑に入り、二次林が再生する。耕地を造成する土地の選定、造成、作付け方法などがまとまった技術として体系化され、ひとつの農法として成立している。チテメネ・システムの中でも、伐採地の中央一箇所に枝葉を集積し、大きな円型の耕地を造成するベンバの焼畑農法は、「大サークルチテメネ」に分類される。(11) 学術的にはこのように類型化がされているチテメネ・システムだが、以下では煩雑さを避けるため、ベンバの焼畑農法に言及するときも「チテメネ・システム」の総称を用いることとし、文脈に応じて「チテメネ耕作」「チテメネ農法」と呼ぶ。その詳細は第2章で言及する。

現在のアンゴラからザンビア、マラウィにかけての地域一帯は、かつてイギリスの社会人類学者たちが「母系ベルト」と呼んだほど多くの母系社会(matrilineal society)が分布することでも知られている。

母系社会では子どもは母親の集団に帰属し、母方の系統をたどって出自集団を形成する。母方オバ(母の姉妹)も類別的なハハ(母親と同じカテゴリー)とみなされ、母方親族との深い関係が集団構成を特徴づけている。(12) 居住と生計の基本的な単位は、核家族を中心とする世帯(household)だが、父親である男性は、自分の妻や子どもとは異なる出自集団に帰属するので、自分の子どもに対する権利は限られる。一方、自分の姉妹の子どもに対する権利や義務を負う。政治的な権力を行使するのは男性だが、その社会的地位は、母系の原則に従って、男性(母方オジ)から姉妹の息子(オイ)へと継承される。

さらに、結婚に際して基本的に妻方居住制をとるベンバでは、女性は結婚しても自分の出身村に留まり、夫となる男性が妻の村に移住する。結婚後の男性はいわばよそものとして妻方に暮らし、結婚後の数年間、妻の両親のための焼畑を伐採するなどの婚資労働を義務づけられている（Richards 1940）。婚姻については一夫多妻制が許容されているが、一部の王族を除いて、同時に複数の妻をもつ男性はほとんどいない。妻方居住制のベンバでは、複数の妻をもつ男性は、妻たちの住む別々の村を行ったり来たりしなければならないという現実的な問題があるからだという。例外的に複数の妻をもつ男性がいるが、それは死者相続（*ubupyani*：継承、相続の意）の慣行を契機とすることが多い。死者相続とは、既婚者が亡くなった場合に、亡くなった人の同性の母系親族が選ばれて亡くなった人の名前を継ぎ、遺された妻または夫の配偶者となる儀礼である。死者相続は両性についておこなわれるが、儀礼的に結ばれた婚姻関係は形式的なものにとどまり、実質的な婚姻関係が儀礼後も続くことはまれである。[13]

ベンバは母系制に基づいた王国を形成してきたことでも有名である。パラマウント・チーフを輩出する王族クラン（ワニクラン *benangandu*）をはじめ、複数の母系クランによってベンバ王国が形成されている。ベンバは歴

（11） Allan（1965）は、チテメネ・システムをさらに、ベンバのような方法をとるチテメネを大サークルチテメネ、伐採地の複数箇所に枝葉を修正する方法のチテメネを小サークルチテメネと区分した。トラップネルは農法の分布に注目して、前者を北部チテメネ、後者を南部チテメネと呼んだ。

（12） それとは対照的に、父方の親族とは一定の距離を保ち礼節をもって接するように教えられる。

（13） 故人が働き盛りの壮年男性だった場合、故人の妻が望めば相続者が婚姻関係を続け、焼畑の伐採などを担って遺族の生計を支えることもある。

史的経緯の中で周辺の民族集団を組み込み、勢力を拡大してきたが、すべてのベンバはその始祖につながるクランに属すると言い「われらベンバ *fwebabemba*」というアイデンティティを共有する。

2 歴史と政治社会構造

歴史的な経緯を概観しよう。ベンバの源は現在のコンゴ民主共和国とアンゴラ共和国の国境付近に栄えたルンダ・ルバ王国にあると伝えられる。もともとは父系社会で、焼畑農耕と牛飼養を組み合わせた生計を営んでいたが、一六世紀頃から東に移動を始め、現在のザンビア北部州の州都であるカサマにたどり着いた。ベンバの始祖たちはカサマを拠点にベンバ王国を創る。ルンダ・ルバ王国から連れてきた牛は、移動の途中でこのあたりに蔓延する眠り病で死に絶えてしまい、社会も母系制に変わったという伝承がある（Tanguy 1948）[14]。母系制に変わった具体的な理由や背景は詳らかでない。

ベンバの始祖たちがルバ王国を出て東に移動をはじめたのは一六世紀になってからで、他のバントゥー系民族集団に比べるとかなり遅い。農耕に適した土地はすでに他の集団が住みついており、条件不利な土地に定着せざるを得なかったという。その条件不利を背景にした「貧しさ」ゆえに、ベンバは隣接する民族集団への積極的な略奪攻勢に駆りたてられたのではないかとロバーツは述べる（Roberts 1974, 1976）。その後、一七世紀から一九世紀にかけてのベンバは、強大な軍事力を背景として、アラブ交易やポルトガル交易など対外交易の利権を手中に収めた。一九世紀初頭には好戦的な集団として有名になり、周辺の諸民族集団を支配下にした王国を形成するようになる。

一九世紀末になると、新たな交易品の開拓と交易路の拡大をめざしたベンバ王国は、ルベンバ（*Lubemba*）とよばれるベンバランドの中核地から拡張し、他の民族集団が居住していたチナマ（*Cinama*）とよばれる地域を組み込んだ。このとき、当時のパラマウント・チーフ[15]は、自分の息子たち（類別的なムスコも含む）を新開地チナマのチーフとし、その地域を治めさせたという。その結果、ベンバ王国は、チティムクル（*Citimukulu*）とよばれる一人のパラマウント・チーフを頂点とし、チティムクルを含む三人のシニア・チーフと一五人のジュニア・チーフを擁する中央集権的な政治組織を作りあげた。

そこには、特定の王族リネージが王位継承を独占するしくみを構築して、自らの権力基盤を確固たるものに作り替え、政治体制の安定化を図ってきた経緯があるという。また、広い地理的範囲にわたって居住する一般の村びとのイデオロギー的な統合を可能にした背景には、ングール（*ngulu*）とよばれる精霊憑依と祖先崇拝が

（14）現在でもチーフの葬儀の際、亡骸を包むのは、特定の模様の牛の皮でなければならないとされている。人びとは、そこにベンバの歴史が刻まれているという。パラマウント・チーフの葬儀と王位継承とに際して重要な役割を果たすシムワルレ（Shimwalule）は、かつて先住の「狩猟民の王」であり、移住してきたベンバに対して、王の遺骸を包む牛の皮や埋葬地の提供などをおこなったという伝承から、ベンバ王たちとの間に特別な儀礼的関係を持つ（杉山 一九九七）。

（15）「序章」でも述べたとおり、ベンバは伝統的王国を形成していたが、二〇世紀にイギリスの植民地となってからは、宗主国の王（king）と同等であってはならないので、ベンバ王国を首長国（chiefdom）とし、その王たちもチーフと呼びならわすようになった。ここではその用法を踏襲している。

習合した信仰体系と、チスング（*cisungu*）とよばれる成女儀礼の普及があるとロバーツは述べる（Roberts 1974, 1976）。祖先崇拝がングール儀礼と結びついたことによって、ベンバ王国の始祖である祖霊たちが「可動性」を高め、王国の中心地であるカサマの「祖霊祠からはるか遠くの一般の人びとにも憑依するまでになった」（Roberts 1974）という。つまり、もともと各地域にあった祖先崇拝の慣習にングール精霊憑依の儀礼が習合したことによって、ベンバの始祖との関係をたどれないような人びとの儀礼にも、ベンバの始祖である王たちが祖先霊として現れて憑依し、祖先崇拝の対象に入り込んだわけである。また第4章で触れるような出産と祖霊との関わりについての民俗理論も成女儀礼の教えの中で精緻化したのではないかと思われる。

それぞれのチーフは自律的に治めるチーフ領をもつが、シニア・チーフとジュニア・チーフとの間には明確な差がある。チティムクルの地位を継承することができるのは王族クラン（ワニクラン *Benangandu*）の成員で、かつシニア・チーフの母系親族に限られ、シニア・チーフの諮問機関を中心とした話し合いによって決められる。一方、ジュニア・チーフの地位は、ジュニア・チーフ母系親族の間で継承されるが、ジュニア・チーフ位の継承者を指名する権限をもつのは、シニア・チーフたちである。またかつては、ジュニア・チーフ領からシニア・チーフとチティムクルの元に届けられる象牙、塩、鉱物や奴隷などが、重要な交易品となったと伝えられる。

二〇世紀初頭、イギリスによる植民地化に伴いこの地域は北ローデシアの一部となった。ベンバ王国の政治機構は、間接統治システムをとる植民地行政の末端に組み込まれた。それによって王国の政治システムはさらに体系的に整備され、一九六四年にザンビアが独立したあと現在まで維持されている。

当時の北ローデシアの農村は植民地政策によって、大きな変動を迎えた。植民地政府はコッパーベルト州の鉱山都市開発を進めた。トンガの人びとが住む南部州は、鉱山都市への食料供給地として農村開発が進められ、ダム建設による移住政策の影響を受けた人びともある。ヨーロッパ人の入植者による農場経営もおこなわれた（Colson 1967; Scudder 1962）。これに対して、ベンバの住む北部州における人びとの生計は、トラップネルら（Trapnell 1943）がチテメネ・システムと名づけた独特の焼畑農法を基盤に営まれていたが、政府からは生産性の低い遅れた農業だとみなされていた。さらに、土壌が貧弱で人口密度も低く、輸送インフラの面でも恵まれなかったため、農村開発はほとんどおこなわれなかった(16)（児玉谷 一九八五、一九九三；Colson 1966; Roberts 1976）。

北部州は早くから銅鉱山地帯への労働力供給地として位置づけられた。人頭税が設定されたこともあって、一九三〇年代になると農村部で現金の必要性が高まる。聞き取りによれば、当時一七、八歳に達した男性は、炒ったラッカセイに塩を搗き混ぜて固めた携行食を懐に、ほぼ例外なく鉱山地帯への出稼ぎに行ったという。高賃金を求めて南ローデシア（現ジンバブウェ）や南アフリカにまで行く人びともあった（Gluckman 1944）。コッパーベルトから当時のベルギー領コンゴに向かった人びともあるようだ。その結果、農村部では、青壮年労働力が不足し、農業生産の停滞と季節的な食糧不足を招いた（Richards 1939）。

一九三〇年代は、ベンバ農村が大きな社会変動を迎えた時期でもあった。この時期には、ルサカに設立されたローズリビングストン研究所を足場に、多くの人類学的研究がおこなわれた。ベンバについてはオードリー・

(16) 北部州で進められたのは、「部族」間の境界策定、チテメネ耕作の禁止、道路側の木々の伐採禁止などだったと古老は語る。一九〇二年生まれの古老は、王族クランの一員だったために植民地行政官に仕えて、部族間の境界策定にもたずさわったという。彼はベンバの領域をできるかぎり広く登録しようと考え、それまで行き着いたことのなかった地域までをよく知った場所であるかのように行政官に申告したそうだ。そのとおりの境界設定が行われたかどうかは定かでないが、記録に残る境界は彼がベンバの領域として語った地名よりもかなり西側に記されている。

リチャーズが非常に優れた民族誌を記している（Richards 1939ほか）[17]。彼女はベンバの生業を中心にして、村の生活を克明に生き生きと描き出す一方、すでに資本主義的な近代化が地方農村にも及んでおり、住民の栄養状態が悪化していることも指摘している。

3 ベンバの村と王国

1……ベンバの村

ベンバ王国が強大な軍事力を背景とした中央集権的な政治組織をもつのと対照的に、ベンバの村は、母系親族を核にした一〇〜七〇世帯程度の小規模な集落を構成する[18]。村のおとなたちは、世代によってバカランバ（*bakalamba*）とよばれる年長者とバイチェ（*baice*）とよばれる年少者に分けられる。年長者は孫のいる世代の人びとで、ある種の社会的な権威を与えられている。年少者は孫のいない既婚者世代や未婚の青年をさす。

村長として政治的な権力を行使するのは年長者世代の男性である。母系制に従って、財産や地位は父から息子ではなく、母方オジから姉妹の息子（オイ）へと継承される。村長の地位も母方オジからその姉妹の息子へと継承されるが、社会構造上、この二者間には、政治的ヘゲモニーをめぐる潜在的な軋轢がある。世代交代期にはその軋轢が一気に顕在化し、世代間の権力争いへと発展する可能性が高い[19]（Turner 1972; Richards 1939）。それが村の分裂や消滅につながる大きな原因となる。

世代交代期に権力争いが生まれる背景には、ベンバ男性が語る「生涯の夢」の存在もある。妻方居住制を原則とするベンバの村で、既婚男性は基本的に「よそもの」であるが、婚資労働を終えて妻子が賛同してくれれば、自分の出身村に戻って暮らすことができる。さらに歳を重ねて「年長者 *bakalamba*」とよばれるようになったあかつきには、母方の兄弟姉妹（母系クランのメンバー）を集めて自分の名を冠した村を作ることが、一生のうちで達成したい夢だという。

男性が自分の村を作り、村長となるためには、妻が自分の出身村を離れて夫の親族と同じ村に住むことに同意しなければならない。女性が自分の出身村を離れて暮らすことは、母系親族からの助けを得にくくなり、負担が大きいので、たやすくは同意しない。だから自分の村を作ることができる男性は妻からの信頼が厚く、自分の兄弟姉妹からの人望もある優れた人物だと考えられている。しかし、ひとたび自分の村を持ってしまうとその力を手放す決心がつきにくいので、世代交代の時期が近づいたことを察知しても村長の地域に固執してし

---

(17) 一九三〇年代にはイギリスの植民地政策のなかで、植民地となった地域の諸社会における食生活や栄養調査が系統的におこなわれた。リチャーズの調査はその一端を担うものでもあった。植民地行政官を軸に、人類学者に加え生態学者や栄養学者などによって組織されるEconomic Advisory Councilが植民地の栄養調査報告を出している。こうした調査は、アフリカ各地だけでなく、西インド諸島など植民地各地で展開された。五十嵐はこれをアフリカの貧困の言説の構成との関連から論じている（五十嵐 二〇一四）。

(18) 植民地化後、村は一〇世帯以上をもって村と認めることが定められたが、それ以前には、一つの集落を構成するのは数世帯だったという。

(19) これは妻方居住制をとる母系社会に共通する社会構造上の特徴である。

まい、継承者となる自分の姉妹の息子たちに円満に村長の位を委譲できる男性は少ないらしい。

私たちの調査でも、コパロード沿いの一七の村のうち、地域の行政機関がおかれているチーフ・ルチェンベとミッショナリーの置かれていた村の二つを除く一五村すべてが、村びとどうしの争いを契機として分裂したり、世代交代の時期に深刻化した呪い事件をめぐって当該村の村長の出身村が消滅したこと（*kuwa*）によって、新しく創設された村であった。その多くの例で、村を創設した男性は人望を失い、村びとがちりぢりに離散して村の消滅を迎えていた。

すでに述べたように、ベンバの村では、集落自体が一〇年から三〇年で別の場所に移転する。ひとつの村の歴史は、創設してから消滅するまでに移転した集落跡（チボリャ：*cibolya*）の数で数えられる。一〇年程度の短期間で集落が移転する契機は、獣害や疫病などの困難や呪いに端を発するもめごとなどである。つまり集落跡の数は、村びとが経験してきた困難やもめごととの数とともに、村長が手腕を発揮してそれらをうまく乗りきってきたことを意味する。集落が移転するもうひとつの契機となるのは、世代交代によって新しい村長が誕生するときである。新しく村長となった男性は、先代村長とは異なる場所に新しい集落を作って移転し、村の集落跡の数を更新する。それは母方オジからオイへの村長位の委譲を円満に進め、世代交代を果たしたことの印にもなる。だから、世代交代も経たうえに集落跡の数が多い村は、人望が厚く優れた手腕をもつ村長に恵まれ、それが次の世代にも受け継がれたきわめて幸運な村だといわれる。そんな村は数えるほどしかないのだが、それゆえに人びとの間で語り継がれる名誉を得る。

2……生計・食生活・生計の単位としての世帯と婚姻

村びとの生計はチテメネ耕作を基盤に、野生動植物の狩猟採集を組み合わせて営まれる。ベンバの主食はチテメネで栽培するシコクビエの粉を熱湯で練り上げたウブワリ（*ubwali*）と呼ばれる固練り粥で、水晒しして製粉したキャッサバの粉を混ぜることもある（写真1—2）。ここに副食が一〜二品つくのが一回の食事のセットで、日常的には一日に二回食事をとる。食事の合間の軽食や主食の補いとして、サツマイモ、カボチャ、食用ヒョウタンを茹でたり、水晒しキャッサバを焼いたりして食す。植物性の副食にはインゲンマメやササゲなどのマメ類、在来の蔬菜、キャッサバやカボチャなどの葉を煮たものが一般的で、動物性の副食としては野生動物の肉や乾燥魚、食用昆

写真1-2　主食の固練り粥(ウブワリ)。
(上)シコクビエのウブワリ。
(下)トウモロコシとキャッサバのウブワリ。

虫がある。油脂性の食物はラッカセイが唯一で、塩炒りにしてそのまま副食の一品とするほか、臼で搗いてピーナッツバターを作り調味料として使う（写真1―3）。

大型家畜が飼えないこの地域では、結婚式などの儀礼では、主食のウブワリ、副食のマメの煮物に加え、儀礼につきもののごちそうとしてニワトリの炒め煮が供される。重要な客人にはその人に敬意を表してニワトリを屠った印として、砂肝を添える。儀礼に欠かせない酒は、シコクビエを原料として、既婚女性の手によって醸される。

写真1-3　(上)儀礼の副食。インゲンマメとニワトリの炒め煮。(下)日常の副食。煮こみ。ピーナッツバターであえたキャッサバの葉。

生業活動ははっきりしたジェンダー分業によって成り立っており、生計の基本的な単位は、夫婦とその子どもから成る核家族の「世帯（household）」である。ベンバの婚姻は妻方居住制をとるので、結婚を機に男性は妻方に移住し、その後の数年間、妻の両親への婚資労働として焼畑の伐採作業などを担う。かつて初婚の相手を選ぶのは母系親族の年長者たちだった。一九五〇年代から一九七〇年代半ばまでに結婚した女性たちへの聞き取りによると、当時の女性たちの初婚年齢は一四～一六歳で、夫は一〇歳以上年上の男性である。女性の両親を含む年長者たちが、異なるクランから適した男性を選び、村での儀礼や酒宴に招待する。客人としてもてなされる夫候補に食事を届けるのは花嫁候補の女性の役目で、双方がお互いを気に入れば、互いの親族間で結婚の手続きが進められる。男性側からの申し出で結婚にいたることもあった。男性が他の村に既婚の親族を訪ね、そこで未婚の女性を見そめると、親族の口利きを介して女性の母系親族の年長者たちの承認を得るのである。結婚の申込みを受けたとき、すでにほかの男性と恋愛関係にあった女性も少なくないが、この年齢での恋愛の相手は同年代の青少年なので結婚相手とは認められなかったし、当人たちも結婚するつもりの恋愛関係ではなかったという[20]。

妻方の親族が夫たる男性に対してもつ力は強く、この間に妻の両親や親族から働きが悪いと評価されると、離婚して出身村に戻らざるをえないこともあったそうだ。後述するように、ベンバの初婚の際には複数の儀礼がある。婚資労働につづき、成女儀礼をかねた婚姻儀礼を経ると、公に結婚したと認められるが、最終的に互いの姻戚との親密なつきあいができるようになるには、姻戚の集団に「迎え入れる *kuingisha*」儀礼を催さなければならない。しかし、実際に「迎え入れる」儀礼まで終えられる夫婦は数少ない。儀礼までに要する年月は婚姻儀礼の後十年以上にもなり、そこに至るまでに離婚が多発するからである。

---

(20) 一九七〇年代末以降は、思春期の恋愛関係から結婚にいたった夫婦も複数見受けられる。夫婦の年齢差が小さいのが特徴である。

離婚の理由は夫の働きが悪い、酒の飲み過ぎ、浮気、言い争いが多いなどさまざまで、妻から言い出す場合もあれば、夫が自分から家を出ていく場合もあり、特段の手続きがあるわけではない。離婚後しばらくすると、男女とも、自分の気に入った異性と再婚するのが普通である。再婚するにも儀礼らしい儀礼はないので、複数回の離婚と再婚を繰り返すことも珍しくない。離婚しても再婚しても、生まれた子どもはすべて母親の集団に帰属するので、子ども同士の関係や女性の立場に大きな変化はない。女性はそれまでと変わらず母系親族の支援を得ることができる。

母系で妻方居住制をとるベンバのような社会では、一般に離婚率が高い。妻方に移住する夫は村では「よそもの」で、妻や子どもとは別の親族集団に属すので夫婦間の利害が一致しにくい。それに加え、上記のように離婚しても女性の生活には変化が少ないという社会的な背景があるためである。一般的なベンバの村では、村の全世帯数に対して女性を世帯主とする世帯（以下「女性世帯」）が占める割合は常に三割から四割ほどである（杉山 一九八八、一九九六a、一九九六b）。

3……ベンバ王国とザンビアにおける近代化政策

それぞれの村は各チーフ領に属しており、村を新設するときには、チーフの許可を得る必要がある。植民地期以後は、チーフの許可を得ると村籍が登録され、国に住民登録をしたのと同様に扱われた。植民地期から一九六〇年代までは、チーフに対する定期的な労働奉仕のほか、「税」としての塩やシコクビエの献納が一般的だったという。[21] 村の長老からの聞き取りによれば、チーフが直轄する村（ムスンバ *musumba*）には巨大な穀物蔵が設けられ、チーフが主催する大きな儀礼があるときやチーフ領内が飢饉に陥ったときには、蔵を開いて村びとに食料を分配したという。また、チーフの宮殿にはいつも煮炊きする煙が立ち上っており、そこを訪ねる誰もが食べきれないほどの食事の供応を受けたとも語る。

イギリスからザンビアが独立したのは一九六四年のことである。独立後も王国の政治組織はザンビアの政治体制に組み込まれて存続するが、「一つのザンビア、一つの国民（One Zambia, One Nation）」を掲げるカウンダ大統領のもと、しだいにチーフ領や村を主体とする伝統的祭祀は廃れていく。チーフたちは、銅生産に支えられたザンビア経済の好調さを背景として、近代化（*buyantanshi*）に向けたさまざまな施策を進める役回りを積極的に務めるようになった。

国会議員も務めるパラマウント・チーフ、チティムクルのお膝元では、常畑栽培の導入や家畜飼養の試行を含む農村開発が行われた。さらに、タンザニアのダルエスサラームとザンビアの銅鉱山地帯にあるカピリムポシを結ぶタンザン鉄道建設が、一九七〇年から本格的に始まったことにより（星・林 一九七八；吉田 一九九〇）、要所要所に町やオープンマーケットなどの市、商店が発達し、建設労働者や市での農産物販売などを通して現金収入を得る機会が増えた。

ところが一九七〇年代後半に銅の国際価格が急落すると、ザンビア政府はそれまでの銅の生産に特化した経済構造を改める必要に迫られる。当時のカウンダ大統領は、農業生産の向上を政策の柱のひとつに据え「農業立国」を宣言する。それまでほとんど手がつけられなかった北部州のムピカ県でもステートファーム構想が立

（21） 乾燥した食用イモムシも税として扱われた（杉山 一九九七）。

写真1-4　ベンバ王国に関わる人びと。（上）領内巡幸でチーフ・ルチェンベ（中央）が、村びとから挨拶を受ける。両隣はチーフの諮問機関を務める村長たち。（下）シニアチーフの墓所を司るシムワルレ（中央）。

ち上げられ予定区域の設定がなされるなど、農業開発に向けた動きが見えはじめる。それまで一般的だったチテメネ耕作に変わって、常畑での換金作物栽培を奨励するさまざまな施策が実施された。

私たちが調査を始めた一九八〇年代は、北部州の村の生活が大きな変動を迎える前夜であった。チーフへの定期的な献納や労働奉仕はほぼなくなっていたものの、地域の裁判所はチーフの管理下にあり、ローカルな権威としてのチーフへの敬意と畏怖が保持されていた。それはベンバの中心地カサマでも、そこから遠く離れたムピカ周辺でも同様である。一九八三年におこなわれた新しいチーフ・ルチェンベの即位式にも周辺の村々から多数の村びとが集まったし、一九八四年に新しいチーフ・ルチェンベのタフィンブワ・ルビロ氏（*Tafimbwalubilo*）が領内巡幸をおこなったときには、運びきれないほどの貢ぎ物が届けられた（写真1―4）。村レベルでは上述の通り、チテメネ耕作を軸に移動性の高い生計が営まれており、祖霊祭祀に伴うさまざまな慣行や、チスング（*Cisungu*）[22]と呼ばれる成女儀礼、ウブピャーニ（*ubupyani*）と呼ばれる死者相続儀礼が維持されていた。これらに加えて、葬式（*cililo*）と結婚式（*ubwinga*）は、何をおいても参加すべき社会的義務を伴っていた[23]。

一九八〇年代半ばまでにザンビアの対外債務は急増し、経済危機に陥る。IMFの勧告を拒否した一九八四年から一九八五年にかけては、旱魃による農業生産の落ち込みとも相まって経済危機が深刻化し、やがてカウンダ大統領も段階的な経済自由化を進めざるを得なくなった。その後、国営農場の建設や農業の商業化に関わる諸政策が、北部州を含む農村全体を対象に実施されるようになる。

経済危機の解消にむけた融資の条件として世界銀行が提示してきた構造調整政策は、農業分野でいえば商業的農業の推進や農産物の流通改革を軸に、それまで農産物価格の決定や流通に介入してきた国家の役割の縮小をめざすものだった。カウンダ大統領時代にはこの一部のみに手をつけただけだったが、一九九〇年代に入り複数政党制が導入されたザンビアでは、一九九二年に全面的な構造調整政策の受け入れが決まり、農産物市場の自由化など、農業生産の根幹に関わるような改革が相次いで打ち出される（原口 一九九五：児玉谷 一九九五、一九九九a、b）。かつて比較的高い自律性を保持していたベンバ農村は、国家や、国家を越えたより大きな政治経済システムに巻き込まれていく。

（22）Richards 1956に詳しい。一九八〇年代のチーフ・ルチェンベ領の村々で実施されたチスングでは、経費がかさむため、人形を使った大がかりな儀礼はほとんど行われず、壁画を描くにとどまっていた。
（23）いずれも夜を徹して行われる。

本書では、私が調査に注力できた一九九〇年代までを記述の中心とするが、一九九五年に改変された土地法では一定期間の私有が認められたため、チーフの名の下の総有によって維持されてきたミオンボ林の資源性そのものが大きく変化することになった。先代チーフ・ルチェンベの逝去に伴い赴任した新しいチーフ・ルチェンベが改革を進める方向をとったこともあり、二〇〇〇年以降のこの地域は大きな変動を迎えることとなる。わずかに成女儀礼は維持されているものの、祖霊に関する諸儀礼は廃れ、祖霊祭祀をめぐる村長の役割も小さくなった。また一九八〇年代にこの地を治めたチーフ・ルチェンベ（タフィンブワ・ルビロ氏）の没後、一九九〇年代半ばにチーフ・ルチェンベ位を継承した新チーフが開発を積極的に受け入れたため、チーフ・ルチェンベ領内の村びとの生活は大きく変化した（大山 二〇〇二、二〇一六、二〇一七、二〇二二）。

4 村への住み込みがはじまる

1……ML村へ

調査地は、人口密度が低く[24]ミオンボ林が豊かなムピカ県のチーフ・ルチェンベ（Chief Luchembe）領である（図1―1）。できるだけ本来的なチテメネ・システムの姿を捉えられるようにとのねらいから、この地域を選んだ。現在のムピカ県は、ベンバ王国の拡張に伴って新たにベンバの領域に組み込まれた地域で、ベンバ王国の中心地ルベンバ（*Lubemba*）に対してチナマ（*Cinama*）と呼びわけられる。チーフ・ルチェンベは新開地チナマを治め

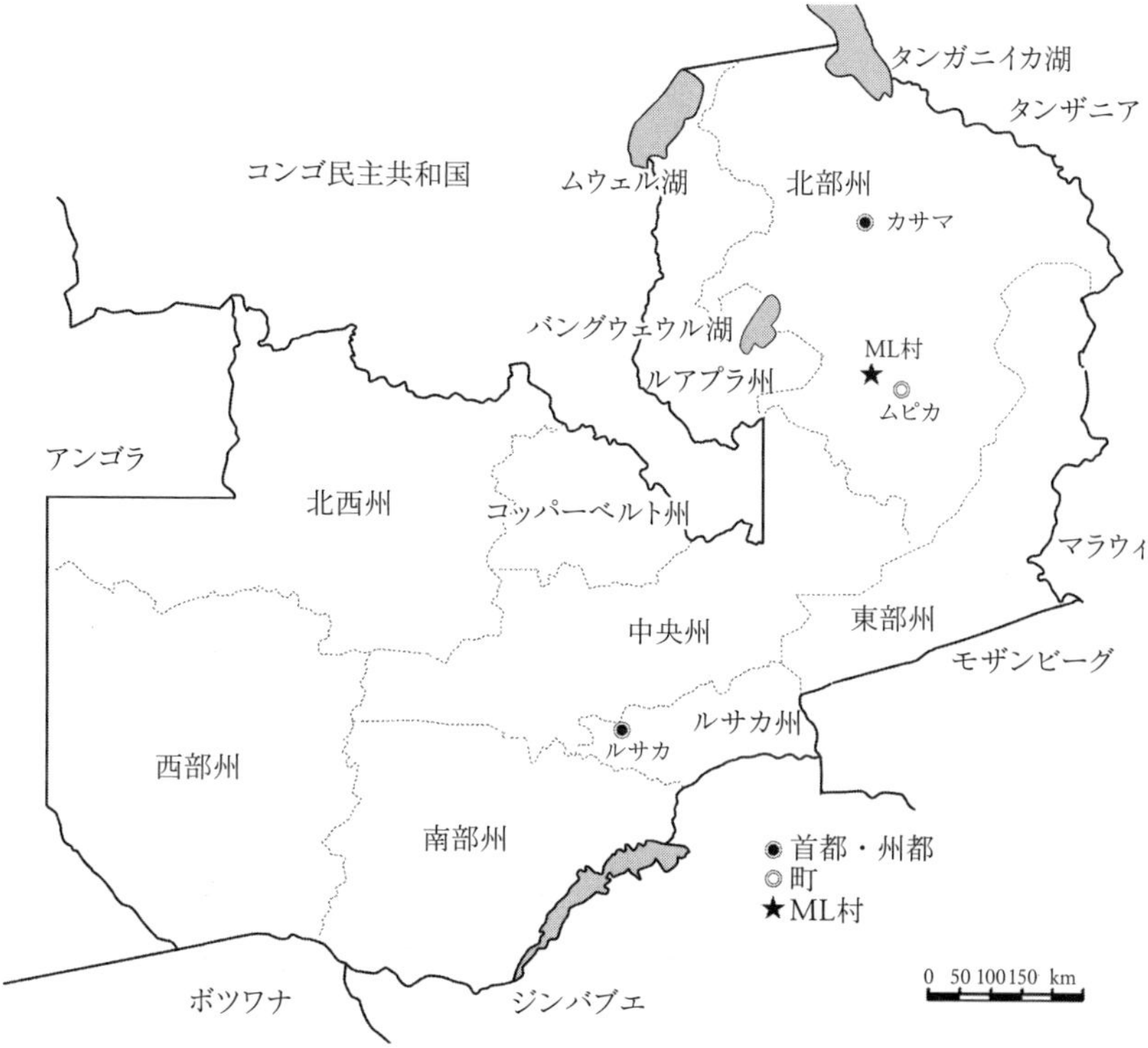

図1-1　調査地の位置

るジュニア・チーフである。

北部州ムピカ県の県庁所在地であるムピカの町は、タンザニア国境の町トゥンドゥマに続く主要国道と、カサマに続く国道の分岐点にあり、街区の北西五キロほどのところにタンザン鉄道の駅もある。街区には県庁、郵便局、クリニック、中学校、政府系のホールセール、ゲストハウスのほか、常設市場、インド系の人びとが営む複数の個人商店、小さいながら食堂も兼ねるバーがあり、カサマに向かう国道沿いには当時のイギリスが出資する研究協力機関ＩＲＤＰ(Integrated Rural Development Program)にヨーロッパ系の研究者やボランティアが常駐していた。

ムピカの町からカサマへの国道を進むと、ほどなく西に分岐し、ビサ（Bisa）の人びとが住むコパ（Kopa）に向かうコパロードがある。この道を一〇数キロメートルほど行くと、チーフ・ルチェンベのムスンバ（*musumba*：王の居城の意）がある。ここにはチーフ宮のほかに小学校やカソリックの教会、裁判所もあり、チーフ・ルチェンベ領の行政的中心でもある。チーフ・ルチェンベのムスンバから西にむかい、道路沿いにいくつかある村を過ぎると、調査拠点のML村がある。ML村の先にも数ケ村があるが、その村々を越えて、コパロードをさらに西に進むと、途中数キロメートルにわたって人の住まない森林保護区があり、その出入り口にあたる通称「トゥエンティースリー（23）マイルズ」とよばれる場所に、検問の役人が常駐するツェツェバエ・コントロールのゲートが設置されていた。[25]

調査拠点となったML村は、ムピカの町から三〇キロメートルほどの距離に位置し、徒歩でも一日で往復できる。一九八四年まではムピカ—コパ間を結ぶ乗り合いバスも、週二回往復していた。私は交通の便が良いから、村とムピカの町との往来も頻繁にあると予想した。その往来を通して農産物の生産地である村と、消費地であり国内外流通の拠点でもある町との関わりかたを知ることもできると思われた。さらに都合の良いことに、村は状態の良いミオンボ林に囲まれてチテメネ耕作が盛んにおこなわれ、チーフ・ルチェンベの居城村にも近かった。この村なら、「チテメネ耕作に基盤をおいた生活と自然との関係」（掛谷 一九九六：二四五）やその特徴を明らかにするだけでなく、ベンバ王国の歴史と行政的特徴を知ることができる。さらに町と村との関係から人びとと生活の変化まで調査することができるにちがいない。

当時の私はオードリー・リチャーズの著作を読んで、村びととの生活が近代化によって大きく変化しているはずだと予想していた。ザンビアに来る前の日本の山村でのフィールドワークを通して、近代化政策や現金経済の浸透による生活の変化に強い関心を抱いていたから、ML村がその目的によく合致した対象だと考えた。そんな私の意気込みが、あっという間に出鼻をくじかれたのは、序章で述べたとおりである。ML村の人びとの生計はチテメネ耕作を中心に回っていて、リチャーズの報告にある一九三〇年代とほとんど変わらない。農作物の売買を通じた町や国の流通経路への参入もほとんど観察できない。現金経済の浸透や近代化政策の影響とはずいぶん距離があるように見えたのだ。

しかし何年か調査を続けるうち、それじたいが村びとの培ってきた近代化への対応であることに気づくようになった。後の章で詳述するように、ML村はやはり、ミオンボ林に根ざした生業と社会の全体像を把握することと、近代化政策や現金経済の浸透による生活の変化に迫ることの両方に接近できる場所だったのである。

2……住み込みは開始したものの……

住み込み調査のため、はじめて私がこの村を訪れたのは一九八三年のことである。深緑色のミツビシパジェロに、調査用具がぎっしりつまったジュラルミンのスーツケース、ムピカの街で仕入れたインド製の浄水器や食料品を積み込み、その隙間に掛谷誠さん・英子さんご夫妻、市川光雄さん[26]がおさまった。「砂利道の運転に慣れるために」と私が運転を任され、おっかなびっくり、でこぼこの砂の道を走る。ミオンボ林の中に次々現れ

(24) 当時の公式資料では一平方キロメートルあたりの人口密度一〜五人となっている。
(25) ベンバに隣接する地域に住むバントゥー系の人びとで、半農半漁の生計を営む。

る村は、どこも同じような佇まいで、私にはさっぱり区別がつかない。どの村でも放し飼いのニワトリがパニックになって車に向かって走ってくるし、車を見つけた子どもたちは笑顔で何かを叫びながら走って追いかけてくる。

「ここやと思うけどな」。窓の外をじっと見ながら掛谷さんが指し示したML村は、涼しげなミオンボの木立のなかに草葺き屋根の家々が点在する小さな村だった。ML村の村長に出迎えられ車を降りるころには、どこからこんなに集まってきたのか不思議に思うほど、大勢の子どもたちが幾重にも私たちを取り囲んでいる。知らない顔ばかりに囲まれて村の生活がはじまるのだと思うと、緊張感に笑顔もこわばり、やっとフィールドに着いた喜びよりも、これからの三ヶ月やっていけるだろうかという不安がどんどん大きくなるのだった。翌日、市川さんはパジェロでご自分の調査地に向かって行った。砂ぼこりを巻き上げて去っていくパジェロの後ろ姿を、心細い思いで見送った記憶がある。

日本を発つ前の予定では、私が調査地に滞在する時間は五ヶ月近くあった。だから当初計画ではML村を足場にしながら、私が住み込む別の村を探すつもりだった。だが、ザンビア政府からの調査許可を待ってルサカ滞在が長引いたために、フィールド滞在期間が二ヶ月も短くなり、別の村を探す余裕がなくなった。結果的に、最初の三ヶ月は掛谷さんご夫婦と同じML村で予備的調査を続け、翌一九八四年から一年間、ひとりでML村での本格的な住み込み調査をするよう、その後の計画を調整することになった。

ML村は、イギリスの植民統治下にあった一九五八年、先代村長のマーレ氏がコッパーベルトへの出稼ぎから戻り、母系の兄弟姉妹を集めて作った村だ。(27) 一九八二年にマーレ氏が引退したあとを受け、同母弟であるパウロ氏が村長位を継承していた。一九八三年当時、ML村は一三世帯、人口は五三人で、そのうち夫がいない女性が世帯主の世帯（以下、「女性世帯」）は四世帯あった。世帯の基本的な構成は核家族から成り、世帯は生計活動の単位でもある。

それぞれの世帯は毎年焼畑を造成するが、ML村の一三世帯のうち、若い世代を中心とした五世帯は、村の北方五キロメートルほど離れた場所に出造り小屋を設けて、一時的に移り住んでいた。村びとのほとんどがキリスト教徒なので、出造り小屋にいる人びとは、日曜ごとの礼拝に合わせて本村を訪ねる。カトリック教会はML村に隣接するN村にあった。N村は当時の世帯数が三〇世帯とML村より大きく、両村の人びとは日常的に交流していた。

当時の村長だったパウロ氏は、植民地軍兵士としての従軍経験があり、ケニアに在駐していたためスワヒリ語を話すことができた。タンザニアでのフィールド経験からスワヒリ語が堪能な掛谷さんは、前年（一九八二年）の広域調査でこの村を訪ねてパウロ氏と意気投合し、住み込み調査をする同意を得ていた。パウロ氏は、あ

(26) 当時、京都大学助教授。
(27) 創設時、マーレ氏は退職金を元手に購入したウシを飼い、村で小さな売店を開いたそうだ。しかし、ウシは作物を食い荒らすという近隣の村びとの苦情をうけてほどなく売ってしまい、売店も二年ほどでたたんでしまった。買い物に来る村びとは多かったのだが、みんな「つけ」で買うので、新しい品物を仕入れる現金が足りなくなって商売が回らなくなったからだという。それ以来、村に常設の売店はなく、村びとの買い物はチーフ・ルチェンベか、ムピカの町に足を伸ばすことになった。それでも村びとの生活にあまり不便はなかった。一九八三年当時、村びとはチテメネに依存した自給的な暮らしをしており、物のやりとりはシコクビエや塩を媒介にしていたので、日常で現金を使って買い物をする機会は限られていた。

写真1-5　ML村の筆者の家（1983年当初は掛谷さんの家だった）

らかじめ掛谷さんの住む家を用意していた。それは「外国からの客人の安全のため」、村長宅の東隣二〇メートルほどにある小さな家屋だった。家の床は地面より三〇センチほど高く、土壁は白と灰色の粘土で美しく塗り分けられている。小屋の外側に屋根付きの空間があり、屋根の下で煮炊きできる炉がしつらえられていた（写真1―5）。

掛谷さんご夫婦の家とは別に、私にも一軒の家が必要だとわかると、パウロ氏は若い独身男性が住んでいた小さな小屋を空けさせた。彼の小屋も村長宅から直接見わたせる位置にある。この男性は私たちが村長宅のあずまやで話をしていたわずかな間に荷物をまとめ、どこかに去って行った。彼が家を出るやいなや、少女たちが箒で小屋の内外を掃き清め、小屋の中の床に打ち水をして受け入れ準備を整えてくれた。さらに少年少女が私たちの荷物をそれぞれの小屋に運び入れたのを確認して、パウロ氏は胸を張って言う。「はいどうぞ。こ

写真1-6　チーフ・ルチェンベ（写真左）への挨拶（王族同士はひざまづくだけでよい）

こがあなたの家です」

そんなことを言われても、青年が荷物をまとめて出て行ったのを目の当たりにしては、おいそれとくつろぐ気分にはなれない。こぢんまりとした小屋の外壁は、掛谷家と同じように白い粘土を基調にしていたが、赤茶色と濃い灰色の粘土を塗り分けた大きな花が描かれている。扉は竹か何か軽い木材を半分に割って針金でつなぎ合わせて作られ、南京錠をかける穴があいている。中に入ると、壁際にミオンボ材の手作りベッドが備え付けてあり、壁には雑誌やタブロイド紙から切り取ったインドの女優や映画のカラー写真が所せましと貼られている。見上げれば、クリスマスに飾るようなモール素材の装飾が屋根の梁から梁へ渡されてキラキラ光っている。一目見るだけで、あの青年が愛着をもって自分の居住空間を整えていたとわかるのだ。「あの青年を追い出さないで。私にはどこかの空部屋一つで十分です」と英語で伝えた私に、

写真1-7　王への挨拶（一般の女性は半身を地面に横たえるのが正式な挨拶とされる）

パウロ氏はベンバ語と英語をまぜて「これはウムチンシ・ワ・バベンバだ。おまえはそれを受けなければならない」と繰り返し言う。

「ウムチンシ・ワ・バベンバ（*umuchinshi wa babemba*）」は、ベンバの礼節という意味だ。この表現は他者への配慮や客人のもてなしかたを表現するとき、ベンバ王国の一員としての誇りを潜ませた「われらベンバ（*fwebabemba*）」という枕詞とともに、決まり文句のように使われる言い回しである。王国の中心地カサマからこんなに離れた小さな村に住む人びとにも、ベンバのアイデンティティがひろく共有されているのが不思議に思えたことであった（写真1―6、1―7）。

もっとあとになって、ベンバ語と村びとのようすが少しわかるようになると、家をほかの人にあけわたすのは珍しくないことを知った。見ていると、よそから訪ねてきた家族のために家をあけわたしたり、出造り小屋に行って長期間留守にしている家に、ほかの家族が入ったりしている。一定期間の定住が必要とされる農耕を営んではいるものの、集落自体が一〇年から三〇年で移動するベンバの人びとにとって、住む家を明け渡したり変えたりすることは、そう荷の重いことではないのかもしれない。引っ越しの荷造りがなぜあんなに短い時間でできてしまうのか。家財道具も少ないのか。農耕の定住性と移動性を両立させる暮らしは、どんなふうに成りたつんだろう。フィールドノートに書き留めたこの疑問は、それからの調査の入り口を示していた。しかしこの時の私には、それに気づく余裕などなかった。自分が村の生活に溶け込めるのかどうかもわからなかったし、調査での自分の足場をどこにおけば良いかが、まったく見えなくなっていたからだ。

5 入り口は「ミリモ・ヤ・サイエンス（サイエンスの仕事）」

1……ミリモ・ヤ・サイエンスと少年たち

住み込み調査が始まったのに、一週間たっても一〇日たっても村の生活に慣れることができないでいた私は、掛谷さんが日常生活の土台をテキパキと整えていくのを、ただ見守るばかりだった。掛谷さんは村長を相談役にして、水汲み、薪とりと料理をしてくれる二人の若い女性を雇う。小屋の中に荷物置きの棚を作る。外の空き地には「オフィス」と称して、ミオンボ材の柱に草葺きの屋根をつけた簡易小屋を建て、同じくミオンボ材と草でテーブルとベンチを作りつけてもらった。

「言葉ができないって、なんて不自由なの！」。私はスワヒリ語ができないし、ベンバ語も初級レベル以下だ。あまりにもどかしいので、村長に頼んで調査助手を探してもらった。助手をお願いしたのは当時三〇才くらいのアレクスさんである。彼は村長のすぐ下の妹の息子で、町の商店で働いていたので英語ができる。ベンバ語は二四もの時制をもち、名詞を九つもの格に分けて接頭詞や代名詞を使い分けなければならない。敬意を表す言い回しもある。それを私が身につけるまで、アレクスさんにも教えてもらいながら、まずは掛谷さんと共同で、村や周囲の植生についての基礎調査を進めることになった。

共同で進めた村の土地利用や植生調査は、測る・数えるという生態人類学の王道をいく方法を使う。それは、私たちがしようとしていることを村びとに理解してもらうのにちょうど良い調査だったが、調査を本格的に始める前にやってきた少年たちとの出会いがその後の展開を方向づけた。

この少年たちと出会ったのは、「オフィス」ができた夜である。かれらはそれまで私たちを取り囲んでいた年少の子どもたちとはようすがちがい、私たちが夕食を終えるまで外で静かに待っていた。外から「ホディ（ごめんください）！」と声をかけ、掛谷さんの「カリブ（どうぞ）！」の答を聞いてから、しずしずと入ってきて、ひとりずつひざまづいて両手を打ち合わせる、ベンバ式のていねいな挨拶をする。年齢は一二、三歳だろうか、思春期に入らんとする少年らしさが内側から輝くような表情をしている。掛谷さんからオフィスのベンチに座るように促され、落ち着くと、背の高い少年が思い切ったように英語で口火をきった。「どんなお仕事で来られたのですか?」。待ってましたとばかり、掛谷さんはベンバ語で答えた。「ミリモ・ヤ・サイエンス　*milimo ya science*（サイエンスの仕事だ）！」

少年たちにかぎらず、「白人がこの村に何をしにきたのか」は、村びとの関心の的だった。人びとは私たちのすることを、好奇心とちょっとした不安をもって観察していたにちがいない。明るい肌の色をした私たちはヨーロッパ人と同じ「白人」に分類されていたのだが、かれらの知っているふつうの白人は村には住まない。ミッショナリーのように伝道するでもない。タンザン鉄道で働く中国人ともちがうらしい。おとなたちが私たちに面と向かって質問することはなかったから、少年たちが、自分たちで聞いてみようという話になったようだ。

掛谷さんは、それ以上具体的な活動の内容は説明しなかったが、学校で習っている「サイエンス」に関係する仕事だと理解したらしいかれらの興味は私たちの持ち物に移っていき、掛谷さんの持っていた三色ボールペンの構造や価格の話題でもりあがった。それ以来、かれらは毎晩訪ねてくるようになり、やがて、ＭＬ村の「掛谷門下生」となる。

ミリモ・ヤ・サイエンスって、何をするんだろう？　少年たちだけでなく、おとなたちも注視するなかで、私たちの調査は始まった。学校がない日はそれぞれの調査に少年たちがついてくる。メジャーや方位磁石、ストップウォッチ、簡易測量のトランシットコンパスなど、持参した機器類を総動員して、チテメネ耕地周辺の植生調査や村びとの作業時間計測をしたり、木の方名を尋ねては一部を切り取り、うやうやしく野冊(やさつ)を出してその標本を作ってみたり……。私たちのすることをしばらく観察するうちに、飲みこみの早いかれらは、計測器具類を運び、私たちが使うときに絶妙のタイミングで差し出す役回りを果たすようになった。さらに、少年たちは私たちと一緒にミオンボ林を散策し、木々の名前や用途を教えてくれた。散策の合間には木陰に座って、語らいの時間がある。掛谷さんがスイスアーミーナイフで切り分けてくれる小型の羊羹に歓声をあげ、ひとしきりおやつを楽しんだあと、掛谷さんの問いかけに答えてベンバのチテメネ・システムについてのかれらの考えや将来の夢を語るのだった。(28)

私たちについての情報は、すぐに、かれらからおとなたちに広まる。売ったり買ったり食べたりするわけではないが、いろいろなものを測ったり数えたりするのがミリモ・ヤ・サイエンスらしいと村びとは理解し、自分たちの役には立たなそうだが、害もなさそうと判断したようだ。また、かれらの焼畑農法を非難するのではなく、学ぼうという姿勢でいるとわかったことも、安心材料だったらしい。村びとはどの調査にも、快く協力してくれた。たとえば集落地図を作るために実施した世帯構成員調査はかなり面倒だったはずで、女性たちは避けがちだったが、男性たちの多くは「おお、センサ（センサス）か」と受け入れてくれる。私がベンバ語の名前を書き取れず手間取っていると、私の手からノートを取りあげて代わりに書いてくれたり、そのまま他の世帯調査に同行してくれたりもした。

ただ、火入れ直後のチテメネ耕地に入って面積を計測する調査では、交渉を要した。本来、火入れ後の耕地に立ち入るのは、そのチテメネの持ち主が野菜の種まきをするときに限られている。持ち主以外が入ると、作物が不作になると恐れられていたし、立ち入った人は邪術をかけたと告発されかねないのだ。私のベンバ語はそんな交渉ができるレベルになかったので、この交渉にあたったのも掛谷さんである。スワヒリ語で村長のパウロ氏とじっくり話をして、計測に同意してくれた世帯のチテメネだけを測る許しを得た。まず前村長のマーレ氏、村長のパウロ氏が同意してくれ、やがてほかの世帯の人びとも立ち入ることを許してくれた。そして翌年以降は個別に断りを入れることなく、火入れ後の耕地面積を計測できるようになった。のちのち村びとに聞いた話によると、それはこの年とその翌年に開墾したチテメネでのシコクビエが大豊作だったため、私たちが立ち入っても収穫に影響がない（もしくは良い影響がある）と判断したからだという[29]。けれども最初に「ミリモ・ヤ・サイエンス（サイエンスの仕事）をする人」として、私たちが村の生活に入れてもらえるようなったのには、少年たちの動きが大きな役割を果たしていたと思う。

2……「女の人類学」と定まらない足場

掛谷さんと共同でおこなう調査は順調に進み、調査をする人としての村での足場はできてきたが、私個人の立ち位置は微妙で、調査の足場もなかなか定まらなかった。ベンバ語については村入りから一ヶ月ほどたつと、村びとのふだんの会話のあらましは理解できるようになったのだが、どういう立ち位置で調査をすればいいのかが、いつまでも決められない。

村の生活が大きく変化しただろうという事前の予想がすっかり外れ、拍子抜けしたこともあるのだが、それじたいはたいした問題ではなく、チテメネ耕作の現場を見るのは、むしろとても楽しかった。問題だったのは、日本を発つ前に掛谷さんから与えられた「女の人類学をやれ」という課題である。

私が住み込み調査を始めた一九八〇年代初頭は、人類学のフィールドワークと議論の枠組みに転換が求められた時期だった。一九七〇年代末以降それまでの人類学が男性中心の視点で進められてきたことへの批判と反省から、一九八〇年代以降、女性の視点からの諸研究が蓄積されはじめていた。[30] 生態人類学でも、農耕民の生業の全体像を理解するには、生計において大きな役割を果たす女性の活動に迫る必要がある。掛谷さんは、女性研究者のほうが女性の活動へ近づきやすいという点から、まずは「女の人類学をやれ」と言われたのだと思

(28) 学校でチテメネ・システムを含む焼畑農耕は遅れた技術なだけでなく、森林破壊の元凶だから廃止すべきだと習っていたかれらは、その農法を学びたいという私たちに抗議さえした。しかし、それならなぜ、村の周囲のミオンボ林がなくなっていないのかを問うと、非常に興味を示し、さまざまな推論を展開するのだった。

(29) さらに後年、この村びとは酒宴の席で偶然に見た掛谷さんの肘や膝につけられた印から、掛谷さんがタンザニアのトングウェで呪医の資格を得たと知り、「あの年は掛谷さんがタンザニアの薬（良い方の呪薬）を効かせたのかもしれない」と半ば真顔で語っていた。

う。

大学院生だった私にも、それまで「あたりまえ」だった男性中心の物の見かたを抜け出す視点が必要だということはわかっていた。それまで書かれた民族誌の多くは、男性の活動の観察と男性が語ったことを中心に組み立てられ、それが当該社会の全体像であるかのように記述されていた。その記述に女性の姿は見えにくく、書かれていても、政治的・社会的な活動をリードする男性と私的な活動に終始する女性といった無意識のジェンダーバイアスによって位置づけられていたことは、当時批判されていたとおりである。また、近代化が女性の地位を高めるのではなく、かえって劣位に向かわせているという研究にも衝撃を受けた(Boserup 1971)。知らず知らずのうちに陥っている自分の文化のバイアスから離れるために、それまでとは違う視点を導入する必要があるのは指摘されているとおりだと思ってもいた。[31]

けれども、思うことと実際にフィールドですることとの間には大きな隔たりがある。アフリカ農村とまったく違う環境で育った私が、村の女性たちの視点から何かを見ることなどできるのだろうか。自分を彼女たちと同じ「女性」と括って良いのだろうか。彼女たちの活動や彼女たちからの話を中心に調査を組み立てれば良いのかもしれないが、それでは男性視点の裏返しでしかない。どうしたら新しい地平が開けるのだろうか。考えるだけではどうしようもないことを、ぐずぐずと思い悩んでいた。

もっと困ったのは、それまでの私の人生で、自分が女であるという属性を意識的に見ないようにして勉強や仕事をしてきたという事実だ。何かにつけて「女なのに」「女のくせに」と言われ続けるのにへきえきしていたし、「女だから」と半人前扱いされるのも心底悔やしかったから、ジェンダー属性に言及するのをそれまでずっと避けてきた。むしろ、女だから何かができないとか、逆に女だから何かを優先的にしてもらうとかがないように、ジェンダーニュートラルに勉強や仕事をする人として認められるようにと、意識して行動してきた。平たくいえば、自分が女であるという属性を押しだすところから何かをはじめる、という経験がなかったのだ。いまさら女というジェンダー属性を出発点にして、何をどのように考えたら「女の人類学」なる問題設定に迫れるのかがわからない。それに、なぜ私が「女の人類学」をやらなければならないのかも納得できなかった。

いま思い返せば、ずいぶんと頭でっかちな考えに縛られていたものだが、当時の私は、女だから女性の活動を見るというようにどちらかに偏る調査ではなく、自分の行動にジェンダーの枠をはめず、男女両方の活動を均等に見る調査がしたかった。だから当初の調査では、意識的に男女両方の活動を同じように観察しようと、調査助手のアレクスさんと一緒に伐採地を回って簡単な地図を作ったり、男性の伐採作業にかかる時間を計ったり、既婚女性が枝積み作業をするようすを観察したりした。

それまでの私はアフリカでの調査経験もなければ食事調査をしたこともなかったので、日本を発つ前に、測量や植生調査の初歩を実習させてもらい、さらに栄養調査などの手順がひととおりわかるよう、東京大学の人類生態学研究室におじゃまして、そろえるべき機材や調査方法を教えていただいた。付け焼き刃ではあったが、それらの方法はいろいろな意味で、私がベンバでのフィールドワークを始動する

---

(30) アードナー／オートナー（一九八七［一九七四］）、綾部（一九八二）。

(31) たとえば母系社会の継承は複雑だといわれる。（欧米社会を標準とする）男性の視点から見れば、自分の子どもが自分とは異なる集団の成員で、自分の地位や財産は姉妹を「経由」してオイに継承されるという「ねじれた」関係にあるように説明される。しかし、女性から見れば、自分の生んだ子どもたちが自分と同じ集団の成員になり、同じ出自集団の上の世代から下の世代へ地位や財産が継承されるという、とてもわかりやすい規則でできているということができる。

支えだった。すでに述べたように、当時の私は村の環境じたいに慣れないし言葉もままならない。村の誰に自分の社会的位置を重ねれば良いかも定まらない。掛谷さんとの共同調査についてくる少年たちは、私に敬意を示しつつも、基本的には「自分たちとほぼ同年代の掛谷さんの生徒」という体で接してくるし、ほかの村びとからはあからさまに子ども扱いされる。調査期間が短いのに、無駄に時間を過ごしているというあせりがあった。だが植生や村びとの生計に関わる行動を観察し、それらを測る・数える方法を使うと日々データが貯まるので、少しだけ気持ちが楽になる。またそれまでの共同調査でできてきた「サイエンスの仕事をする人」という村での立ち位置を安定させるのに好都合だとも考えていた。

ところが、村入りから一ヶ月以上が過ぎたある日、こんな手前味噌な考えをくつがえすできごとがあった。「ちょっと待って！　それ、測らせて」と、チテメネの伐採地で束ねた枝を今まさに運ぼうとしている女性を押しとどめ、体重計を使って枝の重さを計っていると、それをしげしげと眺めていた女性が聞くのだ。「見ればわかるのに、あなたたちはわざわざ機械を使って測るんだね。測ると何がわかるんだい？」

何がわかるか？　生態人類学的な調査方法の特徴は、測ることと数えることだ。そこには人びとの活動を数字のデータとして可視化する意味があり、当事者も気づかない規則性を見つけ出すことができる。さらにその規則性とそこから外れるさまざまなできごとから、人びとの価値観を覗くことができる。でもそれは明らかに彼女が求める答えではないし、それを言いつのっても納得してもらえるとは思えなかった。

「測ったってできるようにはならないよ。私たちがやっていることを知りたいなら、測るより先に自分でやってごらん」。それを自分でできるようになるのが、「わかる」ということだという彼女の話は、大多数の村びとの声を代弁している。できるようになるには、見てやってみるのが一番だというのは生活者としてあたりまえの前提で、調査する者の姿勢とは出発点からして異なっている。測る・数えることによってわかることだけでは、かれらのわかりかたには近づけない。

フィールドワーカーたらんとするならわかっていて当然のことにそれまで気づかなかったというのも恥ずかしい話だが、まず村でふつうに暮らせる人にならないと、彼女の問いへの答えは見つからない。そう思いあったところから、実はフィールドワークの本番が始まったといえる。

幸運だったのは、最初の住み込み調査で掛谷さんのお連れあいの英子さんとご一緒できたことである。タンザニアやザイール（当時）で村暮らしの経験をもつ英子さんは、「私は研究者じゃないから、調査はしないの。ただ暮らすだけなの」とさらりと言って、薪での火起こしや料理を難なくこなし、「ほんとうは水汲みもできるのよ」と笑っている。さらに絵心がある英子さんは、村の近くで手折ってきた草花や木々の花を前にスケッチしたり、描いているようすを見て「本物みたい！」とため息をつく子どもたちに冗談を言って笑いあったりと、村の生活の中で、着実にご自分の場所を作りはじめているように見えた。それでいて、「村の人は曜日に関係なく暮らしてるとばかり思っていたけど、ベンバの人たちは一週間の曜日で動いてるのよね」などと、村びとの生活リズムを何気なく読みとって教えてくださる。

最初のうちはそのようすを我が身のふがいなさと引き比べて悲しくなっていたのだが、それではらちがあかない。英子さんのようにさらりとはできなくても、まずは「調査より暮らし」と思いさだめて、水の入ったバケツを頭上で運ぶのも薪を束ねるのも、斧で木を切るのも、いろいろな仕事を試させてもらうことにした。たいていのことは全然うまくできないのだが、おもしろいことに、それをやめさせようとする人はいない。バランスを崩してバケツの水をぶちまけようが、薪をばらけさせようが勝手にやらせてくれるので、しばらくすると身体を動かすコツがわかってきた。そうなると、他の村びとがその活動をするときどこに注目すれば良いかがわかってくる。やがていくつかの身体の動きがセットになって一連の手順をつくりだしていることも体得できる。村びととの仕事の観察で計測すべき動きのポイントや、作業工程の区切りで声をかけるタイミングがわかり、作業の流れを止めずに調査できる。

その経験は身体にはまった枠がパキパキと外されていくような、目の前でぼやけていた風景がはっきりとした輪郭を結ぶような感覚であった。いつのまにか、女性たちの近くで時間を過ごすほうが多くなり、ベンバ語の語彙も少しずつ増えた。ベンバ語はイントネーションの高低がはっきりしたトーン言語なので、歌うような気持ちで話せばよい。だんだんコツがつかめてきた。

身体を使って知るわかりかたと、測る・数えるというわかりかた、さらに言えば言語を通して知るわかりかた……これらをどのように交差させて、ベンバの人びとの世界に近づけるのかが、その後の全期間を通じた課題になった。そうなると避けて通れないのは、ジェンダーや年齢という自分の属性である。このことに正面から向き合わなければならないと身にしみてわかったのはしかし、ひとりで住み込み調査を始めた一九八四年のことだった。

6 年長女性たちのレッスン

はっきりしたジェンダー分業によって生計活動がおこなわれている村での生活は、生計活動以外でも男性と女性の活動域が大きく違っていた。男性は斧を一本肩にかけ、槍を持ってひとりで伐採に出かけていく。あるいは自転車で行商に出かけて一〜二週間も留守にする。仕事から戻ってもひとりか、同世代の姻戚の男性たちせいぜい二、三人で多くの時間をすごす。女性は畑仕事に連れだって行き、村に帰ると数人が集まって、畑から持ち帰った農作物の加工調理を共同したり、一緒に食事したりする。子どもたちは女性の周りにいる。夫婦でも夫と妻が同じ空間にいるのを見るのは、朝早い時間帯と夕食時にほぼ限られる。

さて、私はどうするべきか。一九八四年の調査でも、当初は助手のアレクスさんとミオンボ林を歩いて木々の方名を収集し、伐採作業を観察するため男性たちをひとりずつ訪ねてチテメネの開墾地を回った。女性たちが枝葉の運搬をする作業も見せてもらい、村に帰ると女性たちが食物の加工作業をしているところに近づいてみたりもした。しかし、女性たちはなんだかよそよそしく、男性たちとも親しくはなれない。計測した数値データは集まるが、ベンバ語は少しも上達しない。男性に近づくか、女性に近づくか、腹を括らないといけないのだろうとわかっていたが、気持ちが空回りするばかりだった。そんな状況を大転換させたのが、年長女性たちからのレッスンである。

1……レッスン1　クタンダラ（*kutandala*）を日課にする

住み込みをはじめた当初から、なにかにつけて私の家を訪ねてくる年長女性がいた。とくに用事もないのに「今日は会わなかったから」と言ってやってきて、まだベンバ語が不自由な私に、やつぎばやに質問を投げかける。「日本での家はどこか」「日本では何を食べているのか」「兄弟は何人いるのか」。昨日も一昨日も同じことを聞いたのに、今日もまた同じことを聞き、私の答をはじめて聞いたかのように「へえ〜！　そうなのかい？」と驚いてみせる。さらには通りかかった他の村びとをつかまえて、「この子に聞いてごらんよ、日本では何を食べているのかって。（私に向かって）あんた、日本で何を食べているのかこの人に言ってあげなさい」……さながら、ベンバ語のブートキャンプである。

何かをねだるわけでもなく、毎日やってきてはこうして話をしていくだけの彼女の意図を測りかねて、私は当惑していた。しかしある日、彼女は決然と言い放つ。「あんた、ずっと家にいて誰とも話さないのはいけないよ。それでは喉の塊（*Cikonko pamukoshi*）[32]病になってしまう。毎日クタンダラ（散歩）して、みんなと話しなさい！」

私だって彼女が言うほど家にこもっていたわけではない。農作業に同行したり料理する様子を見に行ったりしていた。毎日二件ずつは誰かの家を訪問していたのに、彼女は「あんたはぜんぜんクタンダラしてない」と断じる。毎日全員に会わないとクタンダラしたことにならないというのだ。小柄な体に肝っ玉かあさんの威厳をまとったこの年長女性は、マーガレットという可憐な名前で、それ以後ずっと私のベンバの師匠になってくれた。

クタンダラが難しいのは、ただ行くだけではなくて、一緒にいる間じゅうずっと話をしていなければならないからだ。少しでも黙っていると「何か話しなさい」と言われ、「ベンバ語ができないから」というと、話さないからできないんだと言われる。質問されてから答えを考えるのはたいへんなので、助手のアレクスさんに「あれは何?」「ベンバ語で何ていうの?」「何に使うの?」「いつから?」「なぜそうするの?」という五つのベンバ表現を教えてもらい、聞かれる前にこちらから尋ねる技を編み出した。しかしこうして時間稼ぎをしても、マーガレットさんはすぐに「あんた、いまこの人が言ったことがわかった? なんて言ったか言ってごらん」と攻勢にでる。そして「いつも持ってるノートに書きなさい」と言うのだった。いやはや、マーガレット師匠はきびしい。

そんなとき、聞き取れなかったベンバ語をノートに書いてくれたり、他の女性との会話の合間に、それとなく英語で話してくれる若い女性がいた。彼女はドロシーという名前だ。助かったよとお礼をすると、「ずーっと昔に小学校でやったのを少し思い出して話してみただけ。あんまりあんたがわからない顔しているから」と言う。聞けば小学校四年で学校をやめて一六歳で結婚し、すぐに出産したそうだ。見るからに賢い彼女は学校の勉強も好きだったが、結婚してから本も読まなくなり「学校で勉強したことはみんな、臼で搗いて粉にしてウブワリ(主食の固練り粥)と一緒に食べちゃった」と笑い、「結婚しない道はなかったからね。ほかに何ができる

---

(32) 喉の塊病は、他の人と会わずにいる人が罹る病気である。他の村びとがいる場で一緒におしゃべりをしないと身体の中に風が通らなくなり、次第に食が細くなって命にかかわるという。*Chikonko* は、炒ったラッカセイに塩を加えて搗き固めた携行食。

と思う?」。

話題は、当時の私の年齢でまだ子どもがいない（結婚もしていない）ことに及び、彼女たちのように小学校を途中でやめて結婚する人生と、私のようにいつまでも学校で勉強して結婚しない人生、それぞれどう考えるかという議論になった。当時二五歳以上で小学校を卒業した女性は誰もいなかったし、マーガレットさんのような年長女性になると、読み書きが自由にできない人も少なくない。彼女たちの世代は、自分の男兄弟はなんとか学校に通えたが、女は学校に行かなくてもよいと言われた経験をもつ人がほとんどである。

無筆であるためさんざん苦労を味わってきたという彼女たちは、息子だけでなく娘たちも小学校を卒業できるように、焼畑の開墾や現金稼ぎに力を注いできたと口々に言う。「なぜかって? 何も勉強していないと困るでしょう? 結婚しても私たちベンバはすぐに離婚するからね」「（勉強していれば）独身（*bashimbe*）になったとき、自分の力でなんとかできるし、母や姉妹が助けてくれる。大きくなれば子どもが頼りになる」……。個々の女性の人生にとって、結婚や離婚、出産や育児などのライフイベントはどんな意味をもつのだろうか。これが、ライフヒストリーの聞き取り調査のきっかけである。

こんなふうに女性たちと話をするようになると、できごとを再現するように直接話法で話すという話法のパターンもわかってきた。そのなかでも特定の形式で発話すると、ほかの人びとが声を合わせてくれ、演劇的な要素を楽しむこともできる。

たとえばこんなふうだ。「（私が話し出す）今朝、お日さまがこのくらいのとき（と空に向かって手を上げ、午前一〇時半頃の太陽の位置を示す）、畑でFさんがキャッサバを掘っていたのよ。今日はじめて顔を見たなと思ったから、私は何て挨拶したと思う? 『おは?』（おはようというところ、最初の「おは」だけを声に出して、聞き手の方を見る）……」「（聞き手全員が声を合わせて）おはよう！」「（それを受けて私が）そう、おはようっていったわけ。でもFさんたら、『こん……？』」「（聞き手一同）こんにちは！」「（私）そう、こんにちはって言うのよ。やっぱりお日さまがこのくらいのときは（と空に向かって手を上げ）こんにちはって言うほうがいいの？」。しばしの間のあと「え？　そんなことを気にしたことはないわね」。誰かが言うとそれに重ねて別の人たちがエコーのように「ないわね」「ないわね」「ないわね」……。そして、聞き手それぞれが自分の考えを口々に話し始める。こうすると、いつでも、いつまでもしゃべっていられる。

そしてこんなふうに毎日顔を合わせて話をすると、相手に悪意をもっていないことが確認され、親しみが深まる。人びとの移動が頻繁な村では、それを積み重ねることが一緒に暮らすことなのだ。これを繰り返すうち、既婚女性たちとのつきあいが格段にスムーズになった。クタンダラが苦行ではなくなってきた。

2……レッスン2　ひとりになってはいけない

村の女性たちとの関係づくりができるようになっても、つねに誰かと一緒にいなければならないという状況には、慣れることができなかった。[33] フィールドノートを書いている時はまだいい。だが、ただボーッとして一息つきたいときでも、ひとりにさせてもらえないのはなかなかつらい。村の中ではひとりになれる状況にないので、集落近くのミオンボ林を歩くことにした。

ところが、ひとりで集落近くのミオンボ林を歩こうとすると、必ず村の女性が見つけてついてきたり、子どもたちを呼び、私を追いかけて一緒に行くように指示したりする。[34] どうしたら村びとの目をすり抜けて、ひとりになれるかをあれこれ考えては試す日々が続いた。

ある日、だれも見ていないのを見すましてひとりでこっそり集落を出ようとすると、ぎりぎりのところで年長女性ユリアさんに見とがめられた。ユリアさんが手招きするので彼女の家の台所に行ってみた。台所ではユリアさんのほかに二人の年長女性が作業をしている。なんとなく不穏な空気をいぶかしく思いながら、言われるまま中に入ると、どこに行こうとしていたのかと聞かれる。クタンダラしようと思って、と笑ってはぐらかそうとしたところ、あっという間に三人に取り囲まれた。二人がものすごい力で私を羽交い締めにする。何がなんだかわからないまま、仰向けにされ、土間に押さえつけられた私にユリアさんがのしかかってきた。

「何? やめてよ!」。叫んだけれど、ユリアさんも二人の女性も力を緩めない。こちらは起き上がろうと力一杯もがくのだが、身体が動かせない。ユリアさんは私に顔を近づけて「動ける? 動ける? 動けるか? 動けないでしょ?」。がたがた震えながら頷くと、ようやく力を緩めてくれた。震えながら上半身を起こしたところに、ユリアさんが拳を握ってぐっと私の顔に近づけた。「この肌の色は何色? この肌の色の赤ん坊をあんたは産めるのか? 自分が女だということを忘れて、ひとりでミオンボ林に行くと、ひどい目にあうんだよ」「男たちに囲まれたら叫んでも暴れてもだれも聞いてくれない。そうしてあんたのお腹にこの肌の色の赤ん坊ができても、だれも助けてくれないいんだよ」

そのあとどうやって自分の家に戻ったのか、よく憶えていない。気づくと、マーガレットさんが訪ねてきていた。彼女はユリアさんの家でおきたことの一部始終を承知していて、話しに来たのだ。「あんたは白人だけれど、私たちと同じ女だ。私たち女には女のやりかたがある。あんたが村で暮らすなら、私たちベンバの女のやり方を学ばなければいけないよ」。ユリアさんは後年、私が成女儀礼を受けたときのナチンブーサ(*Nacimbusa*: 成女儀礼で教え導く女性）を務めてくれたのだが、彼女のレッスンはこのときすでに始まっていたのだった。

「女の人類学をやれ」という掛谷さんからの課題は、ベンバ女性の視点からかれらの生活を見直すだけでなく、私自身がどのように女であるかという問題にもつながっていた。

（33）病気の時にひとりにしてもらえないことも悩みの種だった。発熱してひとりで家の中で寝ていると、ひっきりなしに見舞いの人がやってくるので、その対応で安静になどしていられない。掛谷さんは、見舞いに来た人びとを集め、マラリアで発熱しているにもかかわらず「日本人の病気対処とは何か（見舞いに来なくていいから静かに寝かせてくれ）」の演説をした。

（34）当時の私は知らなかったのだが、仕事もないのにひとりでミオンボ林に行くことは、他者を呪う行為と深く関わっている。公に口にされなかった怒りや恨みは腹にこもって悪いものになるので、怒りを覚えたら特定のやりかたでそれを表明すべきだと村びとはいう。表明されなかった怒りや内にこもる妬みを抱えた人がひとりでミオンボ林に行き、独り言で怒りや妬みを口にすると、それ自体が呪いを発動させる原因になるといわれる（杉山二〇一八）。

第2章

生計活動と平準化機構

チテメネ脇の穀物倉にシコクビエを取りに行く年長女性に同行する。彼女は持参した籠いっぱいに目当てのシコクビエを詰めると、チテメネでキャッサバの葉を採ってから、耕地の中に自生する野草を採り、枯れた立ち木の樹皮をはがしてカミキリムシの幼虫、際の枝から食用イモムシを集める。主食とおかずが同時にとれた。帰りの道すがらに野生の果実まで！　なんて便利な畑だろう。

——一九八三年　フィールドノートより

1　チテメネ・イバラ・ミオンボ林

村びとの生活空間は、集落（*umushi*）を中心に集落近くに位置する小規模畝立て耕作地（イバラ *ibala*）、その外側に広がるミオンボ林（ムンパンガ *mpanga*）と、ミオンボ林の中に散在するチテメネ（焼畑 *citemene*）から成っている。ムンパンガと総称される空間には二次林化したミオンボ林と川の支流沿いにひろがる季節湿地ダンボ（*dambo*）が含まれる。

この地域の気候は、四月から一〇月までの乾季と一一月から三月までの雨季に大別できる。乾季はさらに、気温の低い冷涼乾季（四〜八月初旬）と暑熱乾季（八月中旬〜一〇月）に分かれる。雨季にまとめて降る雨の量は年間およそ八〇〇〜一二〇〇ミリメートルになる。人びとの年間の生活リズムは、こうした気候の変化にも対応して構成されている。

ベンバの住む地域は乾季でも落葉しない木々が優勢なミオンボ林に覆われている。それはルベンバとよばれるベンバの中心地のカサマ周辺も、チナマとよばれるムピカ周辺の新開地も同様である。主な樹種はマメ科ジャケツイバラ亜科のブラキステギア（*Brachystegia*）、ジュルベルナルディア（*Julbernardia*）、イソベルリニア（*Isoberlinia*）の三種である。

これらの樹木は樹皮が厚く、耐火性が高い。外皮の内側の繊維質部分は水分を多く含み、樹皮紐や樹皮布が作られる。半円筒型になるようにはぎとった樹の外皮は収穫したイモ類や家づくりに使う粘土などを運搬する容器に使うほか、葬儀の際の棺としても使われる。木部は家の柱にもテーブルやベッドの支柱にも、斧や鍬の柄にもなる。

ミオンボ林はベンバの物質文化と生活全般を支えるだけでなく、信仰のよりどころでもある。ほとんどの村びとはキリスト教徒だが、ベンバの始祖を核とする祖霊信仰にも帰依している。ミオンボ林は祖霊の住処で、ミオンボ林の動植物は祖霊からの恵みだとされる。逆に、祖霊の怒りを買うと不猟、不作、干ばつや疫病などの災厄に見舞われるともいう。

この地域の原植生のイメージをつかむために、チーフ・ルチェンべ領内の森林保護区[35]で植生調査を実施した（掛谷・杉山 一九八七）。胸高直径二・五センチ以上の樹木についてみると、この地区の樹木は樹高七メートル以上の高木層とそれ以下の低木層に大別できる（表2―1）。高木層で多いのは順に *Brachystegia floribunda*（二〇本）、*Julbernardia paniculata*（七本）、*Brachystegia utilis*（六本）、*Afromosia angolensis*（五本）である。高木層と低木層の両

（35） 森林保護区は一九八三年当時で三〇年以上伐採されていないことが明らかな地域である。

表2-1　森林保護区における樹種・樹高

樹種		樹高（m）															
方名	学名	1	2	3	4	5	6	7	8	9	10	11	12	13	14	15	計（本）
Musompa	*Brachystegia floribunda*					1				2	2	2	5		4	4	20
Mutondo	*Julbernardia paniculata*							1				4	1		1		7
Musaka	*Brachystegia utilis*									2	2				1	1	6
Mubanga	*Afromosia angolensis*					2		1	1				1				5
Kapanga	*Burkea africana*							1								1	2
Mumpombwe	*Ochuthocosmos gilletiiae*							1									1
Mwombo	*Brachystegia longifolia*	1	2		1		4	1	2	3	1						15
Musuku	*Uapaca kirkiana*			2	1	2	2										7
Saninga	*Faurea saligna*		3	2			1										6
Munawe	*Ohuna shweinfurthiana*		1	1	3		1										6
Cimpanpa	*Monotes africanus*		2	1	1	1											5
Musoso	*Protea　sp.*		2		2												4
Muslolo	*Pseudolachnostylis maprouneifolia*			1		1	1										3
Mupangwa	不明			1		1		1									3
Akapululambushi	*Brysocaripus orientalis*	2															2
Sweba	*Pavetta schummaniane*						2										2
Mupundu	*Prinari uratellifolia*		1														1
Musafwa	*Syzyguyn gyubeebse*				1												1
Mufungo	*Anisophyllea boehmii*						1										1
不明	不明					1											1
	計（本）	3	11	8	9	9	12	6	3	7	5	6	7	0	6	6	98

10m × 10mのコドラート10カ所の計測から作成（掛谷・杉山1987より再録、一部学名情報追加）

方にみられる*Brachystegia longifolia*は本数では*Brachystegia floribunda*の次に多い樹種である。

ほかに低木層では*Uapaca kirkiana*（七本）、*Faulea sarligna*（六本）、*Ochna schweinfurthiana*（六本）、*Monotes africanus*（五本）などが中心になっている。いずれも有用樹だが、方名でムスク（*Musuku*）とよばれる*Uapaca kirkiana*は一〇月以降に甘い実をつけるので、焼畑を開墾するとき伐採しないようにする。

集落周辺の木々の太さや樹高は、集落との距離によって異なるが、それは休閑年数のちがいに対応している。集落に近い区域はミオンボ林が小さい傾向にあり、集落から数キロメートル離れた出造り小屋付近は十分に再生したミオンボ林が展開する。集落付近と出造り小屋付近で計測した木々の単位あたり本数、胸高直径、樹高を比較してみよう（図2―1）。

樹木の本数では集落付近で二二四本、出造り小屋付近で一六二本と集落付近が多い。胸高直径をみると集落付近では胸高直径五センチメートル以下が最も多く、一〇センチメートル以下の木々と合わせると八割以上にのぼる。出造り小屋付近でもっとも多いのは胸高直径五～一〇センチメートルの木で、次いで五センチメートル以下の木々、一〇～一五センチメートルの木々となっており、集落付近にはない胸高直径三〇センチメートル以上の木々も数本ある。

樹高はどうだろうか。出造り小屋付近では樹高四メートルを中心にそれに近い高さの木々が分布する。集落付近では樹高三メートル周辺の木々が中心となっており、樹高八メートル以上の木々は少ない。総じて集落付近は休閑期間が短い段階でミオンボ林を利用しているのに対して、出造り小屋付近は休閑期間が長く再生状態の良いミオンボ林をチテメネ開墾地として選択しているといえる。伐採作業の観察によれば、胸高直径一〇センチメートル以上の木々は、のぼって枝だけを伐り落とし（以下「樹上伐採」と記載）、胸高直径がそれ以下で樹高も二メートル程度の木々は、地上で立ったまま幹を伐るやりかた（以下「地上伐採」と記載）で伐採する。

表2―1（森林保護区の樹種）に示した木々はすべてチテメネの伐採対象となる。伐採時に避けられるのは、水分が多くて乾きにくい木、折れやすい木、棘のある木である。また、あえて切らないようにする樹種として、乾季に果実が実る木々（方名 *Musuku* : *Uapaca kirkiana* 既出, *Mufungo* : *Anisophyllea boehmii*）がある。

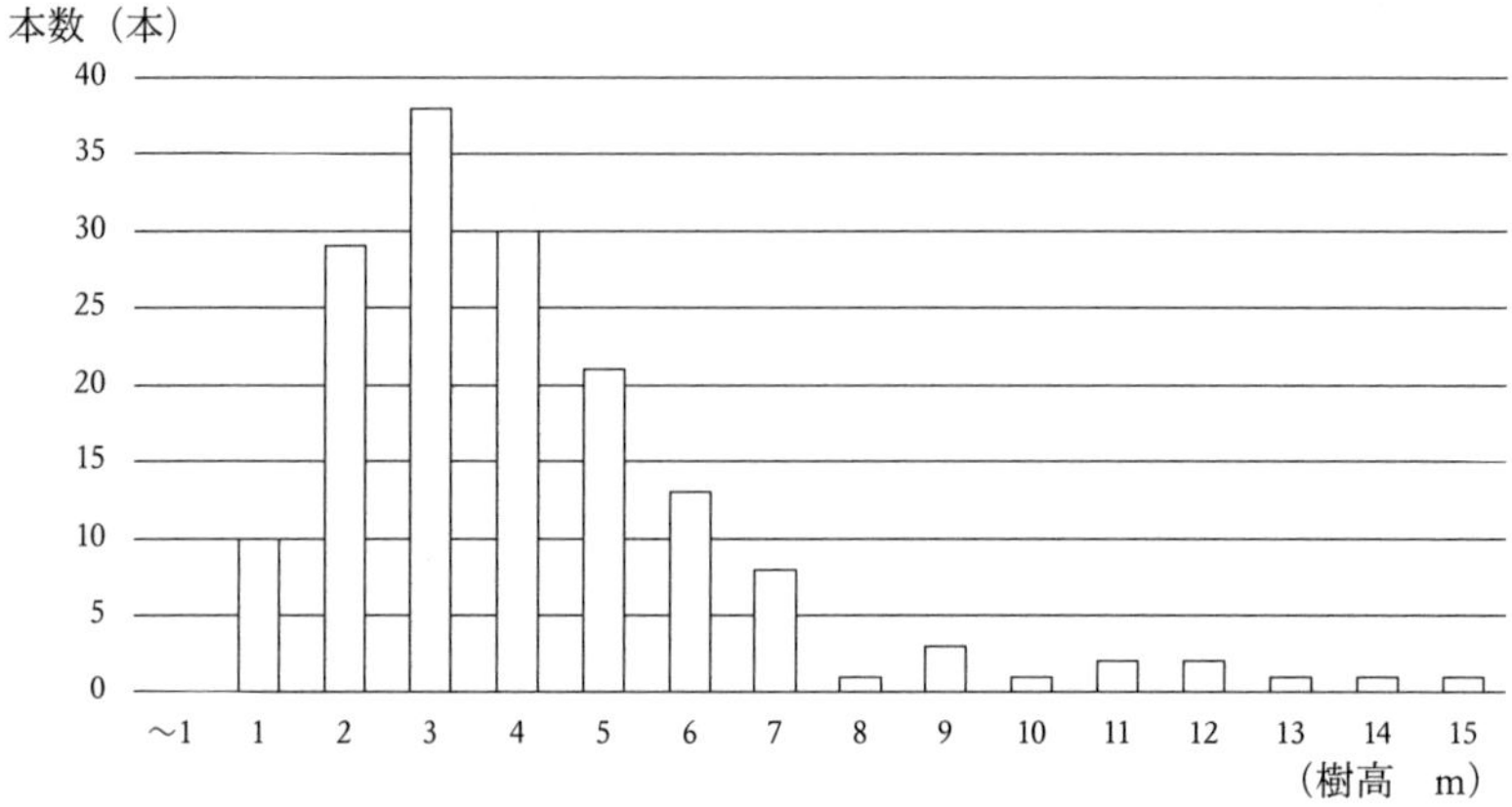

図2-1a1　木々の樹高と単位あたり本数（集落付近）（掛谷・杉山 1987より）

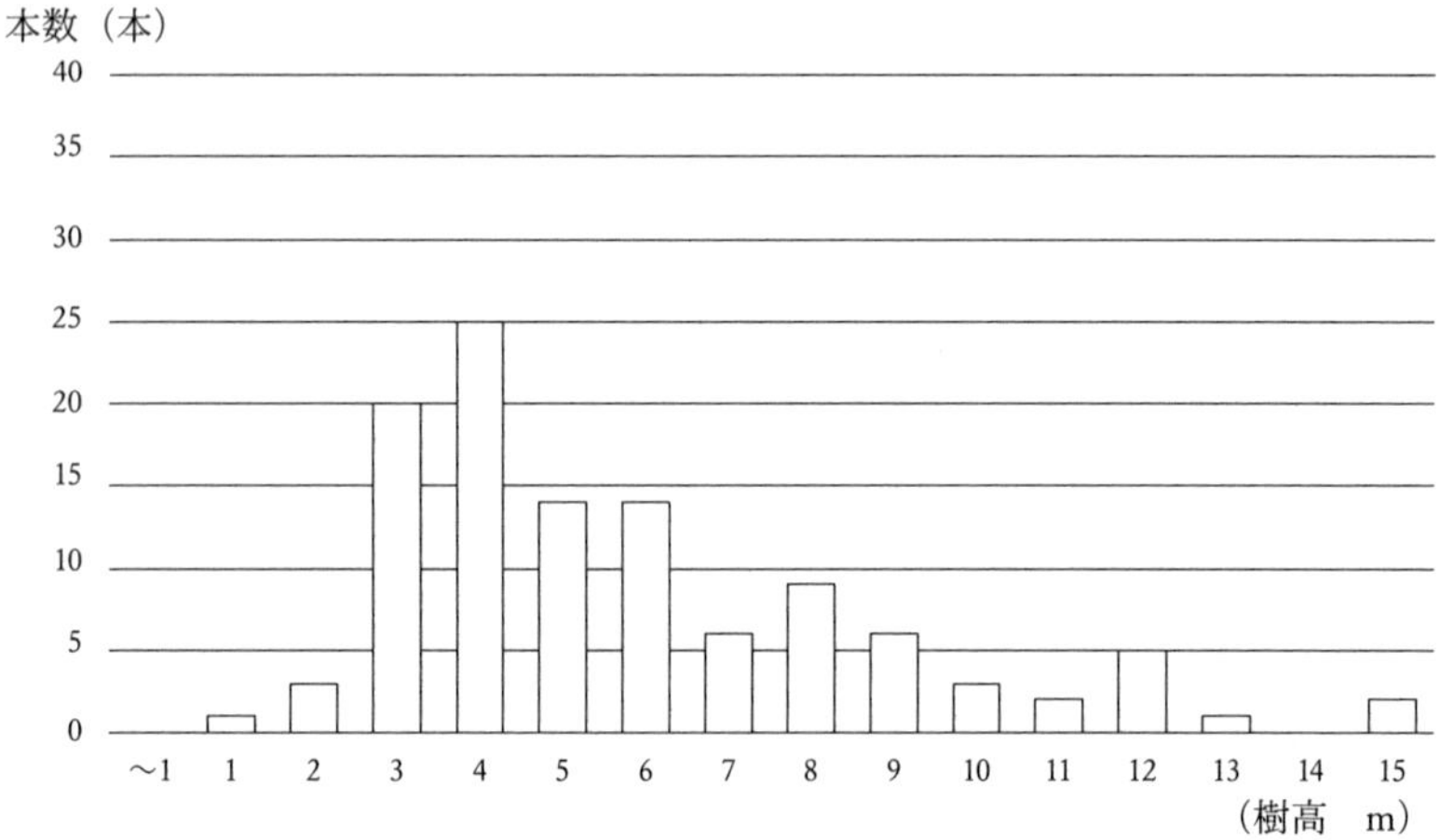

図2-1a2　木々の樹高と単位あたり本数（出造り小屋付近）（掛谷・杉山 1987より）

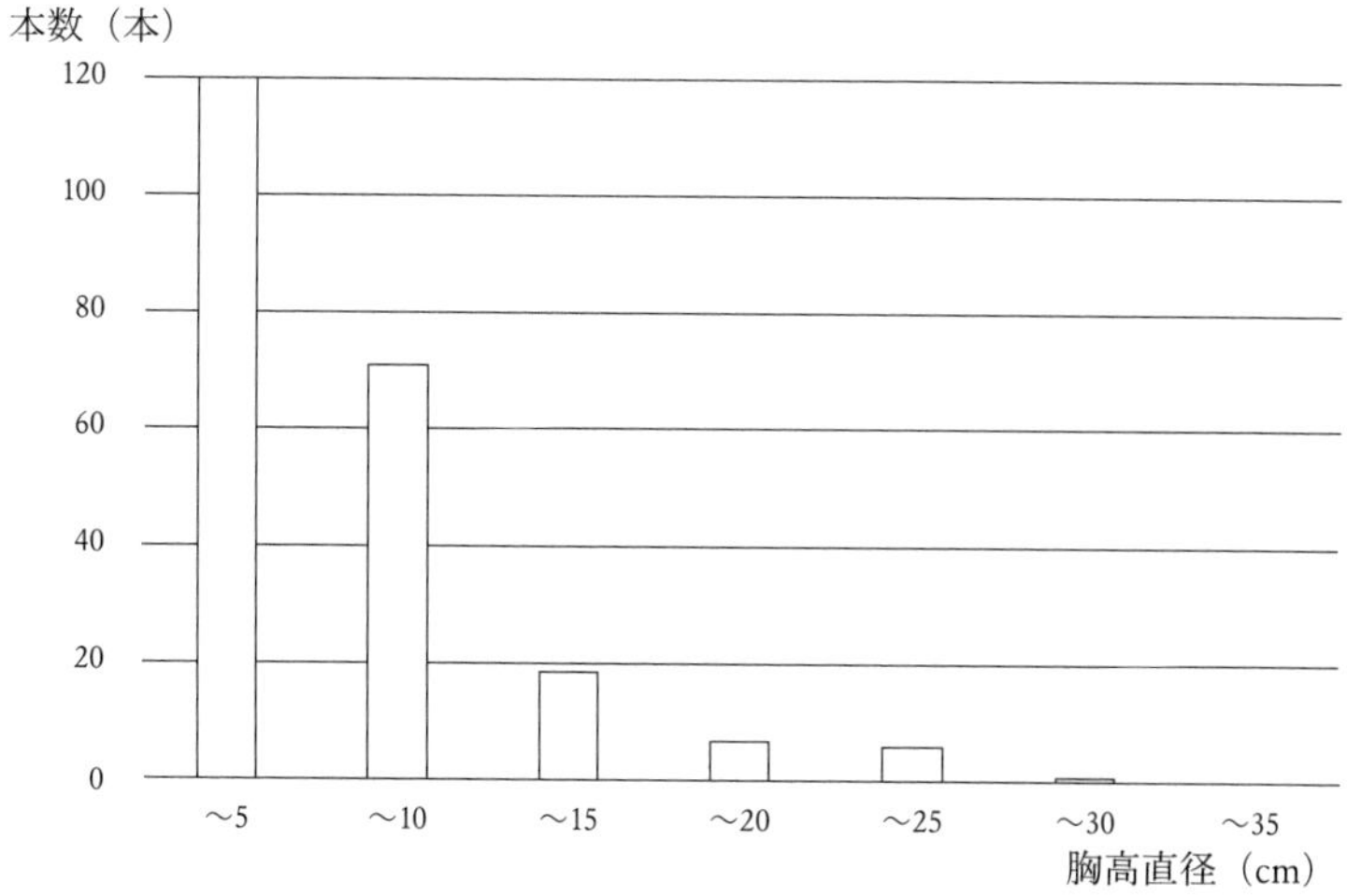

図2-1b1　木々の胸高直径と単位あたり本数(集落付近)(掛谷・杉山 1987より)

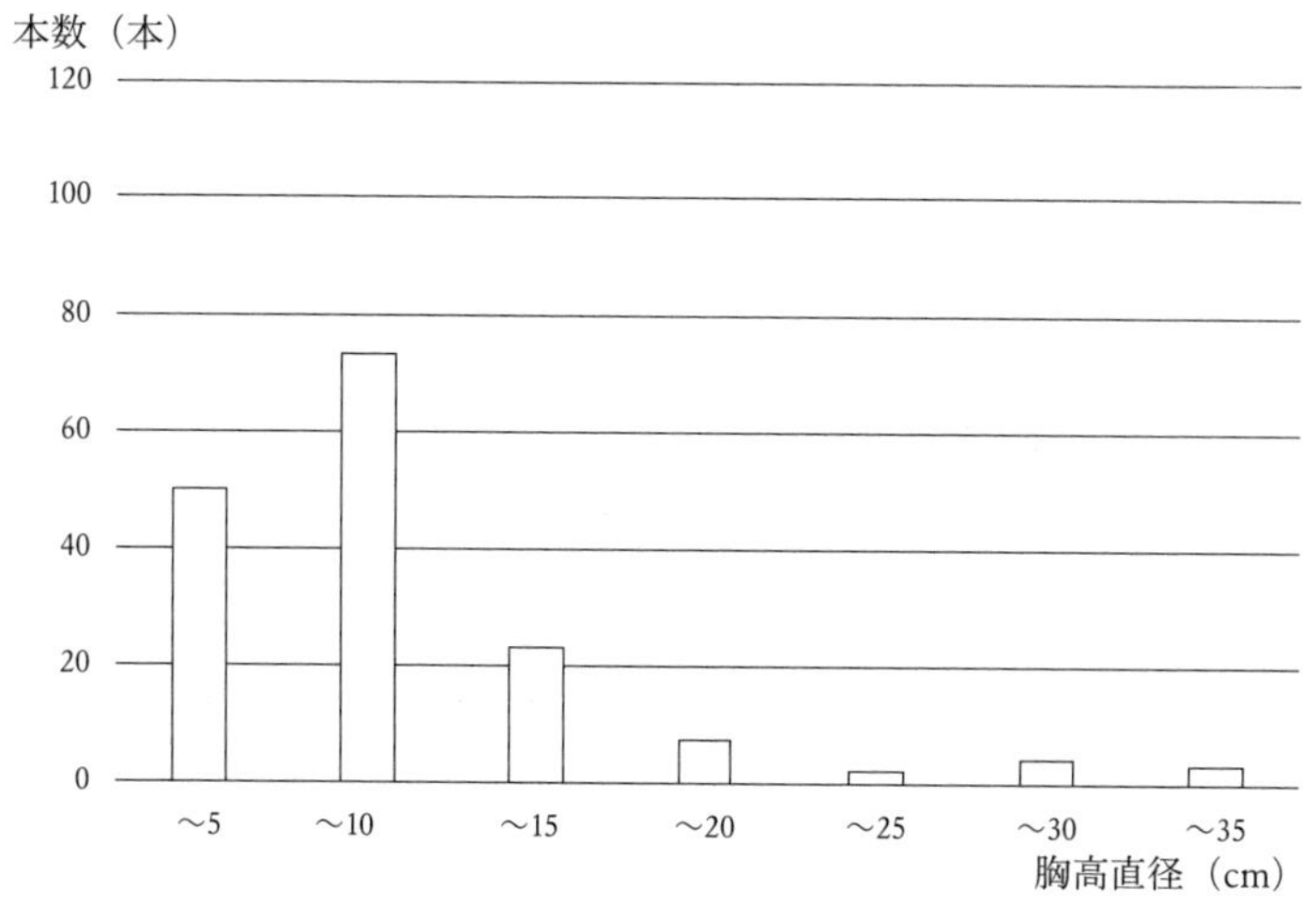

図2-1b2　木々の胸高直径と単位あたり本数(出造り小屋付近)(掛谷・杉山 1987より)

2　環境利用のジェネラリストとしての生計活動

1……チテメネ耕作を核とする生業複合

村びとは核家族から成る世帯を単位として、チテメネ耕作を軸にミオンボ林での狩猟や採集を組み合わせて自家消費用の食料を確保し、さらに小規模な行商によって現金を得るという二本立ての生計を営んできた。焼畑耕作は開墾・耕作と休閑を繰り返す。休閑年数に応じて多様な植生がパッチ状に展開し、多くの動植物が生息する環境となる。人びとは農耕に狩猟や採集などの方法を組み合わせて、環境を広く多面的に利用する。このように多様な方法を併用してミオンボ林を薄く広く使う環境利用のしかたから、ベンバの人びとを「自然利用のジェネラリスト」と呼ぶことができる（掛谷 一九九六）。

ジェネラリスト的環境利用の特徴は、生産や消費をめぐる社会のしくみや価値観、人びとの居住形態とも深く関わりながら、生活様式全般を形づくっている。それは、環境の過度な開発を抑制しつつ、村びと全員が安定して食べていける状態をつくりだすしくみにも結びつく。次節で、生業暦に沿いながら生計活動の全体像を明らかにしていこう。

写真2-1　チテメネの輪作作物。
（左上）1年目シコクビエ収穫。（左下）2年目ラッカセイ播種用に保存。（右上）植え付けのためキャッサバ茎処理。植え付けは開墾直後、収穫は3〜4年目。（右下）収穫したインゲンマメの処理。

2……チテメネ耕作を中心に展開する農耕活動

ベンバのチテメネ耕作のおもな特徴は、開墾方法と輪作体系にある（写真2―1）。その農作業は、基本的に世帯内の男性と女性の活動の連携によって成り立っている。開墾に際しては、男性が木に登り枝葉だけを伐採して、伐採した枝葉を運びやすいように整形し乾燥させる。適度に乾燥した枝葉を女性が伐採地の中央に運搬して円形の堆積を作り、堆積部分だけを燃やす。

伐採域の面積は最終的に造成される耕地の五〜六倍である。ミオンボ林は樹木の密度がまばらで土がやせているという、農耕に不利な条件をもつが、広い伐採域から枝葉を集めて耕地を造成することによって、不足する有機物が補われる。枝葉の堆積が高い温度で焼けることによる焦土効果や乾土効果のほか、雑草の種や病害虫の駆除など農法上すぐれた効果もある。耕地内にあった木々は焼けて枯れるが、地下の根は生き残り、休閑後すみやかに新しい芽吹きを始める。さらに枝だけを伐採するため、耕地の外側にあたる部分では切り口から複数の新しい枝が再生し、独特の樹形をもったミオンボ林の再生が促される（掛谷 一九九六；荒木 一九九六、一九九八；杉山 一九九八）。

造成した耕地にはシコクビエを中心に複数の作物が混作される。開墾後は数年間にわたって異なる作物が輪作され、人びとにバラエティ豊かな食物を供給する。開墾後の年数によって、耕地の呼び名も変化する。一年目はチテメネ、二年目以降はチファニ（*cifwani*）、休閑後はチフンブレ（*cifumbule*）である。本書では読者の混乱を避けるため、便宜的に二年目以降の耕地もチテメネとよぶことにする。次節から、チテメネの作業過程を中心に追い、生業活動全般を見ていこう。

3……チテメネの伐採・枝葉の運搬と堆積

チテメネの開墾作業は、雨季が終わり土が乾く五月頃にはじまる。作業に着手するのは男性たちである。男性はあらかじめ自分が目星をつけておいた場所に行き、その四隅にある細い木に切り目を入れて伐採予定域の内側に向けて倒す。これが伐採区域の目印である。

集落から数キロメートル離れたミオンボ林に伐採域を求め、大きなチテメネを開墾する男性たちもいる。その多くは働き盛りの男性である。かれらは伐採区域の近くに出造り小屋を設け、妻子とともに移り住んで数ヶ月間開墾作業に従事する。

ベンバ語で木を伐ることをクテマ（*kutema*）という。これがチテメネの名称の由来になっているが、チテメネの伐採作業の特徴は、木に登って枝葉の一本一本を伐り落とす点にあり、ベンバ語ではこの作業を特別にクサイラ（*kusaila*：以下、「樹上伐採」）と呼びわける。

男性は斧一本を肩にかけただけで伐採作業に向かう。伐採区域に着くと、足場を見つけながら器用に木に登り、樹上伐採を始める。一本の木の伐採にかかる時間は三〇歳代の既婚男性なら、枝一本あたり一〇数秒で切り落とす。(36) 一本の木の枝を全て伐り落とすのは枝の茂りかたによって異なるが、七分から一五分程度を必要とする。木に登る前に下から枝ぶりを見て伐る順番を考え、作業を始めるという。樹上伐採ができることは、一人前のベンバ男性の印でもある。一本一本の枝葉をていねいに、また手早く伐ることのできる男性は、他の村びとから高い評価を受ける（写真2—2：a伐採、b整形）。

一本の木の枝葉をすべて伐りおえると枝葉の整形作業が待っている。クサンクラ（*kusankula*）とよばれるこの作業の目的は、枝葉を運びやすい形に整えることだ。まず、地上に重なり落ちた枝葉を一本ずつに分ける。一本一本の枝葉を見て、木部が太すぎるようならその一部を切り離したあと、小枝の付け根に切り目を入れ、地面に押しつけて全体が平らになるようにする。つぎに整形した枝葉（フィブラ：*fibula*）の切り口を伐採地の中心部に向け、均等な間隔に並べ三〜四週間放置して乾燥させる。

樹高が低い木や、適度な太さがあってまっすぐな木材が取れそうな木は、地上で根本から伐採する。地上伐採の場合は幹から枝を切り離してから整形作業を行い、樹上伐採のときと同じように並べて乾燥させる。枝を切り離した幹の部分は、必要な長さに切って近くの切り株に立てかけておき、チテメネ耕地を囲う柵に使う。また簡易な穀物倉（ウブタラ：*ubutala*）を作るためにも使う。男性は樹上伐採と整形作業を合わせて一日あたり一

（36） 他村で調査した岡恵介（二〇一一a）の計測結果もほぼ同じである。

写真2-2a　樹上伐採。伐採作業の最後にてっぺんの枝を伐り落とすのがもっとも「美しい仕事」だとされる。

写真2-2b　伐採後の整形作業

時間程度を費やす。気温が高くなる九月頃にはほぼ全部の作業を終えるのが理想的だ。自分の世帯の伐採を終えると、他世帯の伐採をひきうける男性も多い。伐採作業がすべて終わると、男性たちの活動は狩猟や行商などに重点を移していく。

枝葉の運搬作業（クアンセ・フィブラ *kuanse fibula*）[37]は女性が担う。男性が伐採をはじめて二、三週間後、伐採した枝葉が乾燥するそばから、女性による運搬作業が進められる。この作業はシコクビエの収穫が終わる八月頃にはじまる。

この作業では、まず何本かの枝葉を組み合わせて枝葉の束を作りためておく。それを一束ずつ背負っては伐採地の中央に運び、枝葉の堆積を作る（写真2—3：a、b）。運搬する距離は、伐採域の中央から離れるにつれて長くなる。伐採域の縁から運ぶとその距離は五〇〜六〇メートルにもなる。

この作業では、運搬する女性それぞれが、無理せず続けて運べる「自分の重さ」を知る必要がある。枝葉の束を作るときその重さを念頭において、一束一束が同じ重さになるように、樹種のちがいや枝葉の大きさを見きわめながら組んでいくのである。一束の重さにばらつきがあると、早く疲れてしまい、続けて作業ができないからだ。一束の重さは女性によって一五〜三〇キログラムと幅があるが、二〇歳から五〇歳の既婚女性は、平均で二七キログラム程度の枝葉束を運ぶ。彼女たちは一日あたり、三〜四時間、およそ三〇回にわたって枝葉束を運ぶから、合計八〇〇キログラムもの枝葉を運搬している計算になる。

枝葉の束を運んで伐採地の中央に着くと、背負った枝葉を重力に任せて投げ落とす。毎回少しずつ角度を変

（37） *kuansa ifibula* だが、リエゾンして *kuanse fibula* と発音する。

写真2-3a　枝葉運搬

写真2-3b　枝葉運搬の共同労働に従事する女性たち

えて投げ落とし、高さ一メートルほどの円形になるように枝葉の堆積を作る。できあがった枝葉の堆積部分に火入れをし、[38]チテメネ耕地（ウブクラ *ubukula*：インフィールド）[39]が造成される（写真2―4：a堆積、b火入れ）。

日がたつにつれ、女性たちの身体は小枝でひっかいたり、枝切れを踏みつけたりしてできた無数の傷におおわれる。とくに年長者は腰や肩の痛みをこらえながらこの重労働を続ける。彼女たちにとっては樹上伐採よりも、切り落とした枝を整形するクサンクラのできがずっと切実な問題だ。整形作業の良し悪しで枝積み作業の苦労が大きく左右されるからだ。整形作業の良し悪しで夫の愛情がわかるとまでいわれる。[40]

樹上伐採と枝葉運搬という労働集約的な作業を組み込み、枝葉の堆積だけを燃やすこの方法（以下、「枝積み火入れ」）によって、伐採地は、高い温度で堆積が燃やされ耕地となるインフィールドと、木々を伐採しただけで火が入らないアウトフィールドに分かれる。枝葉の堆積に火入れするころ、樹上伐採した枝の切り口にはすでに新しい芽吹きがあり、枝が再生し始めている。数年後には剪定を受けたかのように、切り口から複数の新しい枝が伸び、ミオンボ林の再生が促進される。樹上伐採を繰り返したミオンボの木々は、切り口がこぶのような独特の樹形になる（第6章扉写真）。

枝積み作業が終わってから火入れまでのおよそ半月は、農閑期にあたる。出造小屋に行っていた若い世代も本村に戻り、村は一気ににぎわいをみせる。穀物倉にたっぷりある新物のシコクビエで酒が造られ、頻繁に酒

（38） 火入れは雨季の初雨が降る直前を狙い延焼を避けるために気温の低い夕方に行われる。

（39） Oyama 1996, 2005

（40） Richards 1939も同様の報告をしている（Richards 1939: 293）。

写真2-4a　枝葉の堆積(掛谷誠氏撮影)

写真2-4b　火入れでは枝葉の堆積の周囲に間隔をあけて火をつける。

宴が張られる。村長の妻が「祖霊に感謝する酒（*bwakutotela imipash*または*bwashamfumui*）」を醸すと、村長が村びと総出のネットハンティングを伴う収穫儀礼を主催する。結婚式をかねた成女儀礼が多く催されるのもこの時期である。

4……チテメネ農事暦と生計活動・食の季節変化

混作と数年間の輪作体系をもつのもチテメネ耕作の特徴である。おもな輪作作物は初年度にシコクビエ、二年目にラッカセイとバンバラマメ、三～四年目にキャッサバ、キャッサバを掘り尽くしてしまう五年目は、耕地内に丸い畝を立ててインゲンマメを植え、ウブバ（*ububa*）とよばれる魚毒の種を、畝立てせず何カ所かに分けて蒔く。これらの収穫後、休閑に入る（表2―2：農事暦、写真2―5）。

農事暦に沿って、チテメネの作業を中心に生計活動と食の変化をすこし細かくみていこう。一〇月半ば、火入れ直後の厚い灰に覆われた耕地内には、ところどころにトマトやオクラ、ルバンガ（*Lubanga: Cleome gynandra*）とよばれる在来野菜、在来トウモロコシやソルガムを播種し、耕地の周囲に細長い畝を立てて、カボチャや食用ヒョウタン、インゲンマメやササゲを播く。さらにサツマイモの苗を植えつける。その後一一月にかけて、耕地の内側にキャッサバの茎を植えつける。この時期はまた、村びとの大好物である食用イモムシが大発生する季節でもあり、後述するように村をあげての一大イベントとして採集活動がおこなわれることもある。

一二月に入るとほぼ毎日一～二時間の降雨がある。一二月はベンバの農繁期である。集落付近のイバラで畝立てや播種作業を終えたら、二年目のチテメネにラッカセイとバンバラマメを蒔き、五年目のチテメネに円形

表2-2　チテメネの農事暦

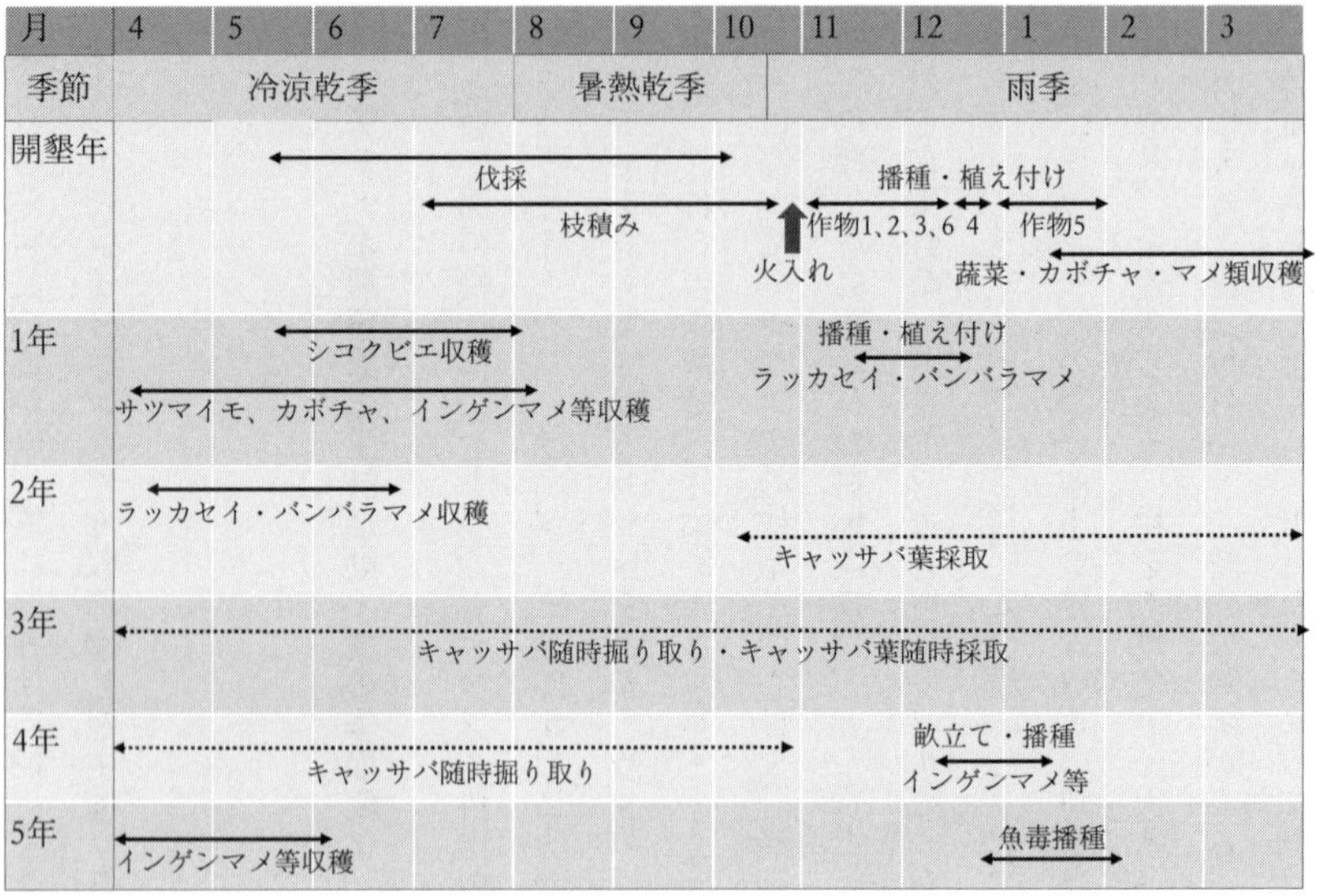

作物例　1.蔬菜類　2.キャッサバ　3.カボチャ・キュウリ　4.シコクビエ　5.サツマイモ　6.インゲンマメ

の畝立てをしてインゲンマメを植え、魚毒の種子を播く。一二月末には度重なる降雨で土が十分潤ったころあいを見計らって、初年度のチテメネにシコクビエを播く(41)。

播種や植えつけの作業は、基本的にその世帯の妻ひとりで進める。けれども、ベンバの主食であり、儀礼上も重要な価値をもつシコクビエの播種は、男性も含めた複数の家族が共同でおこなう（写真2―6）。儀礼的に種子を保管するのは、年長女性の仕事である。かつてはシコクビエの収穫後、籠一つ分（約三〇キログラム）または穀物袋一つ分（約六〇キログラム）のシコクビエを、種子の保管と播種の御礼として年長女性に贈る慣行もあったという。

年明け一月になると一日の降雨時間が長くなり、土は水気を含んで冷たくなる。ウブクラに播いたカボチャやキュウリが実る。これらの初生りは、集落に近いミオンボ林の中に設けられた祖霊祠（*nfuba*）に供えてから食べること（*kusumata*）になっ

ている。(42)

本格的な雨季に入る一月末〜三月半ば、新しいチテメネでは在来野菜ルバンガや、カボチャ、サツマイモ、イ

写真2-5　2種類の主食作物。
(上)シコクビエの加工処理。
(下)皮を剥きカゴに詰めたキャッサバ。

(41)　一九八三年までは一二月二五日が播種の日と決まっていた。翌年以降、干ばつ傾向が強まり、シコクビエの播種時期は降雨状態を見て決めるようになった。

(42)　食べたいと思う村びとが祖霊祠に初物を供え、作法通りに挨拶をしてくるだけの簡単な儀礼である。

写真2-6　シコクビエ播種(年長者が種子を播いたあと、年少者たちが土をかぶせる)

ンゲンマメの葉など、新鮮な緑の野菜が必要に応じて収穫される。カボチャや食用ヒョウタンの実が豊かに結実する。在来トウモロコシの実が生食されるほか、軸や茎をしがんで甘味を楽しむ。

この時期は、副食にする食材が豊富になる反面、主食の確保がむずかしくなる。シコクビエはまだ穀物倉にあり、キャッサバも畑にはあるのだが、一日中降りやまない雨のせいで乾燥も製粉もできないのだ。主食の代用としてカボチャや食用ヒョウタンが出てくるものだから、「見ろ、この黄色い身体を！ カボチャと食用ヒョウタンばかり食べているから、こうなってしまうのだ」とか「もう何日もまともな食事をしていない」と悲しげに訴える男性が続出する。かれらにとっては、シコクビエやキャッサバの粉を練り上げたウブワリを主食におかずが揃ってこそ本当の食事なのだそうだ。リチャーズ（Richards 1939）はこの時期を空腹の季節（hunger season）と呼んでいるが、それはシコクビエの貯蔵量が少なくなると同時に製粉作業に支障をきたす雨季ならではの特徴も反映されている。

三月末になると降雨はまばらになり、四月には乾季がやってくる。輪作二年目のチテメネ耕地で、ラッカセイとバンバラマメの収穫が始まる。チテメネ周囲の畝には太ったサツマイモが顔を出している。茹でたり蒸したりしたサツマイモを、殻ごと茹でたラッカセイと一緒に食べる昼食がこの時期の楽しみである。この頃にはほとんどの世帯で穀物倉のシコクビエが底をつき、主食はキャッサバ粉で作った白いウブワリになる。キャッサバもない世帯では、余裕のある世帯の農作業などに雇ってもらい、報酬としてキャッサバやシコクビエの現物を手に入れる。人びとは新しいシコクビエの収穫を待ちわびる。

雨季を越えた三年目のチテメネでは、キャッサバの芋が食用にできる大きさに育っている。それを必要に応じて適宜収穫し、四年目が終わるまでにほぼ掘り尽くす。キャッサバの葉も繁茂するので必要に応じて採取し、搗いてから煮ておかずにする。

五月末、前年に開墾したチテメネのシコクビエが熟すのを待ちわびて、女性たちが収穫作業にかかる。この時期、朝晩の気温が一〇℃以下に下がるので人びとの朝は遅い。午前八時頃、寒さに耐えかねた子どもが真っ先に起き出してきて、あずまやで火を焚きはじめる。ほどなくおとなもやって来て燃え上がった火でゆっくり体を温め、前夜の残り物で小腹を満たしてから、収穫用のナイフ、籠、鍬をもってチテメネに向かう。

シコクビエの収穫では、だれかひとりのチテメネの収穫作業を共同で順番におこなう、結(ゆい)のような慣行がある。母娘や姉妹、友人や同世代の姻族など、複数の女性たちが連れ立ってでかけ、それぞれの収穫を手伝いあう。このときそれぞれの女性は、自分の収穫作業の能力に応じた大きさの籠[43]と自分のナイフを持って作業をする。その日の番にあたった世帯のチテメネで収穫作業をし、穂刈りしたシコクビエが持参した籠いっぱいになると、チテメネの持ち主の女性に声をかける。女性は籠を受け取って耕地の外縁部に作った空き地まで運び、中身をあけてから、籠を持ち主の女性に返す。

作業を二〜三時間続け、昼近くなると仕事終わりの空気が漂いはじめる。誰が指示するでもなく、それぞれの女性は自分の籠にシコクビエの穂をいっぱいに詰める。慣習的に収穫の最後の一籠分は、収穫した女性のものになるのである。シコクビエ一籠分は三〇キログラム程度で、それを精製すると四人家族一週間分くらいの食料になる。耕地面積の大きい世帯では、小さい世帯よりも作業日数が多くなるから、その分、収穫作業に参加した女性たちが持ち帰るシコクビエの量が多くなる。

そのあと、それぞれの女性がおかず材料の採集に着手する。おかずになるのは、チテメネの周囲の畝にあるインゲンマメやカボチャの葉、近隣のチテメネにあるキャッサバの葉、ムレンブウェと総称される野生植物などである。薪を集める女性もある。

おかず材料や薪の採集がひとくぎりすると、女性たちはシコクビエでいっぱいになった自分の籠を頭上にして帰路につく。収穫を手伝いあった女性たちは、村に着いても脱穀作業やおかずの下ごしらえを一緒にして、そのまま一緒に昼食をとることも珍しくない。別々に採取した食材を合わせて調理したり、ほかの女性が調理したおかずを分けてもらって持ち帰ることもたびたびある。

翌日のシコクビエの収穫作業は、この日一緒に作業をした女性が待つほかのチテメネでおこなわれ、それぞれのチテメネですべてのシコクビエの収穫が終わるまで、順番に手伝いあいながら、八月頃までおよそ三ヶ月にわたって延々と続く。収穫を終えたシコクビエの茎は乾季の盛りに燃やし、輪作二年目のラッカセイとバンバラマメの作付けに備える。

女性たちがラッカセイやシコクビエの収穫作業にいそしむ数ヶ月間、家々の男性は新しいチテメネの伐採作業を始動する。シコクビエの収穫を終えた女性たちはそれぞれの世帯に分かれて枝葉運搬作業に従事し、チテメネを軸にした次の一年がまた始まる。およそ五年間にわたる輪作を終えたチテメネ耕地は、そのまま休閑に入る。大山によれば、アウトフィールドで一〇年、インフィールドでは三三〜三五年の休閑を経れば地力が回復し、ミオンボ林の持続的な利用が可能だという（大山 二〇一三）。

5……ミオンボ林の再生と野生動植物の採集・狩猟活動

休閑した耕地には木々が再生し、採集・狩猟活動の場となる。集落の周辺には、休閑年数に応じてさまざまな遷移の段階にあるミオンボ林がパッチ状に展開している。休閑地の植生は、休閑年数に応じて変化する。休閑から数年までのインフィールドには、薬草や副食になる草本性の野生植物が繁茂する。地中に残った根からムトンド（*Julbelnardia paniculata*）をはじめとする木々が新しいシュートを出し、場所によっては八〜一〇年もたつと純林ともいえるほどムトンドが繁茂する。一五年以上になるとインフィールドの地中に残った根から木々

(43) シコクビエの収穫作業では、一緒に作業をしている女性たちが同じペースで籠を一杯にすることが重要なので、作業が早い女性は大きな籠を、遅い女性は小さめの籠を持っていく。それぞれが持参した籠が収穫したシコクビエで一杯になると、チテメネの持ち主の女性に声をかけて、特定の場所に持って行かせ籠を空にさせる。チテメネの持ち主以外は、収穫したシコクビエを保存している場所に近づいてはならないといわれているからである。

が再生してくる。

狩猟活動は、乾季の五月以降に盛んになる。ＭＬ村では毎週土曜日がネットハンティングの日と決められ、村をあげて狩猟がおこなわれた（写真2—7）。ミオンボの樹皮の繊維で作った網を用いるネットハンティングでは、数人の青壮年男性が槍を持って網の近くに陣取り、勢子役の少年少女が追い込んだ獲物をしとめる。しとめた獲物はミオンボ林の中で解体し、それぞれの果たした役割に応じて分配される。多い週には一〇頭以上ものダイカーが獲れるので、分配される肉もかなりの量になる。家畜が飼えないこの地域で、ネットハンティン

写真2-7　ネットハンティング。（上）往路の村びと。（中）ネットを運ぶ。（下）ネット張りの準備。

グは肉を食べられる貴重な機会だったから、村びとは熱心に猟に参加していた（写真2—8）。

通常のネットハンティングとは別に、文化的な意味をもつ狩猟がおこなわれることもあった。それはシコクビエの収穫儀礼に伴うネットハンティングである。この時はネットハンティングが占いの要素をもち、獲物の有無や獲れた獲物の雌雄によって、祖霊の祝福が得られているかどうかを判断する。ネットハンティングが祖霊の怒りを示しているという結果になると、問題の解決に向けて呪医を伴った狩猟と浄化儀礼がおこなわれた（杉山二〇〇二）。

写真2-8　解体中のダイカー

個人猟は、より頻繁におこなわれる。槍とワナが主で、銃による猟をすることもある。少年から壮年までほとんどの男性が好むのは、槍によるモールラットの待ち受け猟である。この猟は暑熱乾季に、三年目以降のチテメネ耕地やダンボなどで盛んにおこなわれる。まず、モールラットが地下に作った通路を探り、通路の上部の土を薄くはがして、ところどころに通路の中が見えるような穴を開けておく。そして炎天下に槍を構えた姿勢で、モールラットがそこを通るのを辛抱強く待つのである。たいていの場合、二〜三時間から数時間で二〜三匹のモールラットが獲れる。それはその男性の世帯の夕食のおかずになる。皮は堅いが肉は脂がのって極上だと評価が高い。

ワナ猟では針金で作った輪型のワナでダイカーを狙う。成人男性が自分の世帯のチテメネにしかけることが多いが、猟果は芳しくな

写真2-9　食用イモムシ。（上）チプミ。（中）ムンパ。（下）フィコソ。

いようだ。おとなたちとは別に、少年たちも独自に空き缶を使ったワナを作り、ノネズミ狩をする。夕方仕掛けておくと、翌朝にはほぼ確実にワナの数だけノネズミが獲れる。獲物は子ども同士で分け合って食べる。

食用昆虫の採集も重要な活動である。中でもフィシムと総称される食用イモムシ（*fishimu*、写真２―９）採集の盛り上がりは特筆すべきである。種類を選ばなければ、食用イモムシの採集はほぼ一年中可能だが、チーフ・ルチェンベ領内に住むベンバの人びとが主に採集するのは、雨季入り初期の一〇月末から一一月初旬にかけて集中的に発生する大型のイモムシのチプミと、一月頃まで散発的に見られるフィナムスクである。[44] ムスク（*Uapaka*

kirkiana）の葉を好むフィナムスクは黒い体に赤く硬いトゲがあるが、ムトンド（*Julbernardia paniculata*）を主な食草とするチプミは、トゲがなく食べやすいので好まれる。同時期に発生する小型のイモムシ、トゥナカリシャも採集の対象になるが、農作業の行き帰りについでに採集する程度である。（表2―3：食用イモムシの種類）

村びとが熱狂するのはチプミの採集である。雨季入りを告げる雨が降ると、ヤママユガの一種のナムンパピラが羽化するのを待ちわびる。羽化したナムンパピラはムトンドの葉に卵を生みつける。人びとは頻回にムトンドの葉を裏返して卵の有無を確認し、チプミの発生を心待ちにする。チプミは「歯応えがあって肉よりずっとおいしい」と評価が高く、乾季の単調な食事に飽き飽きしていた村びとに、バラエティ豊かな食事ができる雨季の訪れを告げる。

チプミには大発生する年がある。大発生する年、村びとは五〇キロメートルほど離れた奥地のミオンボ林に出かけ、一～二週間泊まり込みで採集をする。ミオンボ林には、あちこちの村から採集にやってきた人びとの仮小屋が並び、採集したチプミを買い付けに来る商人たちが店を開いて、驚くほどのにぎわいをみせる。

採集したイモムシを乾燥させたものは、植民地時代には税金の代用にもなったといい、現在でも高値で取引される。村びとが「ミオンボ林に町がやってくる」と表現したように、ここではビールやジュース、パンやお菓子、肉や魚が乾燥したイモムシと交換で即座に手に入る（写真2―10）。採ったイモムシの量が多ければ、自転車や農具、衣服や靴などの大物を手にするのも夢ではない。早朝五時頃から日が暮れるまで、人びとは熱に

（44）この地域には少ないが、カサマ地域ではムンパと呼ばれる食用イモムシが多く発生し、ほぼ毎年安定した採集量を得られる。

表2-3　食用イモムシの種類

名称（方名）	大きさ	特徴	発生時期	食草方名（学名）	備考
チプミ (*Cipumi*)	大型	鮮やかな黄緑色、棘や毛がない	雨季の入り（10月末〜11月）	ムトンド (*Julbernardia paniculata*)	分布に地域差 当たり年あり
ムンパ (*Mumpa*)	大型	白、青、黄、水色の横縞模様、黒色の硬い棘、体表は柔らかい	雨季の入り（10月末〜11月）	ムトンド（既出）、ムトボ (*Isoberlinia angolensis*)、ムオンボ (*Brachystegia longifolia*)	分布に地域差 当たり年あり
フィトボ (*Fitobo*)	大型	全体が白っぽい、棘なし	雨季（11月）	ムトボ（既出）	少数だが当たり年あり
フィコソ (*Fikoso*)	大型	白い体、太い黒の横縞模様。体側に黄色のアクセント。全身が白く柔らかな毛に覆われている	雨季（11〜12月）	ムサセ (*Albizia antenesiana*)、カパンガ (*Burkea africana*)	少数だが当たり年あり
フィナムスク (*Finamusuku*)	大型	全体が黒色、真っ赤な硬い棘を持つ	雨季（2〜3月）	ムスク (*Uapaka kirkiana*)	毎年少数ずつ発生
フィナムテベテベ (*Finamutebetebe*)	大型	棘がある	雨季	ムテベテベ (*Cussonia kirkii*)	少数
ムパンバタ (*Mpanbata*)	大型	やわらかな棘がある	雨季	ムオンボ（既出）、ムソンパ (*Brachystegia floribunda*)、ムサカ (*Brachystegia utilis*)	少数
フィナムルシャ (*Finamulusha*)	大型	硬い棘がある	雨季	ナムルシャ（未同定）	まれ
ンセニャ (*Nsenya*)	大型	白っぽい体にやわらかな毛	雨季	ムクサウ（未同定）	まれ（カサマ付近にのみ発生）
カヨンガ (*Kayonga*)	大型	褐色	雨季	ムオンボ（既出）、ムソンパ（既出）、ルンボサルワ（未同定）	
トゥナカリシャ (*Tunakalisha*)	小型	黄色に黒の縦縞模様	雨季の入り（10月末〜11月）	チンパンパ (*Monotes africana*)	毎年発生。当たり年あり
ムプウェプウェ (*Mpwepwe*)	小型	黒っぽい	1年中	湿地草原の草	ビサの居住地に多い。ML村付近にはいない

浮かされたように採集活動に勤しみ、採れたイモムシを処理し乾燥させる（写真2―11）。私の観察した年は、乾燥重量で一世帯平均九〇キログラム、約一八〇万匹のチプミが採集されていた。チプミは単なる採集対象ではなく、人びとに一時の蕩尽を経験させてくれる存在でもある。人びとはチプミの大発生を待ち望み、大発生した年がのちのちの語りぐさにもなる（杉山 一九九二）。

雨季が本格化する一月以降は、ミオンボ林床の草が伸びるので狩りはしにくくなるが、種々のキノコや食用コオロギ（*Gymnogryllus sp.*）の採集活動が本格化する。コオロギ採集は男性の仕事である。コオロギの穴を見つけて鍬で掘り上げ、一匹ずつ採集する。多い時期は三時間ほどで二〇〇匹以上を採集する。キノコはおとなから

写真2-10　乾燥イモムシで欲しいものを買う。（上）乾燥イモムシを持って買いに行く少女。（中）流行りのバタフライバックルつきベルトを2本買った少女。（下）スカーフの品定めをする既婚女性。

子どもまで採集するが、テンテと名づけられた大型のキノコは男性がおもに採集し、大量に採れれば販売もする（写真2―12）。

薬用食用を含めた野生植物の採集は女性がおこなう。暑熱乾季になると欠乏しがちな副食の補いとして、ムレンブウェと総称される数種類の野生植物を採集する。食用になるこまごまとした昆虫採集も女性がおこなう。農作業のついでに、チテメネに燃え残って枯れた木からカミキリムシの幼虫や小型の食用イモムシを採ってお

写真2-11　大発生の年、採集したイモムシの処理、加工のようす。(上・中)容器に一杯になったら、内臓を出す。(下)水洗い後、鍋に水を入れて加熱するか、熾火や天日で乾燥させる。

かずに色を添える。

6……ベンバの食生活と食生活における狩猟採集活動、現金獲得活動の重要性

前章でも述べたように、人びとは一日に二回、シコクビエやキャッサバの粉を熱湯で練り上げたウブワリ

写真2-12　キノコ採集。大きなキノコがたくさん採れたら売る。

(*ubwali*) を主食に、副食（*munani*）を合わせた食事をとる。副食は一～二種類と簡素で、その調理法も基本的には水を加えて煮込み、塩で味をつけるごくシンプルなやり方である。葉菜類やマメ類は材料に水を加えて柔らかくなるまで炊き、塩や灰汁で味をつけただけの調理法が普通で、タマネギ、トマトを加え食用油を使ったり、煎ったラッカセイを搗いて作ったピーナッツバターを加えたりする調理法は特別な時のごちそう扱いになる。野生動物の肉やニワトリも基本的には水を加えて煮込み、塩を加えるだけである。乾燥魚も同じように煮込んで塩味をつけるか、塩水にくぐらせて熾の上で軽く焼きそのまま供する。

ミオンボ林が季節ごとに提供する多彩な副食は、村びとの食生活を支えている。図2―2に、ある世帯の副食品の利用頻度を示した。月による違いが大きいが、副食の三〇%から六〇%がチテメネなどの農耕活動によって得られる栽培植物である。その一方で注目したいのは、野生動植物の利用がもっとも少ない一一月で一〇%、もっとも多い八月で四二%と常に一定以上の割合を占めていることである。

食料の品目を見てみよう。栽培・野生に関わらず、植物性食品が五〇%以上を占める月は主に乾季中の七ヶ月である。特に七・八月はキャッサバの葉が利用できないので、ムレンブウェと総称される野生植物が欠かせない。雨季の一月にはキノコ類の摂取が多い。

動物性食品が五〇%以上になる月は、九月・一一月・一二月・三月の四ヶ月である。雨季の一一～三月を中心に、食用イモムシや食用コオロギなど食用昆虫の利用が多く、乾季には野生動物の利用が増える。暑熱乾季の八、九月に野生動物の利用頻度が多いのは待ち受け猟で獲ったモールラットを頻繁に食べているためである。

さらに注目したいのは、一年を通して魚を恒常的に摂取していることだ。ベンバは簗（やな）や魚毒を使った川魚漁の技術をもつが、ML村の村びとが食べる魚は、チーフ・ルチェンベ領の西方にあるビサの領域でとれた乾燥

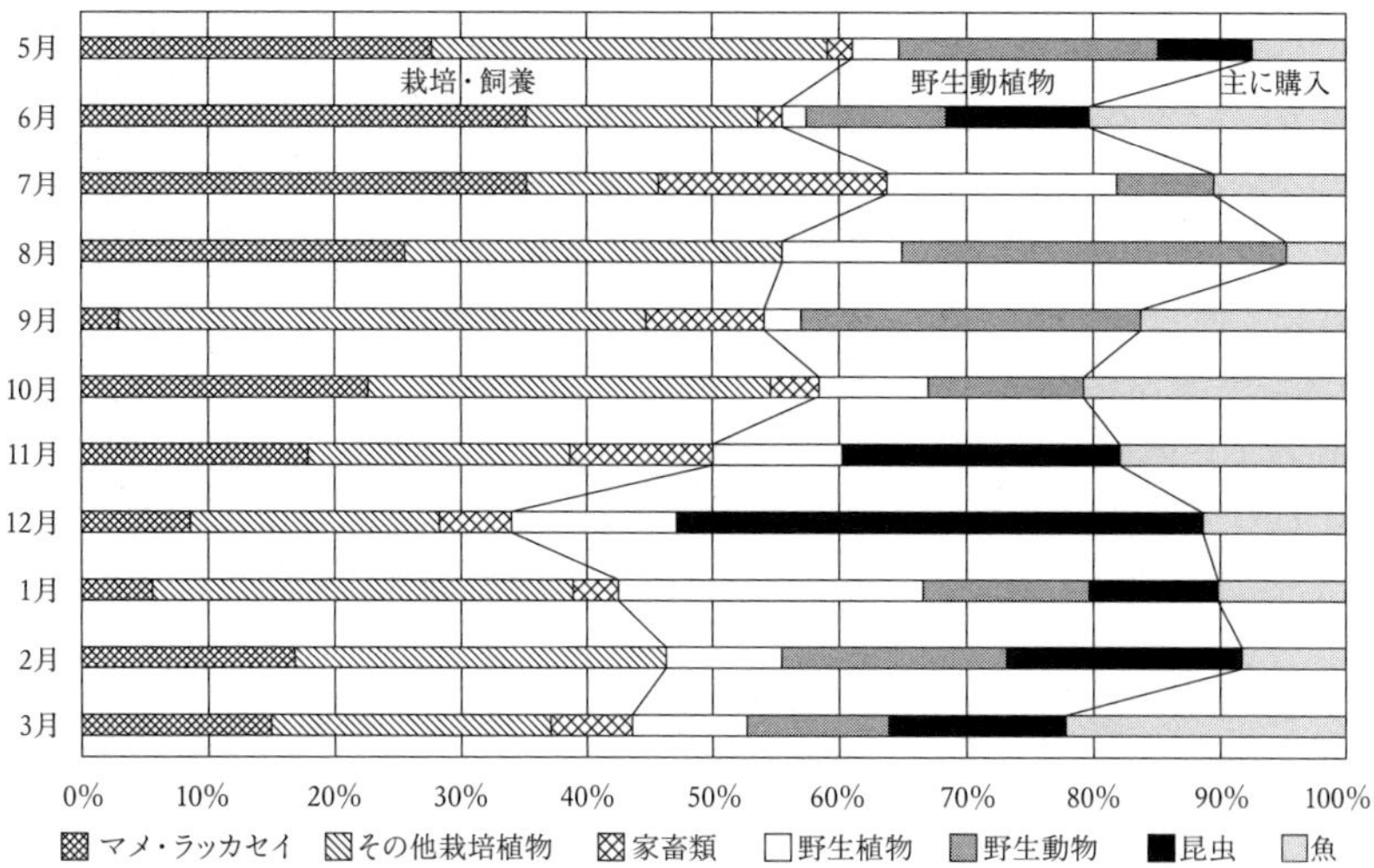

図2-2　副食の頻度（食事日誌より筆者作成）

魚である。近くに大きな川がないML村での川魚漁は、年に数回おこなう娯楽のような意味合いしかないからである（写真2—13）。

乾燥魚を持ちこむのは、行商に従事する既婚男性である。かれらはまず、精製したシコクビエを自転車に積んで、集落から六〇キロメートルほど西にあるビサの領域に出向き、ビサの人びとの乾燥魚と交換する。その乾燥魚をムピカの町や道路沿いの村むらで売り歩く。さらに行商で得た現金の一部で腰巻き布（チテンゲ *citenge*）や砂糖、食用油、古着などを買い入れ、再びビサの村に運んで魚と交換したり、ベンバやビサの村々で売ったりして、物品と現金を回しながら小さな利益を重ねていく。村では魚を小皿で計り売りする。町の市場よりも割高だが、少量でも買えて使い勝手が良い。現金の持ち合わせがないときは精製したシコクビエや塩と交換することもできる。

夫が行商に出る世帯では、夫が持ち帰る乾燥魚の一部を自家消費に回すが、世帯の必要には十分でないので、他の村から来る行商人から主に現金で購入する。夫のいない女性世帯や行商をしない世帯で食べるほぼすべての魚は購入している。つまり村のどの世帯でも、動物性タンパク質源である乾燥魚を手に入れるために現金を必要とし、そのための現金獲得活動が欠かせない。

男性はおもに行商によって現金を獲得するが、女性のおもな現金獲得手段はシコクビエ酒の醸造と販売である。これらの活動の元手はいずれもシコクビエだから、世帯のシコクビエ収穫量は現金獲得の多寡にも結びつく。チテメネ耕地を毎年開墾するのは自給用の農作物を獲得するだけでなく、シコクビエを元手に現金を得て、魚を購入するために大きな意味をもつのである。

写真2-13　年に1～2回、大きな川で複数の世帯が魚毒漁をおこなう。(上)魚毒を上流にながす。(中)上流から下流に向かって歩き、浮いてきた魚をとる。(下)搗いた魚毒を土とまぜる。

3 生計の単位としての世帯と生計戦略

1……生計における夫と妻の役割・チテメネ耕地面積

世帯単位の生計活動の内容とジェンダーによる分業を理解するために、ある世帯における夫と妻の活動内容を検討しよう。この世帯は、他村出身の夫（三〇代後半）とML村出身の妻（二〇代後半）、九歳の長女以下、五人の子どもがいる。夫妻とも離婚経験者で、五人の子どもにはそれぞれの連れ子が含まれる（一九八四年現在）。活動内容を見ると（表2—4）、夫は行商を主とした村外活動に全体の二五％にあたる六六日を費やしており、次いで農作業（伐採）に五八日（二二％）、狩猟採集活動に四八日（一八％）従事している。妻は全体の六三％にあたる一七三日と、夫の三倍近い日数を農作業に費やしている。狩猟採集活動に二〇日（七％）従事しているが、これはほとんどが副食にする野生植物の採集活動である。同じ時期におけるこの夫婦の労働時間をみると、妻が総計七四〇時間を農作業に従事しているのに対して、夫は総計二二六時間と大きな差がある。

この事例からもわかるように、自給用食料の確保と現金収入の獲得という二本立ての生計戦略のうち、妻は農耕を中心に自給用の食料を確保する役割の大部分を引き受けている。さらに野生動植物を採集することによって、必要な基幹栄養素と食物カロリーを獲得する大きな役割を果たす。一方で夫は、チテメネの伐採で重要な役割を果たすが、そのほかはシコクビエの播種以外ほとんど農耕活動に参与しない。代わりに狩猟や食用昆

表2-4　ある世帯における夫と妻の活動内容（カッコ内％）
（1984年4月20日〜1985年2月17日、単位：日*）

	農作業	狩猟・採集（日）	村外活動	酒宴・儀礼	その他**	計（日）
夫	58（21%）	48（18%）	66（25%）	45（17%）	50（19%）	267（100%）
妻	173（63%）	20（7%）	12（4%）	21（8%）	48（18%）	274（100%）

（出所：労働日誌と観察に基づき筆者作成）

注）＊1日に2つの活動が行われた場合はそれぞれを0.5日と換算。
＊＊食物加工、家造り、屋根葺き用の草刈りなどが含まれる。
他村出身30代後半の夫、ML村出身20代後半の妻、9歳を筆頭に5人の子どもの世帯。

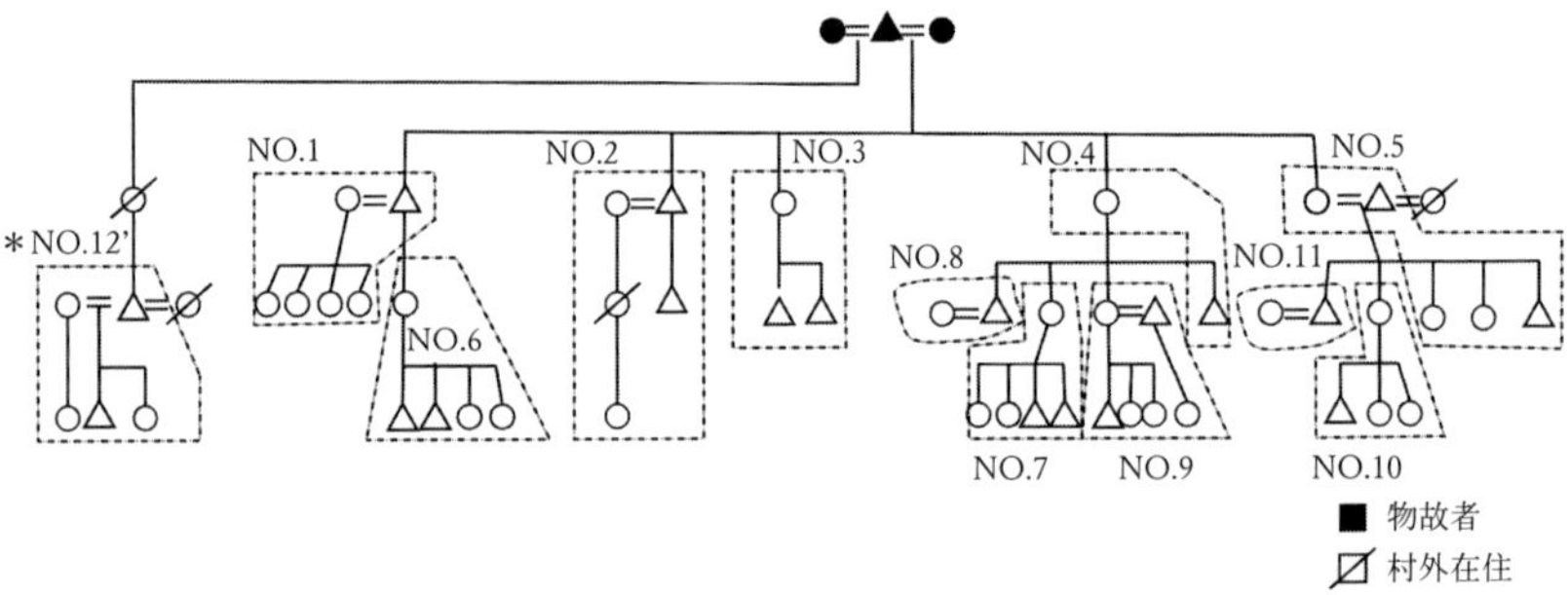

図2-3　ML村の世帯と親族関係（1983年9月当時）
＊図中（NO.12´）は世帯全員が同年9月末に離村したので、1983年10月以降における親族関係図4-6bには含まない。

虫の捕獲によって動物性タンパク質の確保に努めると同時に、シコクビエを元手にした行商を通して現金収入を獲得する役割を担っている。注意しなければならないのは、従事する時間は妻の三割以下でも、男性が伐採しなければチテメネの開墾ができないという事実である。

ML村全体の世帯構成を見てみよう。一九八三年当時のML村の世帯と親族関係を図2—3に示した[45]。この頃は村の創設から二五年を経て、創始者世代の娘や息子が独立した世帯をもつ時期であった。総世帯数は一三世帯で、そのうち夫婦世帯が八世帯、多妻婚者の夫婦世帯が一世帯、女性世帯が四世帯である。女性世帯の割合が高いのは、ベンバ社会の特徴である。三五歳以上の女性全員にライフヒストリーを聞くと、その九割が夫との離婚や死別と再婚を経験していた。結婚、離婚、再婚といったライフイベントの都度、世帯構成が変動するのは珍しいことではないようだ。

2……開墾面積と世帯構成

表2―5に、ML村の一二世帯について一九八三年のチテメネ開墾面積と世帯の実質構成員数、および一人あたり平均耕地面積を記した。チテメネ面積の平均は三四アールで、実質構成員一人あたりに直すと一一アール余りとなる。掛谷は毎年九アールの耕地を造成できれば、自給レベルを達成できると試算しているから（掛谷一九九四）、これを基準にすると平均では自給が可能なレベルにあるといえる。しかし各世帯の面積にはばらつきがあり、そこには世帯構成の違いが反映される。

世帯ごとにみると、耕地をまったく持たない世帯（No.7、10）もあれば、七〇アールを越える世帯（No.9）もある。No.7、No.10の世帯は、その年に夫と離婚して帰村した女性世帯で、他の世帯に寄食している状態だった。総じて、世帯内に男性の働き手がいない女性世帯（No.4、8、10）、夫が高齢の夫婦世帯（No.1、3）、多妻婚者の世帯（No.12）のチテメネ面積は小さい。ただし、女性世帯でも、未婚の息子や婚資労働の働き手がいる世帯（No.2、5）のチテメネは比較的大きい。村の中でも大きなチテメネをもつのは、夫が働き盛りの夫婦世帯（No.5、8、

(45) 村の成員の出入りは頻繁である。掛谷・杉山一九八七では一二世帯と記しているが、当初未登録だった世帯が一九八四年に正式登録されたので、以後一三世帯と記載する。

表2-5　チテメネ開墾面積と実質構成員数

世帯番号*	1982年 (a)	1981年 (a)	計 (1) (a)	世帯成員の構成 14歳以上 (男)	14歳以上 (女)	6～14歳	6歳以下	乳児	実質構成員数 (2)		(1) / (2)	1983年 (a)
1	36	36	72	1	1	2	2	–	4.0		18	34
2	34	30	64	1	1	2	–	–	3.2		20	23
3	35	30	65	1	1	0	1	–	2.2		30	29
4	27	65	92	1	1	–	–	–	1.8	8.5	19	44
5	70	–	70	1	1	1	2	1	3.3			63
7	–	–	–	0	2	2	1	1	3.4			–
6	42	36	78	1	1	2	1	–	3.6		22	34
8	–	–	–	1	1	–	–	–	1.8		–	54
9	38	35	73	1	2	2	–	–	4.0	6.0	12	72
10	–	–	–	0	1	0	3	–	2.0			–
11	76	52	128	1	1	–	–	–	0.8		71	–
12'	20	32	52	1	1	1	2	–	3.3		16	28
計	378	316	694	10	14	12	12	2	34.4		20	437
計（世帯8、11を除く）	302	264	566						30.8		18	327

*世帯番号は図2-3に対応　　（出所：掛谷・杉山1987一部改変）

9、11）である。世帯内の男性労働力の多寡がチテメネの大きさに結びついていることがわかる。生計の安定にとって、チテメネを伐採する男性労働力をいかに確保するかが鍵になるという所以である。

世帯内に男性の働き手がいない女性世帯の例をとりあげ、彼女が伐採に必要な男性労働力を集めた方法を詳しく見てみよう。表２―６に示したのは一九八四年に年長女性世帯主№３がチテメネ伐採を依頼した働き手の

表2-6　年長女性世帯主のチテメネ伐採

伐採者内訳	人数（人）	入手先	金額（K.）（換算含む）	報酬内訳
三男（12歳）	1	世帯成員	–	–
既婚次男、既婚オイ、近隣村既婚男性	2	自家飼育	K.19	メンドリ2羽、オンドリ1羽
近隣村既婚男性、未婚男性	3	酒販売	K.15	収益現金（K.15）
近隣村既婚男性	2	酒販売	K.50	収益で購入した衣類2着（各K.25）
近隣村既婚男性、教会聖歌隊	2	子ども・娘婿の援助	K. 7	現金援助（息子からK.2, 娘婿からK.5）
未婚オイ、既婚オイ（兄の息子）、既婚母方オジ息子）	3	子ども・娘婿の援助	K.51	物資援助（次男からオンドリ1羽（K.7), 衣類2着（娘婿からK.30, 都市在住息子からK.14))
計	15	計	K.142（K.58）	

（　）内は援助による金額合計

属性、報酬、その入手先の一覧である。教会の聖歌隊を除くと、個人の伐採者一二人のうち、息子など親族男性が六人、近隣村に住む非親族の男性が六人となっており、親族関係と地縁関係が働き手を確保する上で重要であることがわかる。また一二人の伐採者の三分の二にあたる八名が既婚者で、自分の世帯のチテメネ伐採と並行してこの女性世帯主の伐採を請け負っている。

伐採の報酬には、現金、ニワトリ、衣類などが支払われる。報酬の内容や多寡は伐採する面積に応じて伐採者との話し合いで設定される。№3の女性世帯主には、伐採を少しずつ担えるようになった当時一二歳の三男がいたが、それでは足りない。必要な面積を伐採するために総計で二二クワチャの現金と一二〇クワチャ相当の物品をチテメネ伐採に費やした。注目すべきはそれらの報酬の入手先だろう。彼女自身が醸造し販売したシコクビエ酒の収益を元手に四人の男性を雇い、自家飼育のニワトリとひきかえに三人を雇うなど、自力で七人の働き手を確保している。一方、高額の衣類やニワトリ、現金などは都市部在住の息子や同じ村に住む息子および娘の夫が提供した。これらは彼女の依頼に応えて贈与された物品である。

伐採に必要な働き手を確保するために費やした現金および物品の現金換算額一四二クワチャのうち、女性世帯主自身が調達したのは六割弱の八四クワチャで、そのうち六五クワチャがシコクビエ酒の収益だった[46]。女性世帯のチテメネ開墾には、シコクビエ酒の醸造・販売による現金獲得が不可欠であることがわかる。また、この女性は使わなかったが、一度に広い面積を伐採するためにはシコクビエ酒を醸造して共同労働（クトゥミャ *kutumya*）を依頼するという方法もある。女性世帯主は、伐採を依頼する男性の働き手を確保するために、親族や姻族、地縁など、複数の社会関係を組み合わせ、それぞれの方法の利点を勘案して組み合わせる。女性世帯主自身は、次のように語る。「チテメネの開墾ができれば、自前で世帯の生計をきりもりできる。（動物性タンパク質として）乾燥魚を購入すればいいし、シコクビエ酒を売れば現金収入も手に入る。だけどね、私たち独り者がチテメネを伐るのはたいへんなのよ！」

彼女は、自分自身で調達する現金やモノのほかに他所に住む子どもの援助も得て、チテメネを開墾する働き手を確保してきたが、そのうえさらに主な動物性タンパク質源となる乾燥魚を買うための現金を入手しなければならない。チテメネの開墾面積でも、動物性タンパク質の確保や生計の安定に必要な現金獲得の点でも、夫婦世帯より厳しい条件下に置かれていることがよくわかる。

女性世帯の生計がチテメネの伐採や動物性タンパク質をどのように確保するかという課題への対処から始まるのに対して、夫婦世帯では、自前で伐採労働力や動物性タンパク質を確保することができるし、夫が若ければ行商による現金収入も見込むことができる。厳しい状況下にある女性世帯と男性のいる夫婦世帯との経済的な差は大きい。ベンバの村全体では常に四割ほどの女性世帯があるから、世帯構成の違いによる経済的格差の芽は、村の社会構造にすでに内包されているといえる。

4 格差を均す平準化機構

1……平準化機構の要となるシコクビエ酒

世帯構成の違いから生まれる格差はしかし、結果的に平準化され、どの世帯もほどほどに食べていける状況につながっている。そこには平準化機構とよびうるしくみが働いている。女性の手によるシコクビエ酒の醸造と販売は、そうした平準化機構の要であるだけでなく、村びとの間の共同性を確認する場を提供してもいた(Kakeya & Sugiyama 1985; Sugiyama 1987; 杉山 一九八八)。

女性世帯主がさまざまな方途と多様なつてを組み合わせて男性の働き手を確保しようとすることはすでに述べた。それを支える社会的な慣行の要にあるのが、シコクビエ酒である。シコクビエ酒は祖霊祭祀などの諸儀礼に欠かせないが、酒の醸造ができるのは既婚女性に限られていた。さらに重要なのは、シコクビエ酒の酒宴

---

(46) シコクビエ酒販売一回で販売用の酒に使うシコクビエは約二〇キログラム、その収益は二〇クワチャ程度だから、これだけの現金を獲得するには六〇キログラムのシコクビエを費やし三回はシコクビエ酒を販売しなければならない。

写真2-14　儀礼用のシコクビエ酒を醸す村長の妻。（左）味見のためのカタタ。（右）儀礼で供するチプム。

を介した共同労働（クトゥミャ *kutumya*）とシコクビエ酒の販売の慣行が、女性世帯の労働力の調達や現金を獲得する手段にもなってきたことである。

　これらの慣行は、女性世帯主が必要とする労働力や現金を確保するために重要な役割を果たしているが、村全体としてみると、世帯を越えた男性労働力の流動や現金の還流を生みだし、世帯構成の違いによる格差の拡大を抑制する結果につながっている。

　共同労働についてみてみよう。共同労働は、生計に必要な働き手をまとめて調達したいときにおこなわれる。[47] 共同労働を依頼するとき、働き手を求める世帯の女性がチプム（*cipumu*）とよばれるシコクビエ酒を醸す（写真2—14）。二週間ほどして飲み頃が近くなると、彼女は村の家々を回って、決められた作法で「（酒宴に）ご招待します」と共同労働の日にちを伝える。

　チテメネ伐採の共同労働を依頼された場合、各世帯の男性たちは指定された日の午前九時頃までに当該世帯の伐採地に集まり、思い思いに伐採作業を始める。作業開始の合図も終了の合図もない。二時間程度作業すると、それぞれ作業をやめて帰っていく（写真2—15）。村に戻ってしばらくすると、共同労働を依頼した女性

(47) 共同労働は、チテメネの伐採を中心とする農作業のほか、家屋建築などで行われる。

写真2-15　チテメネ伐採の共同労働。参加した男性どうしが互いの技量を見せあう場にもなる。

の家で酒宴が始まる。共同労働に参加した男性たちやその妻たち、共同労働に参加しなかった人たちまでもがぼちぼちと集まってきて、延々と酒を飲み語り合う。この酒宴は労働への報酬ではなく「感謝」のために催すので、伐採した男性だけでなく誰でも参加できると村びとは強調する。

共同労働での伐採を依頼した場合、参加人数が多ければ一回で七〇アール程度のミオンボ林が伐採できる。これを耕地に換算すると一四アールになるから、最終的に造成する耕地面積の半分近くが確保できる計算だ。[48] 村びとはそれを見越して、共同労働を依頼するタイミングを測る。一般的には、①開墾当初にある程度の面積を伐採してもらい、残りを現金や物品でまかなう場合と、②自力で伐採を進めたあと最後の方の不足分をまとめて伐採する場合に分かれる。いずれにしても、酒の醸造や酒宴の準備に手間がかかるので、一つの世帯が主催する共同労働は一シーズンに一度だけである。

女性世帯主にとっては、酒による共同労働の依頼と現金や物品を対価とする雇用という複数の方法で伐採の働き手を確保できることが重要である。女性たちの評価でもっとも望ましいとされるのは、物品や現金を対価とする雇用であるが、それは依頼する相手を選ぶことができ、仕事に注文もつけられるからだ。酒による共同労働は一度に広い面積を伐採できる利点があるが、相手を選べず作業も雑になるという。女性世帯主たちはそれぞれの思惑に従ってこれら複数の方法を併用し、必要な男性労働力を獲得する。

2……シコクビエ酒の酒宴

シコクビエ酒には、チプム（*cipumu*）とカタタ（*katata*）の二種類がある。チプムは古くからの製法で造られる酒で、ぽってりした原液を大きなヒョウタンの容器に入れ、そこに適温の湯を注いで金属製や竹製のストローで飲む。ヒョウタン容器の中には、適温の湯と原液が混じって絶妙の濃さになった層ができる。その層をストローで探りあてて飲むのだが、口に含むと馥郁（ふくいく）たる香とともにほのかな甘さが広がる。喉を通るときには、適度に温かいチプムのアルコールが心地よく鼻に抜ける極上の味わいだ。カタタは一九三〇年代にコッパーベルトに出稼ぎに行った人びとが持ちかえった製法で、原液を大量の水で割ってさらに発酵させる、ビールのような酒である。薄いとろみと甘味があり、マグカップ一杯くらい一気に飲み干せる。

チプムは共同労働や儀礼に欠かせない酒で、販売されることはない。チプムとカタタは醸造の最終段階で造り分けられる。カタタは販売用の酒と位置づけられ、チプムとはっきり区別される。女性たちは場合に応じて造る酒の種類を変え、伐採のための労働力の確保と、酒の販売による現金の獲得を目ざす。二種類の酒のどちらを選んで醸造するかは、目的によって異なる。

儀礼での酒の提供と同じく、単なる酒宴でも酒の販売でも、酒を醸した女性の家に人びとが集まり酒宴が開かれる。チプムもカタタも醸造を始めてから二週間で飲み頃になるので、どこかの家で酒造りが始まったと知ると、村びとは指折り数えて飲み頃の日を待つ。ふるまい酒の場合は、醸造の最終段階が終わると、醸造主の女性が村の家々を回り「ご招待します」と作法通りに伝える。ふるまい酒は午後から供されることが多く、招待された村びとが酒の容器を囲んで車座になると、チプム原液に湯を足しながらゆっくりと宴が進む。

販売するカタタの場合は、できあがった日の早朝、売主がドラム缶などを叩いて、販売開始を知らせる。酒

(48) 伐採面積の六分の一から五分の一が耕地になる。

を販売する女性の家の前庭には、やってきた人びとが腰を下ろせるようにいくつかの椅子が用意され、空の大きなバケツが出番を待っている。

午前八時頃には待ちかねた男性たちが「チラカ〜！（喉がからからだ！）」などと言いながら三々五々集まってくる。買い手がやってくると、販売主の女性はできたての酒をマグカップで一杯汲み、「ディヨンコ *dyonko*（味見）」として無料で飲ませてくれる。味見酒の評判はすぐに村中に広がる。たまたま同じ日に複数の家で酒を売るようなときには、おいしい酒を造った家にまず人だかりができる。

その後、買い手はそれぞれの懐具合に応じて酒を購入する。たいていは二・五リットル入りか五リットル入りのポリタンク（チュパ *chupa*）を計量単位として、一つ、二つと注文するが、購入した酒をそのまま持ち帰る男性はいない。販売主の女性に言いつけて、注文した酒を家の前庭に置いたバケツに注ぎこむ。何人もの男性が購入した酒はつぎつぎに注ぎこまれ、バケツが酒で満たされる。バケツの側にはホーローの皿を受け皿にしてマグカップが一つ置いてある。

「喉がからからだ」と言ってやって来るわりに、すぐ酒盛りが始まるわけではない。買い手の男性たちはバケツを囲んで車座になる。酒には目もくれずしばらく世間話に興じたあと、ひとりずつおもむろにバケツの側に進み出てマグカップを取り上げ、バケツから酒を汲んでその場で飲みほす。受け皿にカップを戻して自分の座っていた場所に戻る。しばしの間のあと、次の男性がバケツに近寄り、カップを取ってバケツから酒を汲み飲みほす。バケツの酒がなくなると、現金の稼ぎが多いと目される男性がほかの男性たちから、酒を買いたすように促される。その男性が気前よく酒を買うと「よくやった」「それでこそ男だ」と褒められるが、それも一瞬のことで、酒がバケツに注がれたあとは誰が買った酒か関係なく、酒の回し飲みが再開される。人びとが買った酒を一つの大きなバケツに注ぎ込み、そこからカップで汲み出した酒を飲むというやり方は、酒を買った個人の影を薄め、多くの酒を買った男性にいらぬ恩を感じることなく、みんなで酒を楽しむための密かなしかけになっている。

興味深いことに、酒を買った男性がほかの人より先に飲み始めたり、ほかの人に勧めたりすることはない。そんな行為は、酒を買ったのが自分だと誇示することであり、自分が金持ちであることをひけらかす無作法な行為とみなされる。ほかの村びとに酒を飲むように勧めて良いのは、長老格の年長者だけだ。かれらが同席する場では、青壮年男性は控えめな態度をとるように注意深くふるまう。

シコクビエ酒が販売される酒宴は、年少世代の男性が自分の社会的な態度をアピールするうえでも重要な機会である。とりわけ、結婚を機に他村から移入してきた男性や、村長の継承資格をもつオイたちにとって、ほかの男性からの評価を高め、深い信頼関係に結ばれた仲間を得る絶好の機会が酒宴だといえる。こんなにあからさまにねだられるのは、この機会だけだから、ここで気前よくかつ謙譲にふるまえれば、そしてさらに、人びとを楽しませる話題を提供できれば、いやがうえにも人望が高まるというものだ。

一座に酔いが回ってくるとこうした気遣いはほとんどなくなり、「酒がないぞ、買ってくれよ」「さっき買ったばかりじゃないか。ああ〜！　そんなに飲んだら俺の分がなくなる〜」と、本音のやりとりが聞かれるようになる。年長女性たちも加わってさらに酒宴が盛り上がると、空になったポリタンクを太鼓がわりに叩いて即興の歌のコーラスが始まり、やがてどこからか本物の太鼓が持ち出される。にぎやかさに惹かれてやってきた子どもたちも歌と踊りに加わって、夜がふけるまでにぎわいが続く（写真2—16）。

このようにして、男性が行商で得た現金は、酒を販売する女性の収入となり、やがて彼女が干し魚を購入し

写真2-16　チプムの酒宴。（左）チプムを飲む年長男性（掛谷誠氏撮影）。（右上）村長宅内でチプムを飲む掛谷さん。（右下）チプムを飲む筆者（掛谷誠氏撮影）。

たり、女性世帯が伐採を頼むときに相手の男性への報酬として支払われたりする。シコクビエ酒の醸造と販売を契機に、村の中で現金の還流が生まれる。現金を媒介として雇用される男性労働力も、労働力が不足する世帯へと流れることになる。

3……持つ者は持たざる者に分け与える
——クタナを忌む生活原理

酒をねだられるのに、買ったのは自分だといばることができない。ほめられるのも一瞬だけ、でも現金をもっている人だと思われると延々とねだられる……こんな酒宴に、せっかく稼いだ現金を使ってしまうのはなぜだろうか。このような態度は、「他者より多くのもの、他者より良いものを持つ者は持たざる者に分け与えなければならない」というベンバ社会の生活原理に深く結びついている。

ベンバ語には「他者に分け与えないこと」を意味するクタナ（*kutana*）という語彙がある。「他者より多くのものや良いものを持つ者は、他者の求めに応じて分け与えなければならない」という生活原理が共有されるベンバの村社会では、他者に分け与えないことを意味するクタナは、もっとも忌むべきふるまいなのだ。気前よく他者に分け与える者が理想とされ、人びとの賞賛を受ける一方、分け与えないケチな人（*mutani*）は揶揄されるだけでなく、反社会的な人格をもつ者としてさえ扱われる。

村の暮らしで「ムワンタナ（*mwantana* 私に分けてくれないの）？」という声を聞かない日はない。とくに子ども同士のやりとりで「ムワンタナ！」が頻発する。それが厳しい非難だと知っているので、言われた子どもは必死の形相で「クタナしてないよ！」と抗弁する。ままごと遊びでもこの原則がなぞられる。空き缶を使って料理したほんの少しのおかずを、数人の参加者それぞれに同じように分けて食べる。そこに私が通りかかろうものなら、「寄って食べていらっしゃい」と呼びかけてくる。そして、自分たちが食べようとしていた小さなノネズミの一番肉付きの良いものの部分を、小さな指で器用に外して気前よく分けてくれる。そのようすのかわいらしいこと！　クタナを忌む基本原則が幼少期から子どもたちの行動にも深く根をおろしていることがわかる。(49)

---

(49)　おとな同士でこの表現が使われることはめったにない。使われるとすれば、とくに親しい間柄でのじゃれあいや酒の席でのきつい冗談として、あるいは決定的な亀裂がうまれても良いという覚悟で相手に対峙する場合にかぎられる。他者に分け与えないことが妬みや呪いという別の文脈を想起させるからである。おとなが相手に「ムワンタナ！」と言うことは「おまえは邪術者か？」という罵りや「おまえは呪われるぞ」という呪詛の意味をも含んでしまい、災厄が生じたときその原因として想起される危険なできごとにもなる。

4……酒造りと酒宴に分与への配慮が繰り返し現れる

酒を造る行動やふるまい酒の回数にも、クタナを避けようとする配慮が見いだせる（表2—7）。複数回ふるまい酒の酒宴を開いた世帯の世帯構成をみると、三世帯とも夫婦世帯であることがわかる。チテメネ面積が小さい世帯No.2がふるまい酒をするのは村長の地位に付随する責務だと考えてよい。他の二世帯No.5とNo.9はどちらも出造り小屋に移住して大きなチテメネを開墾し、多くのシコクビエを多く収穫した世帯である（Kakeya & Sugiyama 1985; 杉山 一九八七）。

酒を三回醸造し、三回ともふるまい酒にしたNo.9は、ひときわ大きなチテメネをもち、夫が行商に精を出している世帯である。この世帯の妻は年少者世代に属するが、一緒に出造り小屋に移住した母（No.4の世帯主）に差配を依頼していた。世帯No.5の妻は年長世代に属する女性である。出造り小屋にいる間に、自分の世帯のシコクビエだけでなく娘たちの世帯のシコクビエも使って、たっぷり酒を醸し二回の酒宴を催した。

ふるまい酒の酒宴を催すのは、村長という立場に伴う社会的責務がある世帯、他よりシコクビエや現金を多くもつ世帯である。これらの世帯がふるまい酒の酒宴を催すのは「みんなと楽しむため」、「人びとに敬意を示すため」だと言う。招かれた村びとは手土産もたずにやってきて、主催者に「*Mwabombeni*（お仕事に感謝します）」と告げ、心ゆくまで飲み、酔い、歌い踊る。この類いの酒宴には招かれなくても参加できる。

一回のチプム醸造に使うシコクビエは四〇キログラム程度である。ふるまい酒の酒宴を催すこれらの世帯では、四〇～六〇キログラムのシコクビエを酒のかたちで村びとにふるまっている計算になる。それは多くを持つ者に期待されるあたりまえの行為で、他の村びとは次のように評価する。「ふるまい酒を醸して酒宴を催すの

表2-7　シコクビエ酒の醸造回数と用途（1984年5月～12月）

世帯番号[*1]	世帯タイプ	醸造回数（回）	ふるまい回数（回）	販売回数（回）	収益（kwacha）	備考
3	女性世帯	6	0	6	150	
4	女性世帯	6	1	5	163	
6	女性世帯	6	1	5	159	
2	夫婦世帯[*2]	3	2	1	27	
5	夫婦世帯	3	2	1	17	
9	夫婦世帯	3	3	0	0	
8	夫婦世帯	2	1	1	20	
1	夫婦世帯[*3]	1	1	0	0	
12	夫婦世帯[*4]	1	0	0	0	腐って廃棄

（出所：観察と聞き取りに基づき筆者作成）

注）*1世帯番号は図2-3に対応
*2現村長の世帯
*3先代村長の世帯
*4多妻婚者の世帯（図2-3のNo12'とは異なる）

は、多くの物を持っている幸運を他の人びとと分かち合おうとするからだ」

販売目的のカタタを醸造する場合でも、他者への分与の規範があらわれる。販売用のカタタのほかに、かならずチプムが造られるのである。原料となる発芽シコクビエ粉（ミメナ *mimena*）の三分の一はモルト造りと再発酵のための投入用に使われる。残りの三分の二の粉の半分強で販売用のカタタをつくり、その残りでチプムを造る。一九八三年の計測ではチプムに振り分けるミメナ粉の割合がもっとも低い場合でもカタタ六割、チプム四割であった。こうして必ずチプムを作る慣習について、村びとは「売るだけでは（酒を）クタナすることになるから」だと説明する。

ベンバの村にカタタの醸造方法が持ちこまれた経緯を知る古老バシェリ氏は、こんなふうに語る。「シコクビエの酒はもともと祖霊に敬意を捧げながらみんなで飲むものだった。カタタを売るようになったのは、白人が現金を持ちこんで、現金でなければ支払えない物ができたからだ。私たちは必要な現金は手に入れる。でも、酒を売って必要以上のカネを儲けようとするのは、敬意を欠くおこないだ」。シコクビエ酒は、祖霊や敬意、他者との分かち合いといったベンバ社会の基本的な生活原理に深く結びついている。

5……呪いへの恐れと平準化機構

アフリカの多くの社会で指摘されるのと同様に、妬みが超自然的な力を介する呪いとして発現し、他者に災厄を及ぼすという信仰は、ベンバ社会にも広く浸透している。他者に分け与えない強欲な人は、邪術者の資質をもつとみなされるし、分け与えないことによって喚起された他者の妬みが呪いとなり、病や災厄を引き起こすとも考えられる。

村びとが抱く妬みや呪いへの恐れは、強いリアリティを伴っている。チテメネやイバラの開墾時、偶然に、ミオンボ林の中に置かれた呪具を見つけてしまったり、重大な病気治療の際に、呪医が見つけ出す呪具を示されたりする機会は少なくない。欠けた土器、動物の角、鳥の羽根などの具体的な形をもって、他者の底知れぬ悪意が顕わになるのを目の前に見る恐怖は、身体中から一気に血の気が引く感覚とともに、平穏な生活の裂け目となって心に深く残る。

男性の働き手が潤沢な世帯は大きなチテメネを開墾し、収穫したシコクビエを元手に行商に励み、定期的に現金を獲得する。このような世帯の家族は、他の世帯よりも少し良い服を着て、少し頻回に食用油を使ったおかずを食べる。けれどもかれらは生計活動で突出しすぎないよう、配慮を欠かさない。ふるまい酒を造って酒宴を開いたり、酒が販売される場では他の村びとのねだりに応じて気前よく酒を買ったりして、他者の期待に応え、自分が持つ物を分け与える。それによって他の村びとから評価され、人望も高まる。逆にそれに応えなければ、ケチと陰口をきかれるだけでなく、妬みが呪いを発動させ、災厄がもたらされる恐れがある。あるいは呪い事件が発生したとき、自分自身が強欲な邪術者として告発される危険もある。良くも悪くも、ほかの村びとと一緒に暮らしている限り、他者に分け与えないという選択はないのだ。それは掛谷（一九八七）が「制度化された妬み」と呼んだように、人びとの行動を強く方向づける。

分け与えないことによって引き起こされた他者の妬みが呪いに転じ、呪いによる災厄をまねいたり、逆に、邪術者の疑いをかけられたりすることへの強い恐れは、分け与えることを良しとする価値観を裏支えし、分け与えないという行動を抑制する。同時に、気前よく他者に分け与える人が社会的な賞賛を与えられ、人望を得られることが表裏一体となって、持つ者から持たざる者にモノが流れ、それぞれの差を均す平準化機構を動かしていく。「持つ者は持たない者に分け与えなければならない」という規範は、シコクビエ酒に象徴されるような制度的様相をもって、村びとの生活のそこここに姿を現している。

第3章

女性たちの集まりと調理加工の共同・消費の共同

「これ好きでしょ?」と親しい女性が持ってきてくれたキャッサバの葉の煮物に、トマトの切れ端が入っている。「いまの季節にめずらしいね。トマトが入ってるなんて」と言うと彼女は「これ、あなたが昨日Fさんにあげたトマトよ」と笑う。たしかにその前日、町の市場で買ったトマトを切っていたら、Fさんにねだられて一つあげた覚えがある。「じゃあ、このキャッサバの葉はFさんからもらったの?」「ううん、Aばあちゃんからよ」……私はいったい誰の畑の作物を食べているんだろう?——あげたトマトの切れ端

1 調理加工作業の共同と女性の集まり

一九三〇年代に北ローデシア(現ザンビア)のベンバ村落を調査したオードリー・リチャーズ(Audrey I. Richards)は、女性の共同調理グループ(joint cooking group)に注目した(Richards 1939: 132)。リチャーズによれば、共同調理は女性の労働を大きく軽減するという。農繁期には畑から副食の食材を持ち帰る女性たちと、主食の準備をする女性たちにわかれて調理加工を分担するようすが見られたようだ。リチャーズはこうした共同調理がそれぞれの世帯の生計の安定に大きく寄与していることに加え、作業を通した知識や技術の伝達などの社会的機能にも言及した。

現在のML村でも、女性たちが集まって調理加工の作業をするのが常態である。リチャーズの記したような農繁期の調理分担はないものの、農作物を共同で調理加工することが食物の分かち合いに結びつくのは、リチ

ヤーズの指摘するとおりである。

ベンバの生計の基本的な単位は世帯だが、前章で述べたとおり、世帯を越えて労働力や現金が流動する平準化機構が社会生活の根底を支えている。その制度的位相でのあらわれが、ふるまい酒や酒宴である。しかし、日常的に幅広い食料の分かち合いを生みだすのは、このような女性たちの集まりである。

本章ではまず、農作物の調理加工工程と、それを契機とした女性たちの集まりの様態について述べ、それが食料の分かち合いや子どもたちの食の確保につながることを示す。さらにその背景にあるベンバの物質文化の特徴や女性のライフステージとモノの所有、移動性を内包する生活様式について述べる。

2 調理加工作業の共同と共食・食物の分かち合い

サーリンズ（一九七五）が「過少生産」論で述べたように、焼畑農耕民が農耕にかける時間は少ない。ベンバの女性でも農耕自体に費やす時間は平均二時間ていどである。しかし実際には、その倍以上の時間を農作物の処理・加工・調理の作業に費やしており、女性が多大な労力をかけておこなうこの作業によって、人びとの食生活が成り立っている。そして農作物を主とする食材の調理加工の多くは、女性たちの共同でおこなわれる。それらは、シコクビエ（アマレ *amale*）の脱粒・脱穀・精製、製粉、キャッサバの皮むき、水さらしと製粉、キャッサバの葉（カタパ *katapa*）搗きと調理、また、酒造り用の発芽シコクビエ（ミメナ *mimena*）の製粉作業などである（写真3—1）。
ここではまず、主食作物であるシコクビエの加工処理作業の工程を概観しよう。

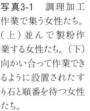

写真3-1 調理加工作業で集う女性たち。（上）並んで製粉作業する女性たち。（下）向かい合って作業できるように設置されたすり石と順番を待つ女性たち。

① 運搬、脱穀：女性たちは毎週一回、畑の近くに設けられた穀倉から、一カゴ分およそ三〇キロのシコクビエを取り出して村に持ちかえり、加工処理作業をする。穀倉に保存されたシコクビエは、収穫時に穂刈りしたままで短い茎がついているので、村に帰ってからよしずなどに広げてしばらく乾燥させたあと、少量ずつ臼で搗いて脱穀する。その後、数回の風選をくりかえして殻を除去したあと、製粉作業に入る。一カゴ分およそ三〇キロのシコクビエを脱穀し、外皮を除去すると二七〜二八キロほどになる。シコクビエを精製して製粉するまえに必要な時間は三〜四時間にもなる。畑から帰ったあとの午後の仕事はこの作業で終わる。

② 製粉作業：製粉作業は粘土製の土台に埋め込み型のすり石を使い、手作業でおこなわれる。作業の速さには多少の個人差があるが、四キロのシコクビエを粉にするのにおよそ一・五時間〜二時間が標準である。このペースで作業をすると、一籠分のシコクビエの製粉に一一〜一四時間を要することになるが、女性たちは一度

写真3-2　作物の調理加工道具。（左上）キャッサバの製粉をする少女（金だらい、杵、ふるい）。（左下）シコクビエを精製する少女（臼、杵、ザル、長臼（椅子がわりに使用））。（右）キャッサバの製粉をする年長女性（臼、杵、ふるい、ザル）。

に製粉してしまわず、二日分ていどの当座の食事に必要な量の製粉を終えると作業をやめることが多い。残りは早朝や夕方などの時間帯で数回にわけて作業をすすめ、できた粉を円筒形の金属製容器（チンティニ *cintini*）に保管する。

キャッサバの調理加工作業工程はつぎのとおりである（写真3—2）。

①　皮むき、水さらし、乾燥：キャッサバの皮むきは、収穫した畑の中ですませる。皮をむいた三〇キロ強のキャッサバの根茎をかごに入れて水さらし用の水場に運び、水に浸ける。二、三日して柔らかくなったキャッサバ根茎を水からあげ、岸近くの草のうえに一日ほど放置し水分を切る。水晒しして柔らかくなったキャッサバを適当な大きさに割り、熾火の上で軽く焼いて軽食として食べることもできる。大部分は次の

工程で製粉され、ウブワリの補いとする。

② 製粉作業：適度に水分が残る水さらし後のキャッサバを村に持ち帰り、半搗きになるまで臼で搗く。搗いたキャッサバを小分けにして、よしずや防水布に並べ乾燥させる。乾燥したら臼で搗き、ふるいにかけて二度搗きし、粉にする。小さな粒状に残ったものは、シコクビエと合わせてすり石で粉にする。調理に使えるように製粉できるのは、掘り取りから数日後だ。

女性たちの仕事は、朝夕の水汲みや家周りの掃除、洗濯、農作業、薪集め、調理など多岐にわたるが、平日一日の仕事時間では、全体の半分近くを食材の処理と調理加工に費している[50]。主食作物についてだけでも、臼で搗く、すり石で製粉するという単純な動きを、えんえんと繰り返さなければならない。「ほかの人と一緒に仕事すると楽だから」と彼女たちが言うとおり、これらの作業はひとりで作業するよりも、ひとつの臼を二、三人で搗くほうがずっとはかどるし、単調な作業でも飽きがこない。一つのすり石の製粉作業を複数で同時にすることはできないが、数人の女性がリレー式で交代しながら作業を続けたり、見ている女性が製粉作業を代わったりもする。

調理加工の共同は作業を効率化するだけでなく、世帯で必要な食物の確保にも重要な機能をはたす。主食のシコクビエやキャッサバの加工処理作業が行われている場では、おかずにする食材の下処理が同時に進められる。キャッサバの葉を臼で搗いたり、マメ類の殻をむいたり、蔬菜の葉の筋をとったりする作業がそれにあたる。下処理が終わると、その家の女性はそのままおかずの調理をはじめるが、キャッサバの葉はだれがとってきたかを問わず、同じ鍋に入れて煮はじめるし、とった量が少ない蔬菜類は他の女性の蔬菜と混ぜて調理してしまう。

できあがった食事には、その場にいれば誰でも加わることができる。昼ごはんどきにはあちこちから「寄って食べていらっしゃい（*Senimulye*）！」と食事に誘う声が聞こえる。畑から持ち帰った荷物をその場に下ろしたまま、誘われた家の食事に女性が参加する光景は日常茶飯事だ。食事には女性に同行してきた幼児や、近隣の就学前の子どもが顔をそろえる。そこにほかの世帯の子どもたちも加わって、それはにぎやかな昼食になる。

集まる子どもが多いときは、おかずとウブワリを子ども用にとりわけ、おとな女性の輪と子どもたちの輪に分かれて食事することもある。その世帯の子どもが学校から帰ってくる時間帯には、あらかじめ子どもの分を取りおく。誘われた食事に手をつけない女性もあるが、たいていは側に置いた鍋などに、ちゃっかり調理済みのおかずを分けてもらっている。自宅に持ち帰り、夫や子どもの食事に供するためである。

この場でやりとりされるモノはさらに多岐にわたる。ウブワリの粉が足りないと製粉したての粉を分けてもらったり、塩や薪が足りなければ、ほかの女性からもらいうけたりする。食物以外でも嗅ぎタバコや、子どもの不調に効く薬草や市販の薬など、さまざまなモノや情報がやりとりされる。その場にいない村びともこの場でやりとりされたモノや食物の恩恵を受けることになる。

（50）ＭＬ村の人びとの生活はカレンダーの曜日に即したリズムで動いており、月曜日から金曜日は仕事をする平日、土曜日はネットハンティングの日、日曜日は仕事をしない休日とされていた。ここでの仕事時間は平日の観察に基づいている。

3　女性の集まりと子どもたちの食

女性たちの集まりに伴う共食や食物のやりとりは、日常的に生じる食物の分かち合いの形態だが、それはとくに子どもたちにとって重要である。なぜなら、子どもたちが食事をする機会を増やすからだ。また、子どもたち自身が緩やかな集団を作って、採集や狩猟などの活動を共同するきっかけともなる。

村の三世帯でおよそ二週間にわたり、不定時に食事観察調査をしたところ、全観察回数のうち、七割の食事に世帯成員以外が加わっており、そのほとんどが一二歳以下の子どもたちであった。一般に、思春期前の子どもたちは自分の家でだけでなく、好みに応じて祖母や母方の大オバ(51)の家で食事をする。両親が不在のときは、祖母の家で寝起きし、食事も祖母の家で食べる。「おばあちゃん」と呼ばれる年長女性の世帯の食事には、その世帯に寄食する親族の子どもや(52)近所の子どもが顔を出す。

食事の際、もっとも頻繁に子どもが行き来するのは、母子関係または母方オバ・メイにあたる年長女性世帯と年少女性世帯の間である。ベンバ女性は、初子を出産してから、閉経ちかくなるまでの三〇年以上のほとんどを、妊娠中か授乳中のいずれかの状態ですごす。(53)母と娘が同時に乳飲み子を抱えていることも珍しくない。娘の結婚後も、母と娘、母方オバとメイとの関係は継続するので、その子どもたち同士も接触の機会が多くなる。子どもたち同士は、近い親族であると同時に日常の行動をともにする仲間関係にあり、自分の親の世帯の食事のほか、祖母の世帯の食事を中心に祖母の姉妹の世帯、その娘たちの世帯の食事にも頻繁に顔を出している。それぞれの世帯は別の生計単位であるが、子どもたちの食事に関して見ると、これら母娘の世帯が連携した消費の単位になっているともいえる。

「寄って食べていらっしゃい」という言葉に象徴されるように、食事の場面では他者に分け与えることを旨とする村の生活原理が共食のかたちで現れる。だから子どもたちは、直接の母方親族の世帯以外の食事にも、躊躇なく加わることができる。都合の良いことに、食事の準備と食事そのものは基本的に戸外でおこなわれている[54]ので、村を見渡すと、どこで誰が食事をしているかがすぐわかる。しかも、世帯それぞれの食事の時間は仕事の都合によってずれるので、子どもたちは何度かにわけて、違う世帯の食事に加わることができる。自分の世帯で食料が足りなくても、他の世帯で複数回食べることによって、子どもたちの必要はまかなえるだろう。

他の世帯の食事に複数回参加できる状況に加えて、子どもたちの食生活についてさらに特徴的なのは、子ど

---

(51) ベンバの親族名称で祖母の姉妹は祖母と同じカテゴリに入る。

(52) 調査時には、ML村全一三世帯のうち、三世帯に他地域に住む親族の子どもが寄食しており、一世帯の子どもが他の村の親族のもとに行って不在だった。

(53) 「赤ん坊のおしっことお乳のにおいは、ベンバの女の香水よ」という冗談もよく聞かれる。しかし近年では女性の初婚年齢が上がり、一六、一七歳で結婚、一八歳で初子を出産という例が増えている。また、家族計画プロジェクトに従い、子どもは四人までと決めている女性もある。

(54) これに対して、大切な客人を迎えたときは、客人のみを家の中に通し、扉を閉めた状態で食事をふるまう。世帯主の男性が同席することもあるが、子どもの同席は許されない。

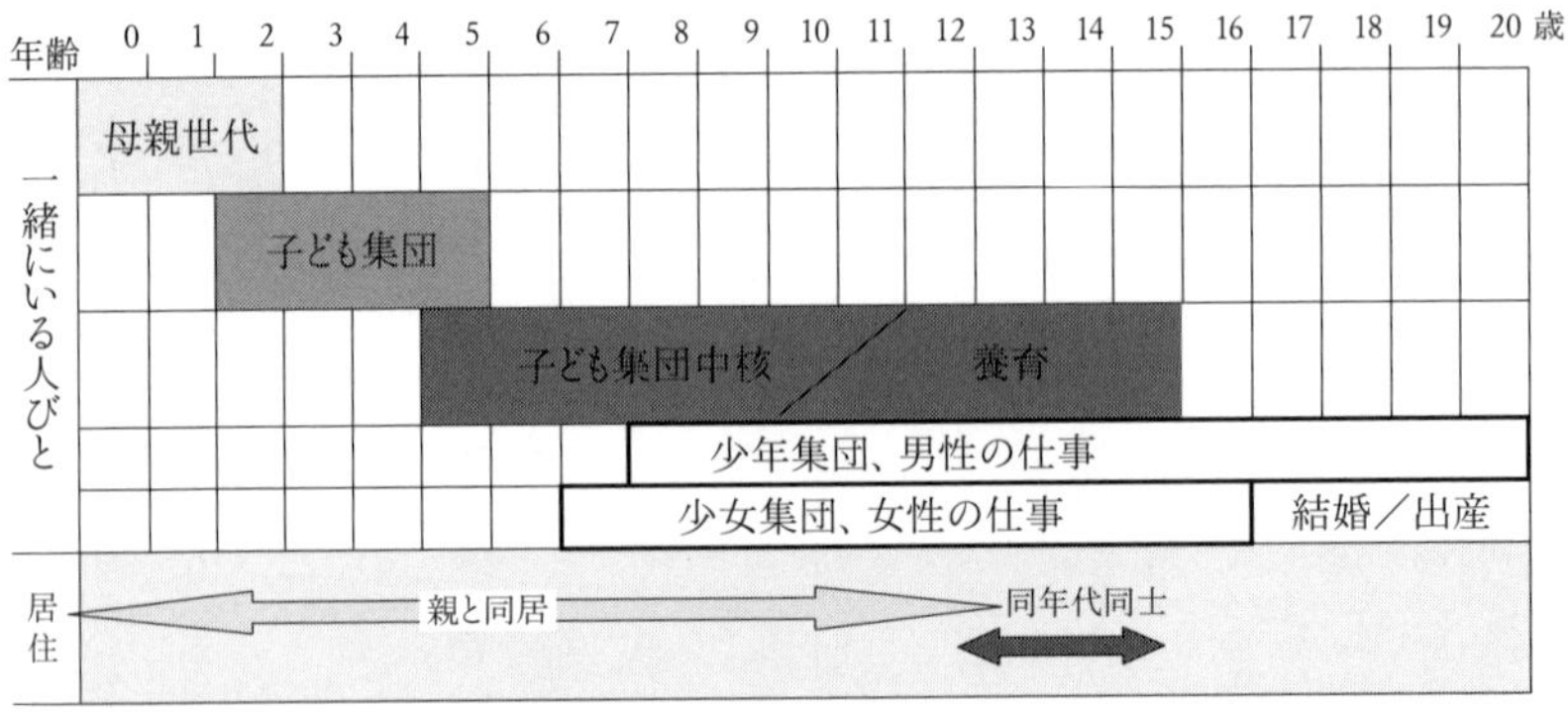

図3-1　子どもの成長過程とナカマ関係の変化（出所：筆者作成）

もたち自身が緩やかな集団を作って自分たちで食材を調達し、調理した食物を分かち合って食べる機会を持つことである。子ども集団は、母系を中心とした女性たちの集まりに伴って生まれるので、子ども同士も母系で結ばれていることが多い。

ベンバ農村の子どもの成長過程をモデル的に示した（図3―1）。子どもが四六時中母親と過ごすのは生後三ヶ月くらいまでで、一歳を過ぎるころから次第に独り歩きをはじめ、はやければ二歳くらい、ふつうは三歳くらいから最年少メンバーとして子ども集団にくわわるようになる。

子ども集団は、その活動範囲や活動内容によって、二〜五歳くらいの集まりと、四〜一〇歳くらいの集まりに分かれる傾向がある。前者は村の近くや年長の子どもたちの目が届く範囲で遊んだり、採集活動をしたりする。後者は村周辺のミオンボ林に出ていって採集や狩りをして遊ぶ。とれた獲物を村に持ち帰って自分たちで調理し、その場にいる年少の子どもたちにも分けて食べる。

五、六歳以降の子どもたちは、同性で同じ年齢層の子どもたちと過ごす時間が長くなり、男児はノネズミやモールラット狩りなど「男性の仕事」とされる活動のほか水汲みの仕事、女児はミオンボ林に野生

写真3-3　モールラットの待ち受け猟を準備する少年たち。

果樹の採集などにでかけるほかは、水場や村内で「女性の仕事」とされる活動に関わる遊びや、男児同様水汲みの仕事を任されるようになる（写真3―3）。

年齢が上がるに従って男女の活動範囲は変化する。九～一〇歳頃には同性同士のつながりがさらに濃くなり、一緒に活動する時間も長くなる。思春期に入ると、気の合う同性だけで寝る小屋を見つけて親の家を離れ、食事以外は独立した生活をするようになる。

子ども集団のメンバーはいつもかならず同じではなく、時と場合によって離合集散する。食事や幼児が混じる遊びでは、異なる年齢層の子どもが集団を作り、年長の子どもが全体の活動をリードする。自分の世帯の食事に集まった人数が多すぎて食べ足りないようなときには、その世帯の年長の子どもが、母親に断ってから主食用の粉を取り出して自分たちで調理し、残っているおかずと一緒に食べる。おかずの残りがないときは、近所の家に行っておかずをも

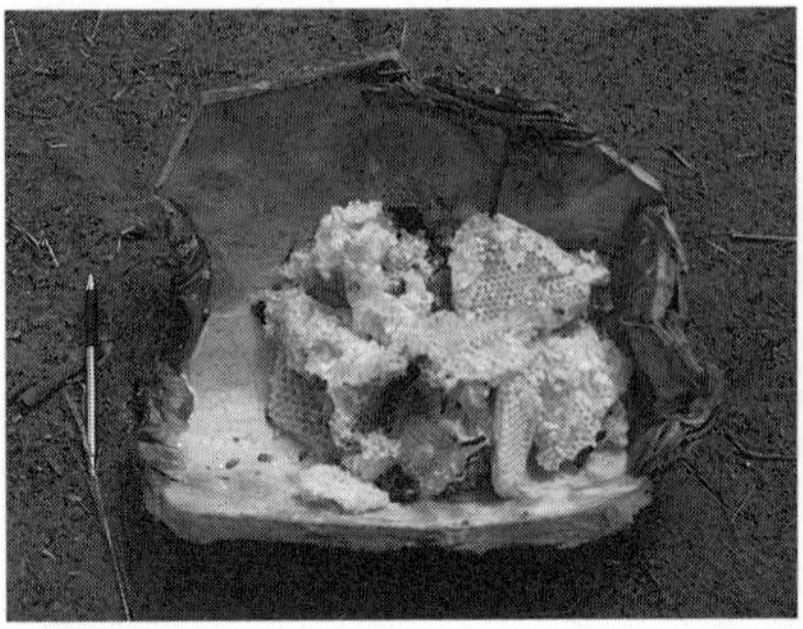

写真3-4　ハチミツ採り。（左）木のうろにできた野生ハチの巣からハチミツを採取する。（右）とれたハチの巣。ミオンボの樹皮を容器にしている。

写真3-5　子どもたちの魚毒漁。（左）魚毒をみんなで搗く。（右上）子どもたちの魚毒漁は小さな川でおこなう。（右下）小さな魚がいろいろ漁れる。

らったり、塩煎りラッカセイを作って補いにしたりもする。

子どもたちは狩猟採集もする。目当ては動物性タンパク質を中心とした食材である。ノネズミ、モールラット、鳥など小動物のほか、カミキリムシ、セミ、コオロギなどの昆虫、種々の野生植物を採集する。年長の子どもが混じる集団では、野生のハチミツを採取することもある（写真3―4）。子どもたちは複数の子ども集団を作りながら活動するが、異なる年齢の子どもたちが集まって活動することによって、食用になる野生動植物の分布や狩猟採集の技能、料理の技能も身につける。このように、子どもたちは自分たちが手に入れた食材を共同で調理し、食べ物を分かち合う経験を積み重ねながら、必要な栄養やカロリーを得ていると考えてよいだろう（写真3―5）。

ベンバの子どもたちは小さいころから思春期まで、性別にほとんどかかわりなく、採集狩猟や水汲み、調理、そして年下の子どもの世話などを身につけていく。成人になる頃には、生活に必要な一通りのことは何でもできるようになる。また、その実践を通じて、分かち合いや共食への態度をそれぞれの行動に深く刻みこんでいく。

女性たちが調理加工を共同することによって結果的に促される食物の分かち合いは、村内の世帯間の差異を均す働きをする（杉山 一九八七；掛谷 一九九六）。さらに子どもたちの食料確保という観点からみると、ほかの世帯の食事に参加する機会を開くという意味で、村全体として子どもが生存に必要な食を得られるような、柔軟な消費の場をうみだしていると考えられる。さらに子ども集団の活動は、その中心となる子どもたちの間の母系親族間の関係を実質的に強め、次世代につなぐ働きをしている。

表3-1　主食作物の調理加工過程と使用する道具

作物	調理加工過程	使用する道具
シコクビエ	脱穀	臼　たて杵　箕
	風選	箕　金だらい
	製粉	すり石　箕　箒
	調理	鍋　木製へら
キャッサバ	皮むき	ナイフ　籠
	水さらし・乾燥	ヨシ製マットまたは防水布
	製粉1	臼　たて杵　ふるい　箕
	製粉2	すり石　箒
	調理	鍋　木製へら

出所（筆者作成）

4　足りない調理道具を求めて──女性たちはなぜ集まるのか

女性たちの集まりは、臼、すり石、ふるいなど、作業に使う道具の頻繁な貸し借りを伴う。なぜか。調理加工には表3─1のような道具を使うが、世帯単位で道具の保有状況を調査した結果、[55]臼、杵、すり石といった調理加工の道具については、それらをまとめてもっている世帯と、まったくもたない世帯の両極に分かれることがわかった。全部をまとめてもっているのはバカランバ（*bakalanba*）とよばれる年長世代の女性たちで、持たないのはバイチェ（*baice*）とよばれる世代の年少女性である。[56]

道具の所有状況から見て、調理加工作業に伴う女性たちの集まりができるのは、調理加工に欠かせない道具類をもつ年長女性たちからそれらを借りるために、年少女性たちがやってくるからだといえそうだ。これらの道具なしに日々の食事はできないのに、なぜか年長女性がこれらをまとめて持っているという、ふしぎな状態の背景には、物の貸借と所有をめぐるベンバの社会的状況が深く関わる。それはまた、女性のライフステージの上昇とも結びついている。

まず、物の貸借と使用に見出せる慣習的態度について述べていこう。調理道具を借りるとき、女性たちは、持ち主に「貸してくださいね *Njashimeniko*」と呼びかけて、必要な道具を借り、その場で作業をはじめる。その間に別の女性がその道具を借りにやってきて、使う順番を待つ。そうするうち、見る間に女性たちの集まりができる。

興味深いことに、道具がすでにほかの女性に使われているとき、借り手は持ち主にではなく、道具を使っている女性に向かって「貸してください」と言う。道具の持ち主でさえ、自分の道具をほかの女性が使っているときは、使っている女性に「貸してください」と言わなければならない。道具の使用権は、それを使っている人にあり、持ち主だからといって使用権を主張することはできないのだ。自分の道具を貸したままになっている相手に対しても、よほどのことがない限り「返してくれ」という言葉は使わない。持ち主は自分の所有権や使用権を主張するのではなく、むしろ、謙虚であることを期待される。

借りた道具をどこで使うかについても、借り手の意思が優先される。借り手は持ち主の家屋域でそのまま作

---

(55) 村びとが所有する道具の種類は、村の世帯全部を合わせても非常に簡素である。皿やナイフ・スプーンなどの食器から斧や自転車まで全部で三三種類であった。道具の種類が少ないのは、ひとつの道具を多機能に使いこなすからで、生活の上での不便はない。三三種類の道具をすべて持っている世帯はなく、狩猟用ネットや銃、自転車、草刈り鎌などの特殊な道具は、それらを持つ先代村長や現村長など長老格の男性の世帯から、必要の都度、借用する（杉山 一九八七）。

(56) ベンバ語のバイチェは「子ども」の総称でもあるが、既婚者に対して使うときは、子育て中で孫のいない世代の人びとをさし、バカランバは孫を持つ世代の人びとをさす。

業をすることが多いが、自宅に持ち帰ってもよい。借りた臼を自宅の庭先に運んで仕事をし、また次の借り手が自宅へ運ぶ過程が繰り返された結果、所在がわからなくなることがある。けれどそんな時でも「私の臼はどこ?」と叫べば、借り手やほかの女性たちが「○○さんのところだよ!」と叫び返し、すぐに所在が判明する。それは女性たちがそれぞれの道具の細かい特徴をよく知っていて、誰のものかを正確に弁別するからだ。また村の生活では他の村びとの動きを見渡せるので、又貸しが続いても道具の所在がわからなくなることはない。

又貸しが繰り返された結果、自分の道具が村はずれまで持ち去られたとしても、持ち主が自分の道具を使いたければ、自分から借り手の家に行き「貸してくださいね」と言って、その道具を持ち帰るのが筋だというのだ。この場面での持ち主は、じれったくなるほど謙虚である。借りた道具が使用中に壊れてしまった場合でも、借り手はただ「壊れてしまったわ」と言って返すだけである。持ち主は「壊れてしまったって?! これから私たちは何でシコクビエを搗いたらいいんだろうねぇ!」と大げさに嘆くけれど、弁償を要求することは決してない。その道具は「壊れた」のであって借り手が「壊した」のではないからだそうだ。

これらのエピソードからわかるように、道具の持ち主は、それらを所有しているからといって実質的な利を得ることはない。持ち主と借り手の間にはなんの負債関係も生じず、返礼も全くない。では調理加工の道具を保有することと、それを貸し借りすることにどんな意味があるというのだろう。

5 ライフステージの上昇と物をもつことの意味

年少女性が臼やすり石などの道具類をもたないのは、経済的な理由からではない。その気になりさえすれば、道具は簡単に手に入る。すり石の素材となる石は村からそう遠くない山地で取れる。適当な大きさの石さえあれば、女性一人で整えられる。臼や杵は家族の男性が斧一本で作ってくれる。道具制作を他人に依頼しても、臼なら約一〇〜一五クワチャ（一九八四年調査当時の価格。当時のレートで一Kwachaは約一〇〇円）、杵は三クワチャあれば十分だ。ふるいはムピカのマーケットで五〜八クワチャで買える。年少女性の夫たちは年間少なくとも一〇〇クワチャ以上の現金を入手しているから、臼やふるいは手の届く値段だ。それでも年少女性がこれらの物をもたないのは、これらの用具を保有することが、ライフステージの上昇と結びついた文化的な意味を付与されているからである。

ベンバ女性にとって物の保有は、初潮から婚姻、出産を契機とするライフステージの上昇と結びつき、また母娘の紐帯のありようにも深く関わっている。保有する物の増加と直接関わるのは、とくに婚姻にまつわる儀礼である。女性の婚姻にまつわる儀礼は、開始から完了にいたるまで複数の段階があり、完了まで実に一〇年あまりを要する。この段階が進むに従って、保有する物が増えていく（表3―2）。自分自身の儀礼でなくとも、村に暮らす限り、ライフステージの上昇に伴って行われる儀礼に遭遇する機会は多く、ライフステージのいつ

表3-2　女性のライフステージと所有するモノの増加

ライフステージ	婚資労働	居住	食物	所有するモノ				
				土器壺	炉	鍋など	穀物倉	臼・杵・すり石
初潮（チスング）		母親の家	母親のシコクビエ	●				
結婚	開始	〃	〃	●				
夫の家への移住		夫と同居	〃	●				
炉の開設		〃	〃	●	●	●		
クランゴムリロ儀礼*	終了	〃	自分のシコクビエ	●	●	●	●	
自分のイガンダをもつ	娘の夫からの婚資労働	〃	〃	●	●	●	●	●

*婚資労働の終了とともにクランゴムリロ儀礼をおこなうとされるが、実際には、婚資労働終了後10年以上を経て儀礼をおこなうことが多い。また、クランゴムリロ儀礼をおこなわずに終わることもある。夫となる男性に対するクランゴムリロ儀礼は、妻の村に移住するときにおこなう。姻戚忌避にかかる食事タブーをなくすためである。

ごろ、何がおこなわれるかは、村びとが共通して知っている事柄である。

私もML村に住み込んでいる間に、これら諸段階の儀礼すべてに何度か顔を出した。とくに自分が成女儀礼を受けてからは、農閑期に数多く催される婚儀のうち（下記④）、夜を徹して行われる秘密の儀礼で、教えを説く歌の歌い出し役を任され、おぼろげな記憶を必死にたどって歌い出しを先導したものだ。以下、婚姻にまつわるそのプロセスを概観しよう。

①　初潮とチスング儀礼

少女は初潮を迎えると女性親族からチスング（*cisungu*）とよばれる成女儀礼を施される。チスング儀礼には初潮を迎えた時に密やかにおこなわれる第一段階と、夫と同居するときの第二段階、結婚を機に盛大に行われる第三段階がある。

第一段階のチスング儀礼を経た少女は、母または母方オバから、手のひらにおさまるほど小さな土器壺を与えられる。壺を与えられた女性は、結婚可能な段階に達したとみなされる。この壺は他人の目にふれないよう、教えを守って管理しなくてはならない。結婚後に夫と性交渉をもった後の「熱い」身体を「冷やし」浄化する儀礼に使われるからである。この壺はまた女性の生殖力（子どもを産むこと *ubufyashi*）に結びついているという。

② 婚約（*kukobekelwa*）と婚資の支払い、婚資労働の開始：若いカップルの間で結婚の合意ができると、男性は親族の者を仲介に立てて、女性の両親のもとへ婚資の手付け（ンサラモ *nsalamo*）を届ける。婚資の総額はその場で決められる。

男性は分割払いで婚資を支払い、同時に妻の両親のための焼畑伐採など婚資労働に従事しはじめる。女性の村が遠方の場合には、その村に自分の家を建てて移り住む。このとき妻の両親は、簡易な「火を見せる *kulangomulilo*」儀礼を男性に施し、男性が妻の家の火で調理した食物を食べられるようにする。それは下の⑤で述べるような女性への「火を見せる儀礼」と同じ位置づけだが、妻の両親が自らの手でニワトリを屠って調理し、娘婿と共に食べるだけの簡単な儀礼である。

この段階の女性が、夫と同居したり自分の炉をもったりすることは許されない。引き続き自分の母親の家に住み続け、許されるのは、夫の家の掃除、水汲み、食事の準備など身辺の世話をすることだけである。夫の食事は、母親の鍋や炉、母親の穀倉のシコクビエを使って調理しなければならない。

③ 夫との同居と第二段階のチスング：この状態が半年から一年ほど続いたのち、少女は父方のオバまたは村の年長女性によって、母の家から夫の家へと移される。この役目を果たす年長女性はナチンブーサ（*nacimbusa*）とよばれる。ナチンブーサは自宅に少女を招き入れて戸口を閉ざし、少女と二人きりで向かい合うと、既婚女性としてなすべき仕事や義務、性に関する知識や作法を教える。教えが終わるとナチンブーサは少女を「赤ん

坊のように」布で背負って夫の待つ家に送り届ける。チスングの第二段階にあたるこの儀礼は関係者のみでひっそりと進められる。夫と同居を始めても、この段階にある女性はまだ自分の炉や調理用具をもつことができない。

④　婚儀の開催（チスング第三段階）：夫と同居しはじめてから半年ほどすると、親族や知人を招いて盛大な婚儀（*ubwinga*）が催される。婚儀は二日かけておこなわれるが、一日目の夜には、成女儀礼チスングの最終段階となる儀礼が施される。この儀礼は既婚女性だけが参加を許される秘儀で、村の既婚女性や他所から招かれた親族の女性たちが参加する。女性たちは花嫁の母か母方親族の家にこもって、一晩中、秘密の歌と太鼓、踊り、儀礼具としての土器、泥絵などを用いて、さまざまな教えが施される。

この儀礼では、男性や未婚の女性が教えの内容を知ることはできない。花婿も別の家で缶詰めにされて夫婦が従うべき作法についての基本的な教えを受けるが、その内容も秘密である。次の日の明け方、花婿は花嫁が成女儀礼を受けた家にこっそり迎え入れられ、日が高くなる頃合いを見計らって、晴れ着をまとった花嫁花婿が揃って人びとの前に姿を現わす。

⑤　炉の開設と鍋の保有：婚儀を済ませたあと、女性の母親が炉をもつことを許し、所定の儀礼を終えてはじめて、結婚した女性は自分の炉をもつことができる。この儀礼は客を招かず私的におこなわれる。まず、母親はニワトリを殺して自分の炉で調理し、その一部をナチンブーサに届ける。残りを娘夫婦のもとに持参して共食する。その後、娘の望む場所に三つの炉石を据えつけ、母親が自分で集めてきた薪を燃やしつけて娘に語りかける。「さあ、おまえの火だよ」。母親は自分の用具の中から鍋をひとつ選び、娘に与える。この時から娘は自分の炉の火で煮炊きをし、望むならば自分のシコクビエ酒を造ることもできる。調理に必要な木杓子（*mwinko*）

や什器も揃えることができる。

⑥「火を見せる *kulangomulilo*」儀礼：ようやく女性は自分の炉と什器をもつにいたるのだが、それでも完全にひとつの世帯として独立したわけではない。この段階の女性はまだ母親の焼畑でとれたシコクビエに依存しているからである。さらに彼女は夫の親世代の親族とアマコ（*amako*）とよばれる忌避関係にあり、かれらの穀倉に近づくことはおろか、かれらが食事をする光景を見ることも固く禁じられている。また彼女の炉では夫の親が食べる食物を調理することができない。

この意味で彼女の炉はまだ母親の家（*iganda*）に属している、「不完全な」炉なのである。彼女の炉が「完全な」炉になるには、第一子誕生後または、第二子あるいは第三子誕生後に一回、クランゴムリロ儀礼（火を見せる *kulangomulilo*）が行なわれなければならない[57]。この儀礼では夫方と妻方の親族が一堂に会し、シコクビエ酒と調理済みの食物を交換したあと、それらを共食する。こうして夫と妻とは互いの親族と気がねなくつきあえるようになる。この儀礼とほぼ同時期に夫の婚資労働が終了し、妻は自分の焼畑や自分の穀倉をもつことができるようになる。

このように、女性が自分のものを所有することはライフステージの上昇と対応している。女性にとって自分の物が増加することは、母親の家への依存度の低下と母親の家からの独立を意味することになる。独立した世帯をもつにいたった女性は、やがて自分の孫をもち、バカランバ（年長者）とよばれるライフステージの最終段

（57）男性の場合は結婚に伴って妻方に移住するので、移住する時に「火を見せる」儀礼を施される。以後、妻方の火で調理された食物を食べることになるからである。

階に達する。

この段階にある女性は自分の「家（イガンダ *iganda*）」をもつ人、すなわち自分の直系子孫から成るイガンダの祖になったとみなされ、社会的に高い地位と権威を与えられる。臼、杵、すり石は、イガンダをもつにいたった女性のステイタスシンボルとも言え、そのために年長者だけが保有していると考えられるのである。共時的にみた物の所有状態の違いは、異なるライフステージ上にある女性たちの社会的位置に対応するといえよう。このの観点から見ると、母親の家から十分独立していない年少女性が年長の女性と同等の物をもつのは、ライフステージの上の位置づけを無視した、分不相応なことだということがわかる。調理加工道具の所有状態とその貸借関係は、母系制の村における社会のありようを見通す切り口となる。

6 道具の貸借をめぐる女性たちの動き……社会的地位をふまえたポリティクス

年長女性だけがすべての調理加工道具を保有するという状況において、それぞれの女性の動きには、その社会的地位が反映されている。まず考慮するのは年長か年少かの世代による違いだが、同じ世代に属する人びとでも、村の核となる母系親族の出か、別の村出身の外来者かによって、期待されるふるまい方が異なる。

図3—2に一九八四年当時の既婚女性たちの親族関係を示した。囲み文字で示した人びとが年長者、それ以外が年少者である。A、B、C、D、E、Fの女性が年長者、G、H、I、J、Kの女性が年少者にあたる。年

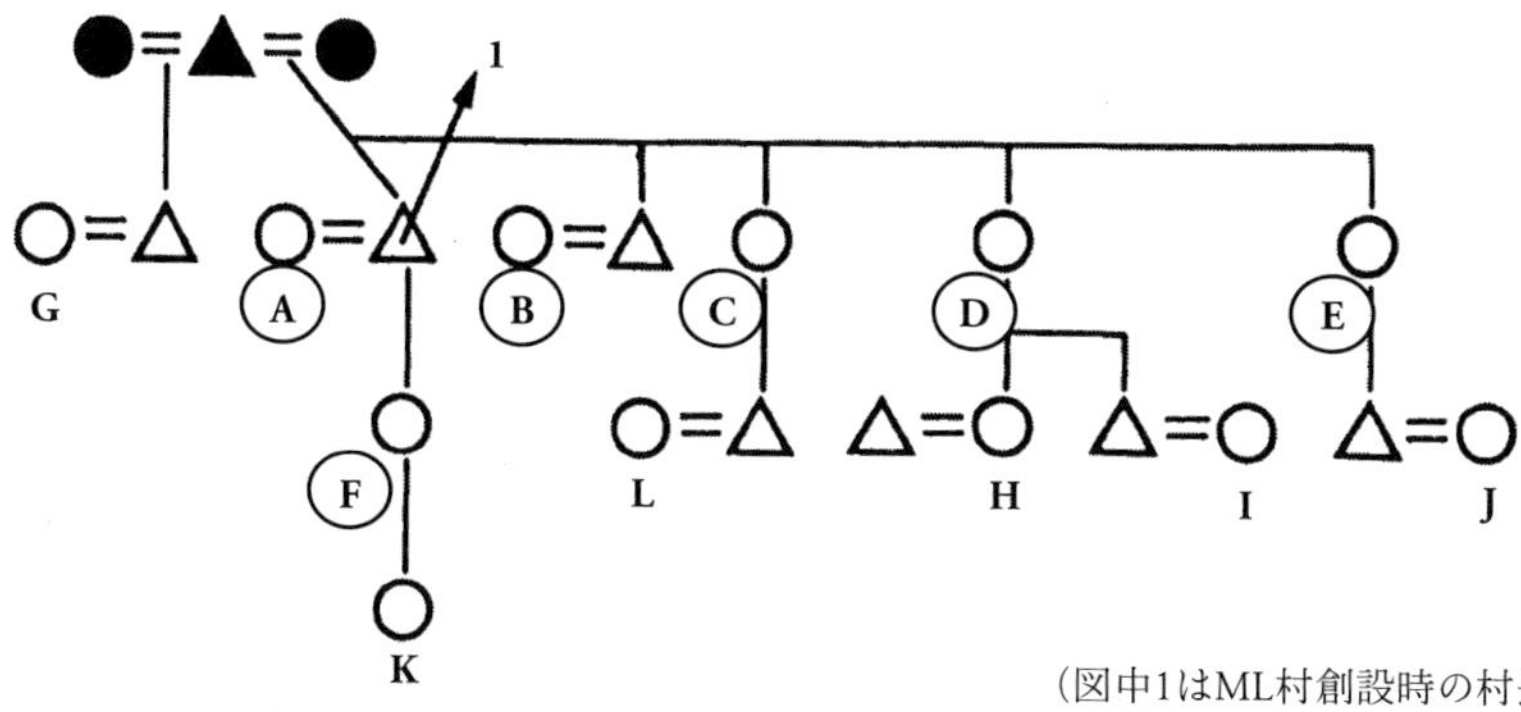

（図中1はML村創設時の村長）

■　物故者

図3-2　既婚女性たちの親族関係（1984年当時）

長者のうち、C、D、Eはこの村の創始者であるマーレ氏の姉妹、Fはマーレの娘で年長者世代でも一世代下にあたり、他の年長者とは立場が異なる。年長者A、Bは他村から婚入してきた外来女性である。

年少者たちも村の創始者と同じ母系親族であるH、創始者の孫であるKと、婚入してきた外来者のG、L、I、Jとに分けられる。すでに述べたように、外来の女性は「火を見せる儀礼」を済ませるまで夫の親世代とはアマコとよばれる姻戚忌避関係にあり、夫の親世代にあたる年長者とは直に接触できないので、動ける範囲に制約がある。彼女たちは夫と同世代の姻族（ムラム *mulamu*）と遠慮のない親密な関係をもつことが期待され、日常的にも頻繁に行き来する。

年長女性たちがもつ調理加工用具と家屋域の空間配置を表わしたのが図3―3である。すり石を持つのは年長女性A、B、C、D、Fで、すり石はそれぞれ図示した位置に固定されている。Dのすり石は、一九八二年に亡くなった母親の所有物を受け継いだものである。臼をもっているのはA、C、D、E、Fであるが、Eの臼は出造り小屋に置いたままなので、他の女性から臼

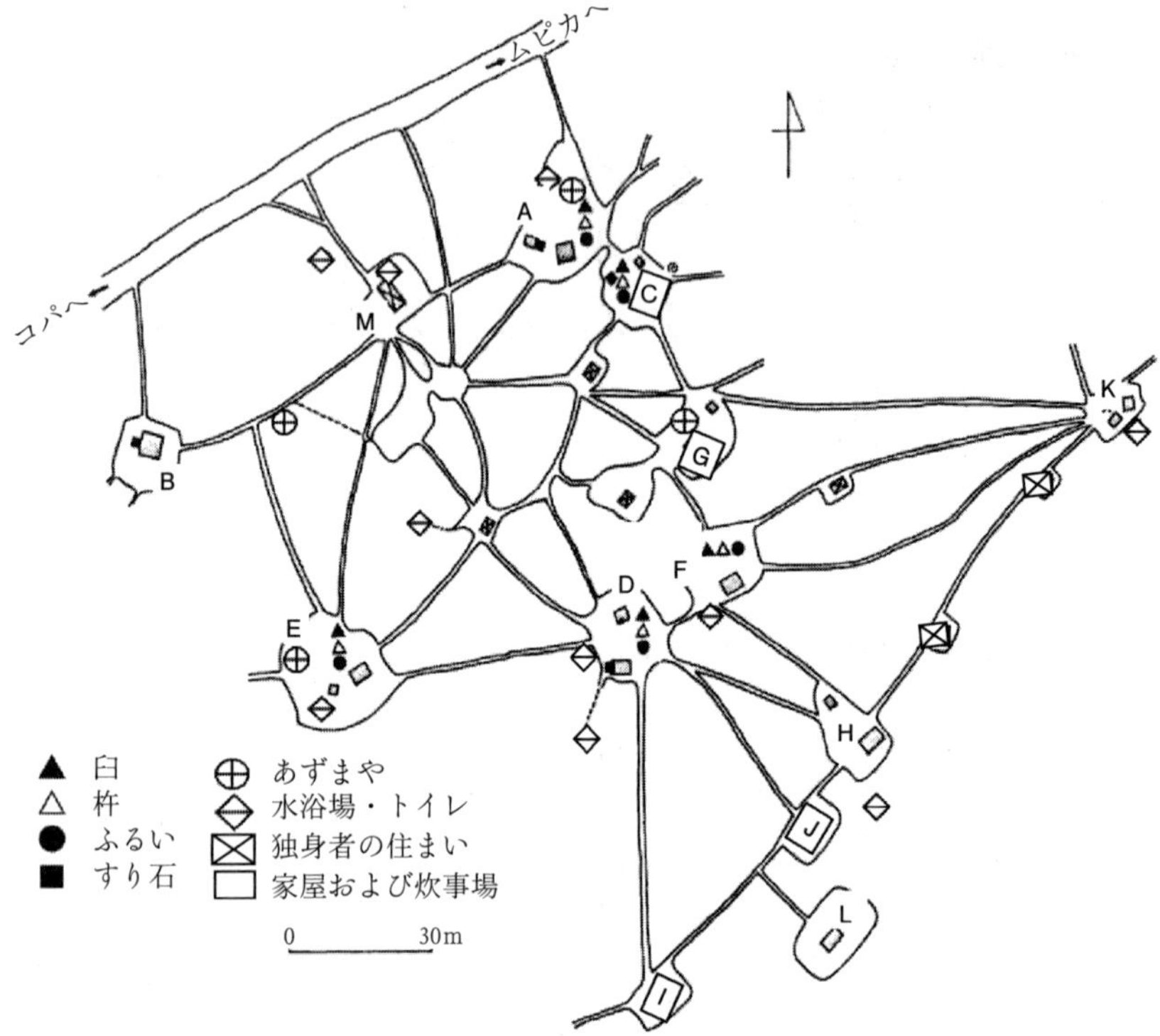

図3-3　調理加工用具と家屋の空間配置
（図中アルファベットは図3-2に対応）

を借りて食材の加工処理をする。木製の長臼をもっているのは、この村ではAとCの二人だけである。杵はA、C、E、Fが保有しており、ふるいはA、C、D、E、Fがもっている。臼、すり石、杵、ふるいなどの調理用具は、B以外の年長女性たち、A、C、D、E、Fが、ほぼまとめて保有していることが確認できる。

実際、女性たちは貸し借りをめぐってどのように動いているのだろうか。それぞれの世帯の居住空間は、家屋と炊事場およびそれらをとり囲む前庭（*lubansa*）をセットとした、ひとまとまりの空間をなしている。ここでは、この空間を「家屋域」とよぶ。一般に、臼やす

表3-3　家屋域における女性の集い方（1984年5月末〜6月初の3日半）

家屋域	A	B	C	D	E	F	G	H	I	J	K	L	計
家主女性単独（回）	0	21	5	6	6	4	26	6	8	−	−	5	87
家主女性と他の女性（回）	0	3	12	13	1	11	0	6	3	−	−	2	51
他の女性のみ（回）	6	0	4	0	0	0	0	0	0	−	−	0	10
計（回）	6	24	21	19	7	15	26	12	11	−	−	7	148

（出所：筆者作成。網かけ部分は年長女性を示す）

り石などを借りると、女性たちは用具を借りた家の家屋域で仕事をするから、用具の貸借をめぐる女性たちの動きは、用具の配置とほぼ対応することになる。その詳細を知るため、一九八四年五月末から六月初旬にかけて任意に三日半の観察日を設定し、朝七時から夜八時まで一時間ごとに、集落内のどの家屋域に誰がいて、何をしていたかをチェックした。

家主の女性が他の女性と共にいた回数が最も多いのはC、D、Fである（表3—3）。彼女たちが自分の家屋域に一人でいた回数は少ない。臼やすり石などの用具類を一組のセットとして保有しているのは年長女性だが、その保有状態にほぼ対応して、C、D、Fの年長女性のもとに女性たちが集う傾向があるといえる。対照的に、年少者のGやI、および年長世代でも外来者のBは、一人きりでいることが多い。ただ注意しておきたいのは、一つの家屋域に集うメンバーが固定化されてはいないことである。道具の持ち主も自分の道具が使われているときは、他の女性に用具を借りて一緒に作業をすることになるから、集まりのメンバーは毎回少しずつ違ってくる。

表3-4　他の女性と共にいた場合の女性の活動

活動内容	のべ人数（人）
食事	5
食品加工調理	27
余暇・睡眠	3
談話	38
計	73

ひとつの家屋域に集う女性はどのような活動をしているのだろうか。その活動内容を示したのが表3—4である。観察中に活動内容を確認できたのべ七三人のうち、

食品加工は二七人、談話は三八人で、この二つの活動が大部分を占めている。「談話」に分類した例数のなかには、用具を使う順番を待っている事例が多いことも指摘しておきたい。「食品加工」の場合も、実際には談話に興じながら作業を進めている。つまり睡眠中以外は断えずさまざまな会話が交されているといえる。

そこでの話題は食べ物のことから、生活の困りごと、ゴシップまでと幅広い。よくもまあ、こんなに話すことがあるわと感心するくらい話題は尽きず、ほとんどが直接話法で話されるので、再現劇を見るような気にさえなる。しばらく一緒にいるだけで、その日の人びとの動きや村びと同士の関係まで、手にとるようにわかってくる。

こうして、多くの女性が集まる年長女性のもとには、村びとそれぞれについての生き生きとした、細やかな情報が集まることになる。このような情報は一見取るに足らないように思えるが、年長女性たちの社会的な権威を実質化し、村の中のもめごとの仲裁にあたるときに不可欠の要件である。年少の女性たちにとっても、日常生活において自分がどのように行動するかを決めるときに重要である。

彼女たちはライフステージ上の地位にただ縛られているわけではない。自分の地位をふまえつつ、それぞれの意思と思惑をもちながら、他の村びととの関係を構築し更新しているのである。このような関係をふまえた女性たちのゆるやかな連携と、道具の貸し借りに伴う女性の集まりに付随して年長女性のもとにもたらされた情報とが、政治的な交渉に生かされた例を一九八五年のできごとに見ることができる。

できごとの経緯は次のようである。一九八五年の乾期が始まり、焼畑の伐採期がやってきたのに、若い夫たちが伐採をしないと言いだした。「昨年(一九八四年)のシコクビエは大豊作で今までにないほど大きな穀物倉も作った。それでもシコクビエはあふれるほどだ。あれだけあれば、今年一年くらい伐採しなくても大丈夫、食べていける。私たちだって休みたいのだ」というのが、かれらの言い分であった。これに対して女性たちはこう主張した。「昨年のシコクビエはとても来年までもたない。今年伐採しなければ、みんな飢えてしまう。ぜひ伐採してほしい。確かに夫はよく働いてくれたけれど、感謝のしるしにシコクビエ酒をたくさん造ってあげたではないか！」

しかし若い夫たちは頑として譲らず、家々では連日のように、夫と妻の言い争いが続いた。夫と妻の言い分がこのようにずれるのは、生計活動における男女の分担範囲の違いからくる消費予測の違いにも起因している。日々の活動のうち、消費にまつわる活動はすべて女性が担い、自分の世帯の消費動向を体験的に把握している。夫たちは、穀物倉の大きさだけを見て開墾不要論を唱えたが、それはたぶん、世帯の消費実態を知らなかったからだ。

夫婦間でもめごとが生じたとき、世帯内では妻の意見はとおりにくい。妻はたいてい夫より五歳以上年下なので、男性で、かつ年長者である夫が常に有利な立場にあるからである。けれども一九八五年のこのできごとの際には、妻たちの意見がとり入れられる結果となった。ふだんは世帯ごと個別の判断で活動している女性たちの間に、ある種の連帯が生まれたためだ。年少者である若い妻たちの言い分は、しっかり年長の女性たちのもとに通じていた。それは調理加工の集まりの場で、女性たちが口々に夫とのいざこざを事細かに語ったからである。年長の女性たちは、他者の話を引き出す術にも長けているし、年少女性の夫たちにとっては、異性の姻戚あるいは母という、霊的にも強い力をもった畏怖すべき存在である。同時に、実生活のさまざまな側面で若い夫たちの弱みを握っている、無視しがたい存在でもある。

年長女性たちは年少女性たちの話を聞くと、自分の判断でその夫たちに圧力をかけはじめた。酒の席で冗談まじりに耶喩したかと思えば、あるときは真剣な顔で説教を繰り返すなど、強い働きかけを繰り返した。一方で若い妻たちも、毎日のように伐採を要請する手をゆるめなかった。ついに若い夫たちは譲歩して、例年よりは小さいながらもチテメネの伐採をすることになった。このときの女性の連帯は、意図的に組織化されたものでも、形式的に整ったものでもなかった。しかし調理加工作業を中心とする集まりの場で共有された情報と、男性たちをなんとか動かそうという暗黙の合意が、女性たちの行動をある方向へとまとめあげたのである。

この事例からわかるように、若い女性の困りごとは年長女性の耳に入れることによって、年長女性の側からの働きかけを通して解決に向かう道筋を見出すことができる。また実際、その道筋はよく利用され、村の中のさまざまなもめごとが致命的な争いに発展するまえに、解決に向けた調整がおこなわれる。年長女性は他の女性からの情報をもとにかなり政治的に動くが、それが年長女性の社会的権威をさらに高め、実質化するのだといえよう。

7 親和的関係は日々の蓄積で更新される……生活に内包された移動性

道具の貸し借りを契機にしてほかの女性たちと集う行動は、相手と親和的な関係を築き、同じ村に住み続けることを表明することにもつながる。具体的な動きで検討しよう。一九八四年五月（三日半）と一九八四年一〇月中旬の観察データ（八日間）を並置し、個人別の動きとして示したのが表3―5である。表中で網掛け部分

表3-5a　女性の動き(個人別)　1984年5月末～6月初旬、3日半

家屋域／女性	A	B	C	D	E	F	G	H	I	J	K	L	M	計（回）
A	–	–	–	–	–	–	–	–	–	–	–	–	–	0
B	0	24	1	1	0	0	0	0	0	–	–	0	0	26
C	4	1	16	4	1	0	1	0	0	–	–	0	1	28
D	1	1	3	19	0	2	0	0	0	–	–	0	0	26
E	0	0	1	3	7	0	0	0	0	–	–	0	0	11
F	1	0	2	4	0	15	1	0	0	–	–	0	0	23
G	0	1	1	0	0	1	26	0	0	–	–	0	0	29
H	0	0	6	7	0	1	0	12	4	–	–	1	0	31
I	0	0	2	0	0	4	0	5	11	–	–	1	0	23
J	–	–	–	–	–	–	–	–	–	–	–	–	–	0
K	0	0	0	0	0	7	0	0	0	–	–	0	0	7
L	0	0	0	0	0	4	0	2	3	–	–	7	0	16
計（回）	6	27	32	38	8	34	28	19	18	–	–	9	1	220

*網掛部は年長者の家屋域。
**年長女性Aは他村訪問で不在。
***年少女性Jは出造り小屋にいて不在、Kはほとんど隣村で過ごす。

表3-5b　女性の動き(個人別)　1984年10月中旬、8日間(酒宴の日を除く)

家屋域／女性	A	B	C	D	E	F	G	H	I	J	K	L	M	計（回）
A	–	–	–	–	–	–	〈8月に離村〉			–	–	–	–	0
B	–	60	2	0	0	4	–	0	0	0	0	0	0	66
C	–	4	30	20	0	6	–	0	0	0	1	0	1	62
D	–	2	20	36	0	14	–	2	0	0	0	0	0	74
E	–	–	–	–	–	–	〈9月に離村〉			–	–	–	–	0
F	–	1	8	16	0	48	–	0	0	0	0	0	0	73
G	–	–	–	–	–	–	〈7月に離村〉			–	–	–	–	0
H	–	0	12	22	0	6	–	14	6	2	0	1	0	63
I	–	2	6	6(4)	0	20	–	8	26	0	0	1	2	65
J	–	0	0	0	0	5	–	2	0	10	5	–	–	22
K	–	0	3	3	0	16	–	0	0	4	35	0	0	61
L	–	1	2	2	0	10	–	4	3	4	0	7	23	56
計（回）	0	70	83	99	0	124	0	28	35	20	36	9	26	530

*網掛部は年長者の家屋域。
**(　) 内は家主の不在時の滞在。

（AからF）が年長者、網掛けのない部分（GからL）が年少者にあたる。女性たちの動きに注目すると、年少者が年長者のもとを訪れている回数が多く、逆はほとんどない。[58] これは上述のとおり、用具の貸借をめぐる一般的な動きに対応している。

年少女性の訪問先についてみると年少女性Kが年長女性Fを、また年少女性Hが年長女性Dのもとを七回も訪れている。KはFの娘で、HはDの娘である。母―娘関係のつながりが強い母系社会の特性がここにも反映されている。また、ライフステージ上の位置づけでいえば、K、Hは母親への依存状態を色濃く残した段階にあると考えられる。

さらによく見ると、HはCのもとへも六回出かけていることが目につく。その多くは母親の用具を他の女性が使用しているため、Cに道具を借りようとした訪問であった。CはHの母Dの姉で、Hにとっては「年長の母（*mayo mukalamba*）」である。女性の動きには母―娘の直線的な関係だけでなく、母方オバとのつながりも深く関わることがわかる。

年長者の動きに目を向けてみよう。全体として年長者同志の間でよく動き回っていることがわかる。道具の使用について持ち主の特権的な立場は行使できないという原則はあっても、基本的に道具類を借りる必要がないはずの年長者にこうした傾向がみられる点に注意したい。とくにCの動きが頻繁で私の家（図3―3中のM）まで来ている。村出身の年長女性で最年長の彼女は人びとの動向に敏感で、こうして収集した情報をふまえ、人脈を駆使して的確な調整をしてくれるので、人望も厚い。

次に他村出身の女性たちについて見てみよう。外来者である年少女性Iは、この村生えぬきのHに比べると、年長者を訪ねる回数が少ない。家主のCが不在のときに限ってCの家屋域を二回訪問した記録があるだけで、D、

Eのもとには一度も行っていない。この背景には彼女が夫の親世代にあたるC、D、Eとまだ姻戚忌避関係にあり、彼女らとの直接の接触を避けなければならないという行動規則がある。

そう考えると目を引くのは、IがFの家屋域を四回訪ねて用具を借りていることだ。Fは夫方親族だが、Iの夫と同じ世代に属しているので姻戚忌避の対象ではない。IはFを窓口にして、年長女性たちとつながることができる。また他の女性がC、D、Eから借りた道具を又借りすることによって、姻戚忌避対象である彼女たちの道具を使うことができる。Iにとっては、同世代のほかの女性たちが重要な接点になっているといえよう。同じことは年少者Lについてもいえる。婚入した年少女性は、その動きを大きく制限されることになるけれども、同世代の姻戚や姻戚忌避のかからない年長女性を起点にすることによって、他の女性たちとのつながりを作り出す努力をしていると考えられる。

以上の女性たちの動きを総括すると、次の三つの原則が見えてくる。それはすなわち、①年長者は年少者よりも動きの範囲が広く、自由度が高い、②年少者のうちでもその村育ちの女性は、婚入してきた女性より動きの範囲が広く自由度が高い、③姻戚忌避がかかる年少女性には制約があるので、忌避の対象とならない女性を介して動く、である。

この原則を念頭におくと、表3—5でも例外的な動きを示す女性の存在がくっきりと浮かびあがってくる。それは、年長者のうちでも観察期間中ずっと不在だったA、村にいるのにほとんど他の女性を訪問しないBの二

---

(58) 年長者集団と年少者集団とに二分し、両者間の動きについて見ると、年少者から年長者への訪問が多いことが統計的に有意であった。

名、年少者についてみると、姻戚忌避がないのに他家を訪れることも他の女性からの訪問もないGである。彼女たちはいずれも他村出身者で、この観察調査の後で、村を離れていった。他の女性を訪問せず、他の女性からの訪問も受けないという、彼女たちの態度そのものが、「あなたがたと一緒に暮らすつもりはない」というメッセージを、他の村びとに伝えていたのである。その事情を少し細かく検討しよう。

1……年長女性Aの事例　夫の姉妹との不仲による離村

AはML村の創設者である男性と一九八一年に再婚し、前夫との間に生まれた四人の娘を連れてこの村に移住してきた。彼女はシコクビエ酒造りがじょうずで、その酒は極上との評判をとっていた。Aの夫は村の創設者で前村長でもあったから、たびたび村びとを招いて酒宴を催したが、Aの造る酒を目あてに多くの村びとが集まるのが常だった。再婚して二〜三年の間、夫の妹であるC、D、E、先妻の娘であるFと、Aの仲は良かった。しかし一九八四年になって、自分の連れ子である四人の娘の養育をめぐって、夫との間にいさかいが生じた。すでに七〇歳を越えた夫には、四人の娘すべてを養える広さの焼畑を伐採するのがつらくなってきたためである。

このいさかいは夫との間にとどまらず、夫の弟である現村長やその妻Bを巻きこむことになった。Aは夫に共感的立場をとるC、Dらを非難したため、彼女たちとの仲も険悪になり、一九八四年五月から一時的に村を離れてムピカの親族のもとに滞在していた。三週間ほどして村に戻ってきた彼女はすでに夫との離婚を決意しており離婚後の居住先まで手配していた。その頃にはシコクビエの収穫が始まっていたが、Aは「自分のシコクビエを収穫するまでは村にいる」と宣言し、八月に収穫を終えるやいなや自分の臼とすり石を持ち、娘たちを連れて離村した。

2……年長女性Bの事例　他の村びととのもめごとを背景に夫婦で本村を離れる

現村長の妻Bは、一九八二年に再婚してこの村に移り住んできた。夫との仲は睦まじく、夫の連れ子ともなじんで他の村びととの関係は平穏であった。ところが、一九八五年一月に夫の兄である先代村長が大病を患ったことから事態が悪化する。

先代村長はすでに離婚して独り身だったので、看病にあたったのは彼の娘のFと、彼の妹のC、D、Eである。彼の病状は深刻で命が危ぶまれるほどになった。それを見た現村長とその妻Bは、C、D、E、Fに相談せずに、先代村長を五〇キロメートルほど離れたミッションの病院に運び込む手配を進めた。他方、C、D、E、Fは、すでに高齢になった先代村長の身体を考え、手術を受けずに、伝統に従って静かに病人をみとろうとしていた。

病人を病院に運ぶ日の朝、現村長とその妻Bと病人を連れて行かせまいとするC、D、E、Fとが激しく言い争った。しかし結局、現村長であるBの夫が強引に主張を通して、病人を病院に運び手術を受けさせた。

このできごと以来、それまでも他の女性たちと反目しあう傾向にあったBは、完全に孤立した。そして一九八五年の三月には、かねてから進めていた新しい集落サイトへの移転計画を名目として、夫とともに主集落から離れた地区に居住地を設け、そこへ移り住んでいったのである。

3……Gの事例　他世帯ともめ、呪いを恐れて離村

Gの夫は一九八二年に死者相続（*ubuyani*）によって、二人目の妻を得た。すでに述べたように、既婚者が配偶者を残して亡くなった場合、死者と同じ性別の人が母系親族から選ばれ、死者の霊と名前、家族関係を継ぐのが死者相続である。死者相続によって儀礼的に結ばれた死者の配偶者との婚姻関係が儀礼後も続くことはあまりないが、Gの夫は死者相続によって継承した妻との婚姻関係を続けた。二人目の妻はGより年長で、C、D、Eらの遠縁にあたる。彼女はML村から五キロメートルほど離れた村に住んでいたので、夫はこの村とML村とを行き来して、それぞれの妻にひとつずつのチテメネを伐採していた。ところが隣村にいることが次第に多くなり、一九八四年にはGのチテメネを伐採しないと言い出して、事実上離婚した状態になっていた。

他村出身のGはこの村に親族がいない。すっかりよりどころを失った彼女に他世帯とのもめごとが表面化した。とくにEの世帯の畑の作物を盗んだのではないかと疑われ、Eの世帯ともめごとを起こしてからは、自分の家からほとんど離れずに過ごすようになった。臼などの道具類は、それ以前と同じようにFから借りていたが、以前ならFの家で他の女性と談笑しながら作業していたのに、借りた臼を自宅に運んで一人で仕事をするようになった。

他の村びととの亀裂を決定づけるできごともあった。他の村びとがこれまでにないほどのシコクビエの豊作に沸いているのに、なぜか彼女のチテメネだけが目も当てられないほどの不作だったのだ。Gは他の村びとが邪術をかけたのではないかと疑い怖れた。さらに悪いことに、なけなしのシコクビエを使って販売用の酒を造ったのにそれが腐ってしまい、すべて廃棄せざるをえないという前代未聞の事態に直面した。それは経済的な

困窮につながるだけではない。彼女は村びとが邪術をかけた（そうでなければ酒が腐るはずがない）と確信して、恐れが本当になったと震え上がった。他方、ほかの村びとは、彼女が火のタブーを犯して祖霊の怒りをかきたてた（そうでなければ酒が腐るはずがない）と密かに噂しあった。

このできごとのあと、Gはシコクビエの収穫を急いだ。収穫したシコクビエをすべて精製し、ムピカに住む自分の母親の助けを頼んで少しずつ町に運んで行った。そしてすべてのシコクビエを運び終えた七月のある日、誰にも告げず村を離れた。

これらの事例がすべて外から婚入してきた女性だったことを考えると、女性がその社会的な位置を安定的に維持するために、母系の親族関係による結びつきがどれほど重要な役割を果たしているかがわかる。また、外来者である村長の妻にとって、村の社会関係の主軸となる夫の姉妹との関係調整が大きな課題となることも推測できる。村内に母系親族の基盤をもたない外来の女性たちはより不安定な条件のもとにあるから、年少女性Iがしていたように、常に他の女性たちとの親しさを確認し続けなければならないのだろう。A、Gの事例は、たまたま観察時に重なっただけだが、彼女たちが村の中で孤立し、またその関係修復を放棄するに至った過程を如実に示していた。

関係修復の道を選択しないと決めた彼女たちは、他の女性から道具を借りることも他の女性と集うこともやめた。上の事例のGは、道具を借りても一人で作業するようになったし、Bは、C・Dらとの対立が深刻化する中で、徐々に自分の臼やふるいを買い揃えていった。その結果、村を離れる三ケ月前には他の女性から用具を借りることが全くなく、いつも一人きりで仕事をしていた。他の女性たちはBのそのようすを遠巻きに見て、彼女の世帯が離村するつもりなのだと確信したのだった。

このように、調理道具の貸借をめぐる女性たちの集まりは、集まりに参加することを通してお互いの親和的関係を確認し、それぞれの女性が共に村に暮らす意思を表現する機会でもある。逆に、参加しないことによって、そうした関係を断ち切る意思を示すことにもつながるのである。調理道具の貸借は、女性の社会的地位を反映しつつ、それぞれの女性の思惑や意思を他者に伝える道具でもあることが興味深い。それは、離れていく意思を示すことによって、他者との軋轢をあえて言語化せず、直接の対決を避けながら解消しようとする方途でもある。その意味で、移動性を内包したベンバの村の構造をよく反映していると考えることができる。

8 消費の共同体としての女性の集まり

これまで述べてきたことから、調理加工の共同に伴う女性たちの集まりが、次のような働きをすることが明らかにできたと思う。それは、①単調な加工調理の作業を効率化するだけでなく、②それに伴って生じる共食や食物の分かち合いを通じて、世帯間の食の流動を促し、チテメネ面積の違いによる生産物の偏在を均す結果をもたらしている。さらに、③子どもたちが自分の世帯の状況に関わらず、必要なカロリーや栄養を得られる機会を提供している。これらの点から見ると、食物の加工調理の共同を通した女性たちの集まりは、柔軟な消費の単位の組み替えを可能にし、村全体が緩やかな消費の共同体として機能する土台を作っているといえる。エケジウバは生産と生殖の単位としての世帯と区別して、女性が調理する炉を中心に構成される消費の集団を「hearth-hold（炉帯：筆者訳）」と呼んだが、ベンバの村生活でも、消費の単位としての食と炉帯の連携が重要な機能を果たしているといえる。第2章で、各世帯の実質構成員一人あたりのチテメネ耕地面積を算出したが、村びとはこうして他の世帯の食事に加わるので、実際のところ、世帯の食物を消費する人数は流動的だといえよう。

調理加工作業の共同を生み出す直接の契機は、作業に使う道具の貸借である。これらの道具をまとめて保有する年長女性の家屋域は、道具の貸借を求めて女性たちが集まる拠点になる。そこに集まる女性たちがもたらすさまざまな情報が、年長女性の政治的な力を実質化しその社会的権威を裏打ちする。同時に、年少女性が年長女性の社会的な権威を通して、自分たちの意向に沿うように村の物事を動かすための政治的ルートも提供している。

年長女性が加工調理の道具をまとめて保有するのは、物の保有とライフステージ上の位置が対応する文化的意味づけと不可分であり、娘が母親世帯からの独立性を高めていくプロセスにも対応している。そうした条件下で、道具の貸し借りは日々の暮らしを成り立たせるために必然的な行為である。女性たちはライフステージ上の地位や出自に対応した行動を期待されるから、それぞれの動き自体が、世代や出自によって異なる行動規範を再生産する。

しかし、誰から借りてどこで使用するかは、それぞれの女性の社会的状況と彼女たち自身の行動選択によって変わり、貸借をめぐる行動はそれぞれの女性の思惑や意思を表現したメッセージとなる。他の村びととの関係を親和的に継続しようとする女性は積極的にほかの女性と集い、食物を分かち合う。逆に、これまでの関係を断ち切ろうとする女性は、集うことをやめ、静かに村を去っていく。

村は母系親族を核とした血縁関係を軸に構成されているものの、その関係は放っておいても機能するわけではなく、村びと同士の日常的な接触を基礎に実体化されなければならない。とくに調理加工道具の貸借をめぐる動きは、親族関係に根ざしつつ、女性たちそれぞれの思惑と意思によって更新され続ける社会関係をみごとに映しだしているのである。

ここに至って、村入り当初のレッスンで、私がマーガレットさんに叩き込まれた「クタンダラすること」は、このようなベンバの村で、他の村びとと親和的な関係を保ちながら暮らすために、必須の行動パターンであったことがわかる。

第4章

人びとの移動と村の発達サイクル

道路側の家でチプムを飲んでいると、隣村に近い道の角に見慣れない白いトラックが止まった。荷台から女性が一人降りたようだ。「誰?」「誰だろう?」。見つめていると、いち早くトラックに近づいた子どもたちが叫んだ。「バナンソファだよ! バナンソファが帰ってきた!」。バナンソファ! 彼女は数年前、私が一人でML村に住んでいたとき、水汲みや料理を手伝ってくれた少女だ。ずっと前にずいぶん年上の男性と結婚してよその町に住んでいたはずだ。「おかえり! どうしたの?」。駆け寄って抱きついた私に、彼女は屈託ない笑顔をむけて言った。「戻ってきちゃった」「え?」「夫と別れてきちゃったの」

——バナンソファの離婚と帰村

1 人びとの移動と「世帯の失敗」

リチャーズ (Richards 1939) は、ベンバの村で耕地面積が世帯の必要にまったく満たない状態が観察されることに注目し、それを「世帯の失敗」と表現した。それは、サーリンズ (Sahlins 1974) による「過少生産」論の論拠の一部にもなっているが、リチャーズの調査から数十年を経た私たちの調査でも、同様の傾向があることが指摘できる。

私たちの一九八三年の記録では、調査開始当初の一二世帯のうち、一世帯が飛びぬけて大きな耕地をもつ一方、二世帯の耕地は世帯の必要を満たしていなかった (掛谷・杉山 一九八七)。チテメネの面積は、伐採を担う男性労働力を安定的に確保できるか否かによって大きく左右される。また前章で述べたように女性のライフステージ上の位置も関係する。結婚しても夫が婚資労働中の世帯は、母親の世帯から完全に独立しておらず、母親のチテメネへの依存度が高いので、その世帯の耕地面積は小さい傾向にある。一九八三年の調査結果はこの傾向を反映したものだった。

さらに一〇年程度の時間枠で各世帯のチテメネ耕地面積の推移を概観すると、世帯タイプにかかわらず、焼畑面積の変動が大きく、まったく開墾されない年さえあることにも気づく。それは世帯成員の移動に伴う世帯構成の変化と連動している。

さまざまな契機で人びとが移動し、世帯構成も変動するベンバにおいて、中長期的な時間枠での生計はどのように維持されるのだろうか。そして、人びとの移動は母系社会ベンバの特徴とどのように関わっているのだろうか。本章では、まずＭＬ村の個別世帯の事例から世帯ごとの耕地面積の変動と生計維持の困難に直面したときの方策を検討し、つぎに伐採地の移動と村の発展サイクルについてＭＬ村が経験した分裂と再生の事例を紹介する。その作業を通して、上の問いに迫ってみたい。

2 「世帯の失敗」の様態

チテメネの面積は、世帯内に伐採を担う男性の働き手がいるかどうかに大きく影響されることがわかってい

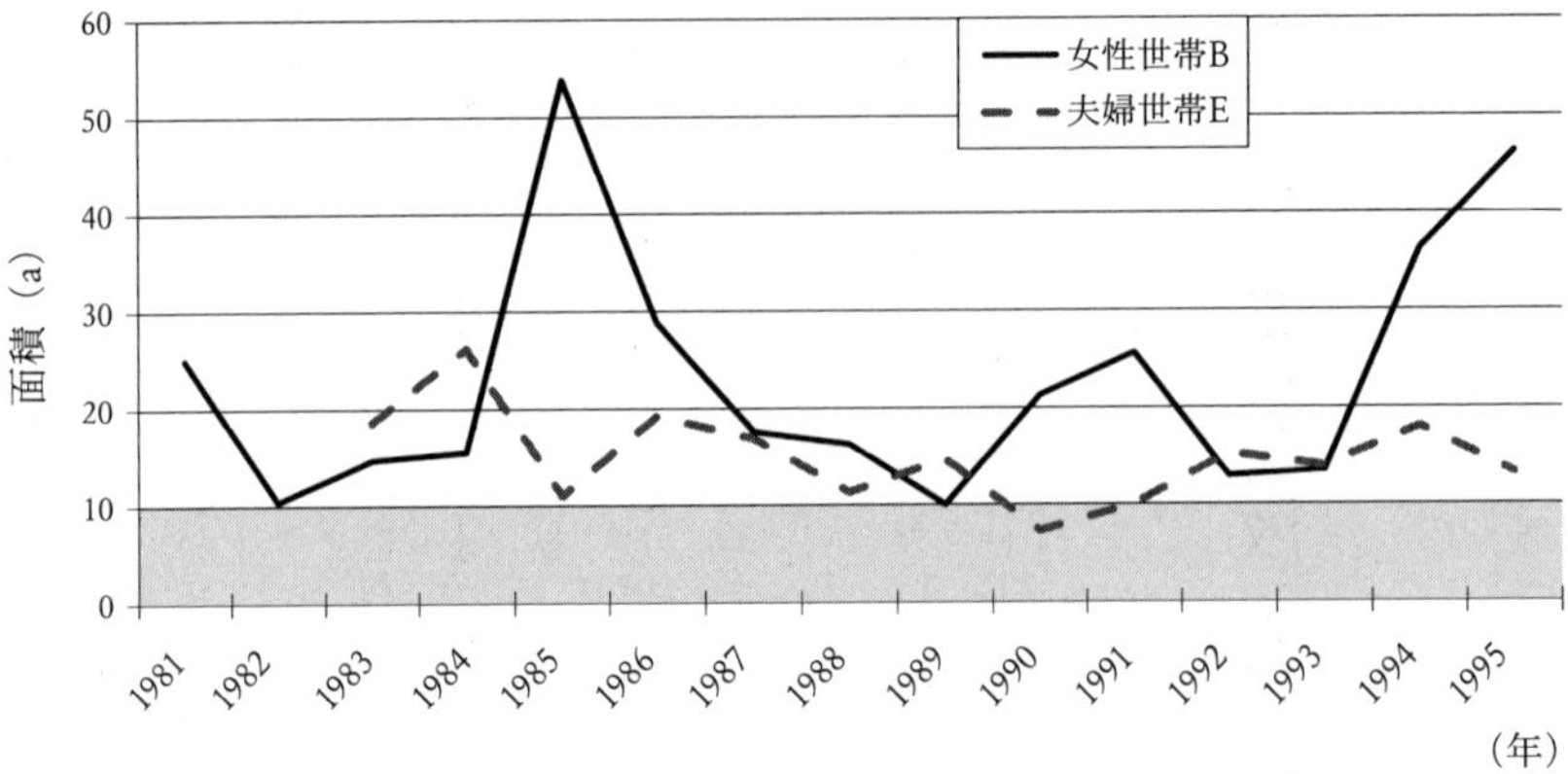

（出所：筆者作成）

図4-1　ひとりあたり耕地面積の推移
（1982年以前の夫婦世帯Eは、婚資労働中のため独立した耕地をもたない）

る。その点からみると、夫婦世帯は安定して必要な耕地面積を確保できるが、男性のいない女性世帯は伐採手の確保に苦労し、開墾できる耕地面積も限られる傾向がある。また、女性世帯だけをみると年長女性は年少女性よりも世帯外の男性に伐採を依頼しやすい社会的条件がある。

具体例からこれらの世帯の自給レベルの達成度をみてみよう。（図４―１）、毎年比較的安定してチテメネを開墾してきた年長女性世帯B、夫婦世帯Eの二世帯を選び、ひとりあたりの面積に換算した耕地面積の推移を示した。基本的にこれらの世帯はいずれも、自給に必要なレベルである九アール以上の耕地を開墾している。しかし耕地面積は一定ではなく、多い年と少ない年に大きな隔たりがある。

夫婦世帯Eでは多い年（一九八四―一九八五年）にはひとりあたり二五アール以上の耕地が確保されている。年長女性世帯Bにいたっては、自給に必要な面積の数倍を開墾した年がある。耕地面積が少ない年についてみると、夫婦世帯Eが自給に必要な九アールを割り込んでいる（一九九〇―一九九一年）。年長女性世帯Bの耕地面積の変動はさらに大きく、一九八二

郵便はがき

料金受取人払郵便

6 0 6-8 7 9 0

左京局
承認

3174

(差出有効期限
2024年3月31日
まで)

(受取人)

京都市左京区吉田近衛町69
京都大学吉田南構内

京都大学学術出版会
読者カード係 行

▶ご購入申込書

書 名	定 価	冊 数
		冊
		冊

1．下記書店での受け取りを希望する。

都道 市区 店
府県 町 名

2．直接裏面住所へ届けて下さい。

お支払い方法：郵便振替／代引　公費書類(　　)通　宛名：

送料

ご注文 本体価格合計額　2500円未満:380円／1万円未満:480円／1万円以上:無料
代引でお支払いの場合　税込価格合計額　2500円未満:800円／2500円以上:300円

京都大学学術出版会
TEL 075-761-6182　学内内線2589 / FAX 075-761-6190
URL http://www.kyoto-up.or.jp/　E-MAIL sales@kyoto-up.or.jp

お手数ですがお買い上げいただいた本のタイトルをお書き下さい。

（書名）

■本書についてのご感想・ご質問、その他ご意見など、ご自由にお書き下さい。

■お名前

（　　歳）

■ご住所

〒

TEL

■ご職業

■ご勤務先・学校名

■所属学会・研究団体

■E-MAIL

●ご購入の動機

A.店頭で現物をみて　B.新聞・雑誌広告（雑誌名　）
C.メルマガ・ML（　）
D.小会図書目録　E.小会からの新刊案内（DM）
F.書評（　）
G.人にすすめられた　H.テキスト　I.その他

●日常的に参考にされている専門書（含 欧文書）の情報媒体は何ですか。

●ご購入書店名

都道府県　市区町　店名

※ご購読ありがとうございます。このカードは小会の図書およびブックフェア等催事ご案内のお届けのほか、広告・編集上の資料とさせていただきます。お手数ですがご記入の上、切手を貼らずにご投函下さい。
各種案内の受け取りを希望されない方は右に○印をおつけ下さい。　案内不要

年と一九八九年には一〇アール弱しか開墾できなかった。その背景には、伐採する男性の意図や世帯構成員の移動などの変化がある。事情を説明しよう。

夫婦世帯Eのひとりあたり耕地面積が自給レベルより大きいのは、この世帯の夫が意図して大きなチテメネを開墾しようとしてきたからである。当時三〇歳代の働き盛りだった彼は、一九八〇年代半ば過ぎまで、出造り小屋を設営してチテメネを開墾し、シコクビエを元手にした行商によって現金収入を得ていた。そのため商売の元手にするシコクビエの量を見越して、自家消費を超える耕地を開墾したのだった。耕地面積が世帯の必要を下回った年はどうだっただろうか。この年は、当時新しく導入された換金用トウモロコシ栽培に夫が力を入れ始めてチテメネの伐採を縮小したことに加え、妻の母方イトコ二人が他村からやってきて寄食したことによって、養うべき世帯人員が予想外に増えたのだった。

女性世帯Bで一九八五年と一九九五年の耕地面積が大きいのは、たまたまその年に、チテメネを伐採する男性労働力が多くなった結果である。一九八五年は他村在住の息子が来訪して伐採作業をした。また、同居していた三男が親族を訪ねて離村して世帯員数が減ったこともある。一九八五年はこの年の八月まで世帯に男性の働き手がなかった年長女性世帯主Bは、例年通り、酒を売って得た現金で他世帯の男性を雇用すると同時に、共同労働も依頼してチテメネの伐採をはじめていた。ところが同年九月に思いがけず、他村に住んでいた息子がやってきて伐採作業に従事したため、予定よりもはるかに広い面積が伐採できた。それ以後、彼女の世帯では、その息子が結婚して村を離れる一九八八年まで、彼が開墾を担った。耕地面積が少ない一九八二年と一九八九年は、それぞれ事情が異なる。一九八二年は伐採手の確保がうまくいかなかったためだが、一九八九年は娘が病気になって入院したためである。伐採手を雇うために用意していた現金を入院費に使ってしまい、さらに病院のつきそいで枝葉積みの作業をする時間が削られた。

これらの事例から、チテメネ耕地面積の増減には、それぞれの世帯の事情が直結していることがわかる。ここでも伐採手となる男性の労働力量の重要さが確認できたが、その増減は男性成員の移動によって生じるほか、子どもの看病など、枝積みをする女性の側の事情もある。また、世帯に寄食する親族が加わるなど、食料を消費する世帯員そのものの移動も自給可能レベルの達成に直接影響する。

このような状況の変化は、村びとそれぞれのライフステージに応じた社会的地位と密接な関わりをもつ。リチャーズの言う「世帯の失敗」が意味するところをより広い文脈で理解するためには、ライフステージの変化に伴う人びとの移動と世帯構成の変化について検討する必要がある。

3　変動する世帯構成と「世帯の必要」の確保

村の世帯構成と世帯員数の変化は、子どもの成長や結婚・離婚・再婚、進学・卒業、就職・退職などのライフイベントを契機にした個人の移動や、それらが密接にからみあった世帯の発達サイクルと深く関わっている。状況の変化があるたび、村びとは世帯を再編しながら生計を維持する努力を迫られるが、生計を不安定にする大きなできごとは、離婚や死別で男性の働き手を失ったときである。

以下では、生計維持の困難に直面しがちな女性世帯の事例から、人びとの移動と世帯構成の変化を検討する。[59]

女性を軸とする世帯の発達サイクルを明らかにし、また、離婚などで男性の働き手を失った女性たちが、どのようにして生計維持を図ってきたかをみていこう。ここでまず取り上げるのは、子どもの成長によって伐採手の苦労がなくなった年長女性Fと、離婚によって急に苦境に陥った彼女の娘が、母の世帯への依存によって一時的な苦境をしのぎ、生計の基盤を立て直していく年少女性世帯主Sの事例である（図4―2）。

1……事例1　子どもの成長で働き手が増える年長女性世帯

一九四三年生まれの年長女性Fは、初婚の夫との間に一九六三年生まれの長女を筆頭に娘三人と息子四人を授かったが、末娘の生後まもない一九七六年頃に夫と死別し、再婚せずに暮らしてきた。四人の息子のうち、長男と次男を首都で商売を営む妹夫婦のもとに出し、長女、次女、三女と三男、四男の五人の子どもを育ててきた。夫の死後、数年間はシコクビエ酒の醸造・販売と近隣の村での一時的な雇用労働に従事して現金を稼ぎ、チテメネを伐採するため他世帯の男性を雇っていた。

一九七九年に長女が隣村生まれの男性と結婚すると、翌年の一九八〇年から一九八二年まで、娘の夫の婚資

(59)　ML村では、一九八三年の九月当初にいた一二世帯のうち一世帯がほどなく離村し、別の二世帯が加わった。その後二年間に五世帯が離村、さらに三世帯があらたに加わった。世帯員の移動について見ると、亡くなったり子どもが生まれたりした場合を除くと、一九八三年以降の一〇年間で、世帯員の変動がほとんどなかった世帯はわずか二世帯だけである。結婚や離婚を機に他所に移動した村びとと、他所から移入してきた村びとや、三～六ヶ月程度の短期間、他所へ移動していた村びとや子どもも多数いる。

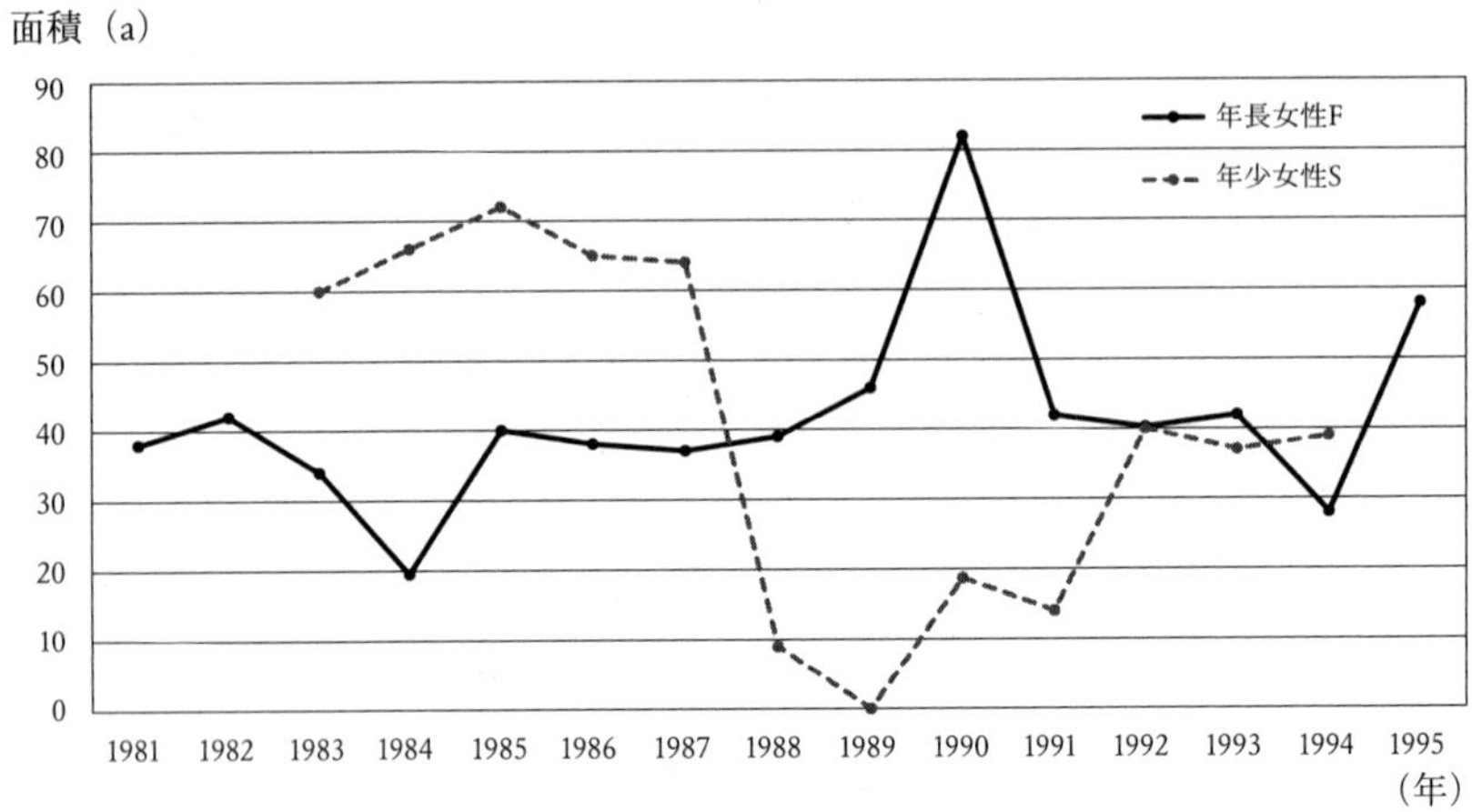

図4-2　年長女性F／年少女性S世帯の耕地面積の推移

労働によって四〇アール近くのチテメネが開墾できるようになる。しかし、一九八二年に娘婿の婚資労働が終了してからは、伐採の担い手を世帯外に探さなければならなくなり、耕地面積は縮小した。けれども一九八五年以降は一九七二年生まれの三男と一九七四年生まれの四男が少しずつ伐採を始めたので一定の広さの開墾が期待できるようになった。一九九〇年には首都に養子に出していた次男が、同じく首都で職に就いている長男を伴って一時帰村し、伐採作業をしたため、一挙に八〇アールを超えるチテメネができる。世帯主女性は、長女である年少女性Sに手伝いを頼んで枝積み作業をした。

一九九一年には息子たちが十分な伐採の担い手になっていたものの、孫が病気で長期入院してしまう。娘と交替で孫に付き添わなければならなくなり、枝積み作業の時間が圧迫されて、伐採した枝葉を残したまま火入れの時期を迎えたので、耕地は四〇アール程度に減少した。その後は村に残った三男、四男の働きで四〇アール程度を維持しているが、伐採の担い手だった息子が、他地域に遊びに行って不在だった一九九四年の面積は小さく、その息子が帰村して伐採作業をした翌年は大きくなっている。

彼女は息子たちが結婚して他村に移るまでは、多少の変動はあってもこの安定した状態が続くと考えている。息子たちが離村しても、三女と四女が結婚すれば婚資労働で伐採手が確保できると言い、「その後は私ひとりが食べていければいいのだから、がんばらなくても小さなチテメネでやっていける」と明るい見通しを語るのだった。

2……事例2　母との連携で苦境を乗り切る年少女性世帯

年長女性Fの長女である年少女性Sの世帯は、結婚以来ずっと安定的に開墾していたチテメネ面積が離婚によって激減し、苦境に陥った。その推移を見てみよう。一九八二年に夫が婚資労働を終えたあと、Sは独立した自分のチテメネを持つようになった。それ以降、安定的に六〇アール以上のチテメネを開墾している。夫は行商にも非常に熱心に取り組み、自転車を駆って数十キロメートル西方のビサの村に行っては、シコクビエと交換した乾燥魚を売りさばいて、村で一番多くの現金収入を得ていた。彼は新しい技術や現金獲得手段の探索にも熱心だったので、一九八〇年にはいち早くトウモロコシ栽培を手がけ、ほかの村びとがトウモロコシ栽培を始める以前に、妻である年少女性Sと力を合わせて、かなりの面積のトウモロコシ畑（イバラ）を開墾していた。

ところが一九八八年にこの夫婦は離婚してしまう。夫が二人目の妻を娶りたいと言い出し、それを認めない妻との折り合いがつかなかったからである。彼女と夫との間には六人の息子がいたが、息子たちはまだ幼くて助けにはならない。突然働き手を失った彼女のその年のチテメネは、たった数アールだった。彼女は一九八九年のチテメネを開墾せず、それ以降も二〇アールに満たない耕地しか開墾できなかった。しかし幸運なことに、母の世帯では成長した弟たちが母のチテメネの伐採手になっていたので、母のチテメネを手伝うことによって、食料に困らずに生計を維持できた。さらに一九九二年になると弟が伐採作業を請け負ってくれるようになり、毎年四〇アールを越えるチテメネが開墾できた。

彼女はその間にシコクビエ酒の醸造の腕を上げ、自分でもシコクビエ酒を醸造・販売して現金を得たり、共同労働を依頼したりするなど、他世帯の男性を雇う算段をつけられるようになった。その一、二年後に夫と復縁したが、夫だけに頼らず、自分でも他世帯の男性に伐採を依頼する努力を続けている。

4　生計維持の困難を支える母系親族と年長女性の社会的地位

上記の事例は特殊ではなく、多かれ少なかれほかの女性世帯にも共通する特徴をもつ。年少女性が離婚や死別によって夫を失うと、チテメネ伐採の担い手不足に直面し、生計維持も困難になる。再婚によって新しい夫を得る場合もあるが、それまで一時的ではあれ、年少女性が他世帯の男性を雇うための条件は良いとはいえない。

そうした困難な時期を支えるのが、母親や母方オバを中心とする母系親族の世帯である。上の事例では、離婚後の苦境の中、まずは母親である年長女性のチテメネに一時的に依存して食料を確保し、母親の世帯員である弟たちの助けを得て自分のチテメネを開墾した。さらに自分で世帯外の男性を雇う方途を身につけ、自分の世帯の生計の再編をはかった。この年少女性Sも、息子たちが成長すれば立派な伐採手になり、世帯外の男性に依頼する努力も少なくできるだろう。自分の母親に頼ることができない場合は、母方オバたちの世帯に依存することもできるし、兄弟姉妹同様の立場である母方イトコにも助けを求められる。先の事例で夫婦世帯Eに寄食したのは、こうした状況にある世帯からやってきた娘たちだった。

年長女性世帯主の場合も、男性労働力の確保は容易とはいえないが、年少女性と比べると相対的に幅広い方途が用意されている。成長した息子や娘婿が頼りになるし、年長者としての社会的権威があるので他世帯の男性にも伐採仕事を頼みやすい。広い社会的ネットワークをもっているので、共同労働を依頼できる相手も幅広い。シコクビエ酒の醸造・販売は年長女性のお手のものだし、他世帯からの食料の分与がある程度保証される慣行がある。(60) 他の世帯に農作業の雇用を催促したりもする。娘が離婚して自分の世帯に依存するようになった場合は、これらの方途を駆使して男性の伐採手をかき集め、必要な面積のチテメネ耕地を開墾するのである。

そんな年長女性でも、まれに不慮の事態に遭遇してチテメネが開墾できないことがある。一九八九年にそん

(60) シコクビエの播種作業は、複数の世帯が共同でおこなうが、播種作業には熟練と豊穣を呼ぶ力（霊力）が必要だと言われており、年長女性や村長がその任を負う。播種を依頼した世帯は、翌年収穫したシコクビエをイサーカと呼ばれる袋につめ、「感謝のシコクビエ」として贈る。一袋あたりおよそ六〇キログラムになる。ほかにも多くの世帯の収穫作業の手伝いによばれ、最後の一かご分をもらってくるので結果的に年少女性よりも多くのシコクビエを分与される機会に恵まれている。

な事態に陥った年長女性Cの事例からは、ベンバの村びとが生計上の困難に出会ったときにとる対処法をはっきりと見ることができる。

1……事例3　年長女性Cは開墾できない年をどう乗り切ったか

年長女性世帯Cが一九八九年に開墾しようとしたチテメネでは、伐採がほぼ終わった八月末になって、乾燥途中の枝葉が野火で焼けてしまった。前年まで伐採を担っていた四男は進学のため、他地域に移り住んでいた。彼女は「伐採を頼むお金も物品も気力も尽きた」と、この年のチテメネ開墾をあきらめた。

年が明けて一九九〇年に彼女が直面した課題は、前年のシコクビエがまったく収穫できない状況下で当面の食料を確保しながら、次の年のチテメネ開墾作業を進めることである。図4―3に示したように彼女は一九九〇年の八月頃まで、一九八八年までのチテメネで収穫したキャッサバと、播種作業のお礼として贈られた「感謝のシコクビエ」や他世帯の収穫作業を手伝って入手したシコクビエを自給にあてた。この年、すでに村の数世帯がトウモロコシ栽培を始めていたが、それらの世帯が提供する雇用労働に応じ、報酬としてトウモロコシの現物をもらった。九月には最後のシコクビエを使って酒を醸し、その販売益でトウモロコシを購入して食料をつないだ。

この間に彼女は、村に戻ってきた四男と、ほかの世帯の男性に依頼してチテメネを伐採し、枝積み作業を終えた。当時の彼女の世帯は、彼女と末子である四男の二人がいるだけだったが、いよいよ食料がなくなってくると、四男は同じ村に住む兄（次男）の世帯に寄食し、彼女自身はカサマに住む長女の家に世話になった。長女

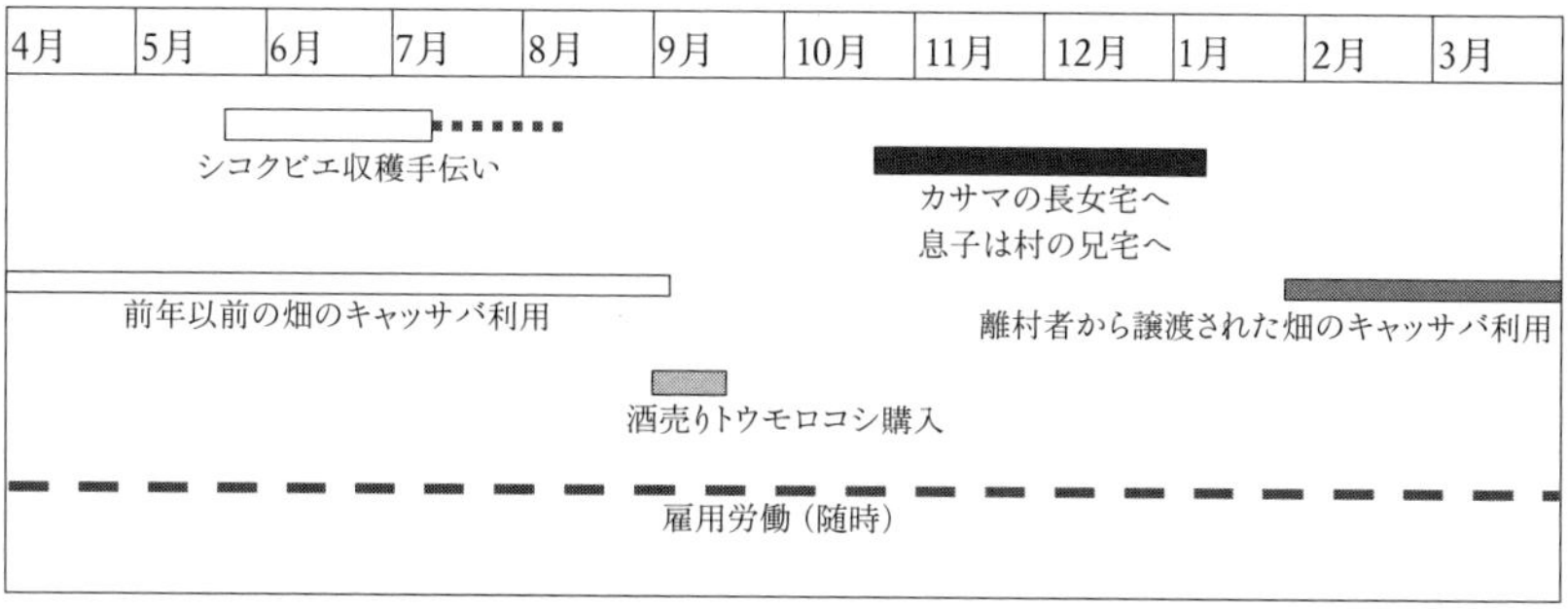

図4-3　チテメネ開墾できなかった年の対処（年長女性Cの事例）　出所：筆者作成

の家に滞在しているあいだは、必要に応じて雇用労働に参加し、食物や現金を得た。

彼女が村に戻ってきたのは一九九一年一月である。隣村に住むある世帯が他所へ移住することを聞きつけた彼女は、この世帯と交渉して、かれらが二年前に開墾したチテメネをほぼ無償で譲渡してもらった。その後数ヶ月間、彼女は譲渡されたチテメネのキャッサバを主食としながら六月を迎え、一九九〇年に開墾した自分のチテメネでシコクビエの収穫期を迎えた。

この事例で興味深いのは、一時的ではあるが彼女の世帯成員が、別々に行動していることである。食料に事欠くようになった一九九〇年には四男が兄の家に、女性世帯主がカサマに住む長女の家へ別々に寄食した。ベンバ農村における世帯は一枚岩の固定的な単位ではなく、場合に応じて成員が変動する柔軟さを備えている。隣村の世帯が村を離れる際に畑を譲り受けたことも興味深い。

生計維持が一時的に困難になった場合、上の三事例に共通していたのは、一部の世帯員が移動して余裕のある他世帯に寄食する行動と、世帯ごと母や母方オバの世帯に依存するなど、世帯の離合集散が重要な対処法になっている点である。

食べ物のあるところに人が移動する、多くをもつ世帯は食べ物を分かち合う――この原則を可能にするのが母娘を中心とする母系親族の紐帯である。食料確保が困難な状態を脱するために、それがきわめて重要な要素であることも指摘しておきたい。さらに、日常的におかずを分かち合い、食事を共にする慣行が、食物を村の広い範囲に行き渡らせる働きをしていることは、前章で述べたとおりである。

村びとは基本的には自分の世帯員を養う食料確保をめざすけれども、人はことあるごとに移動する。母系社会の緩やかな婚姻紐帯を背景として離婚も多発するから、計画通りにいかないことが少なくない。中長期的なライフステージ上では、思いがけない世帯構成の変化で十分な耕地面積が確保できない年、すなわち「世帯の失敗」となる年があることは、かれらの生計に織り込み済みである。男女の労働力のバランスがとれた夫婦世帯でも、恒常的に生産を拡大し、富を蓄積し続けることが難しい状況が背中合わせになっているともいえるだろう。世帯員の移動がその状況を生み出す原因である一方、それを受容しながら、生計を安定的に維持する方途としても、人の移動による世帯―消費の単位の再編が有効に作用している。

5　男性の伐採地選択と開墾ゾーン

ライフステージの変化はそれぞれの男性にとっても大きく影響する。チテメネの開墾を担う男性たちにとって、その変化は、チテメネの伐採地の選択にはっきり現れる。

男性は一〇歳くらいから集落の近くにカクンバ（*kakumba*）と呼ぶ小さなチテメネを切りはじめ、一四、五歳から一人前に近い伐採をするようになる。一六、七歳にもなると十分頼りがいのある伐採手になり、二五歳くらいで結婚するまで自分の母の世帯のチテメネ開墾を担う働き手になる。また、他の世帯の伐採を現金などで請け負ったりもする。男性は結婚とともに妻の村に移住し、それ以降、数年間の婚資労働に従事する。この期間のチテメネ伐採地の選択には、妻の父の意向が強く働く。

婚資労働が終わった男性は、できるだけ再生状態の良いミオンボ林に伐採地を求める傾向がある。それは、上述のような婚儀を終え自分の世帯が独立したチテメネをもてるようになって、はじめて可能になる選択なのだ。その結果、集落から離れた位置に設けた出造り小屋への移住を決めることがある。このとき、男性のチテメネの伐採地―出造り小屋への移住の選択は、自身のライフステージを明確に意識して決められている。

出造り小屋に行くメンバーの中核をなすのは、他村で婚資労働を終え、妻子を連れて出身村に戻ってきた男性たちで、相互に母系のつながりを持つことが多い。そこに他村出身で気の合う男性たちが語らって、数世帯で出造り小屋に移住する。出造り小屋でチテメネを開墾する生計戦略上の目的は、第一に高い収量を得ることである。けれど、出造り小屋に移住した男性たちが親交を深めていくと、世代交代期には既成の権力である村長ら年長者世代への対抗勢力となり、ある意味で政治的な動きにも結びつく。

男性が老年にさしかかると、チテメネを開墾する位置は次第に集落に近づき、その男性が年長者と呼ばれる頃には集落周辺の開墾が中心になる。樹上伐採を最低限ですませたい年長男性には、樹高が低い木々で構成される集落周辺のミオンボ林が好都合なのである。年長者になると世帯の規模も小さくなるから、そこそこのチテメネが造れれば十分なのだ。

ただ、男性は年を取ってもできるだけチテメネの伐採を続けたいようである。一九〇二年生まれの男性は、八〇歳を過ぎて盲目になり足腰も弱っていたが、「ベンバの男は立って歩けるうちは、斧を持ってミオンボ林に行きたいものなんだ」と語り、歩くのに介助が必要な身体だったにもかかわらず、暇さえあれば斧の刃を研いでいた。一九八四年当時七二歳だったマーレ氏も「年寄りでもベンバだからな」と、毎年のチテメネの伐採を欠かさなかった。

ライフステージ上の位置だけでなく、男性のそれぞれの思惑や都合もチテメネの位置に反映される。それは、上記の事例1にあげた女性世帯主のチテメネの位置の変化に、より鮮明に見てとれる。

図4—4に示したように、彼女のチテメネは娘婿の婚資労働が終了した一九八二年以降、[61]一九八七年までは年ごとに集落付近に散在していた。それは、彼女が伐採を依頼した男性が年ごとに異なり、その男性の都合に合わせて、伐採地が決められたためである。だから男性にとって往復が簡単な場所やその男性の世帯のチテメネの近くが選ばれていた。しかし、彼女の四男が成長して働き手となった一九八八年以降は、集落から四キロほどにあるミオンボ林で数年分の畑が近接して開墾されている。ここには伐採者である息子が特定の意図を持って「囲い込み」をした結果がはっきりと現れている(図4—4：網掛け円内)。

女性の四男が伐採を始めた当初、彼は同じ村に住む二〇歳ほど年の離れた義兄(姉の夫)の助言を聞いて伐採地を選んでいた。結果的に義兄の世帯の伐採地に近接した位置に彼の伐採地が設定されることになった。この事例のように、近い親族や親しい友人などからの情報や助言を受けた結果、近い親族や親しい友人同士の畑が近接することもしばしばある。それ以外の男性はそこを避ける。結果的に、あるブロックが近い親族、友人関係で占められることにもなる。[62]また、せっかくなら数年分の伐採地をまとめて確保したいと考えるので、一〜二年しか余裕がない地域を避け、大きく移動して別の場所に伐採地を求める傾向もある。

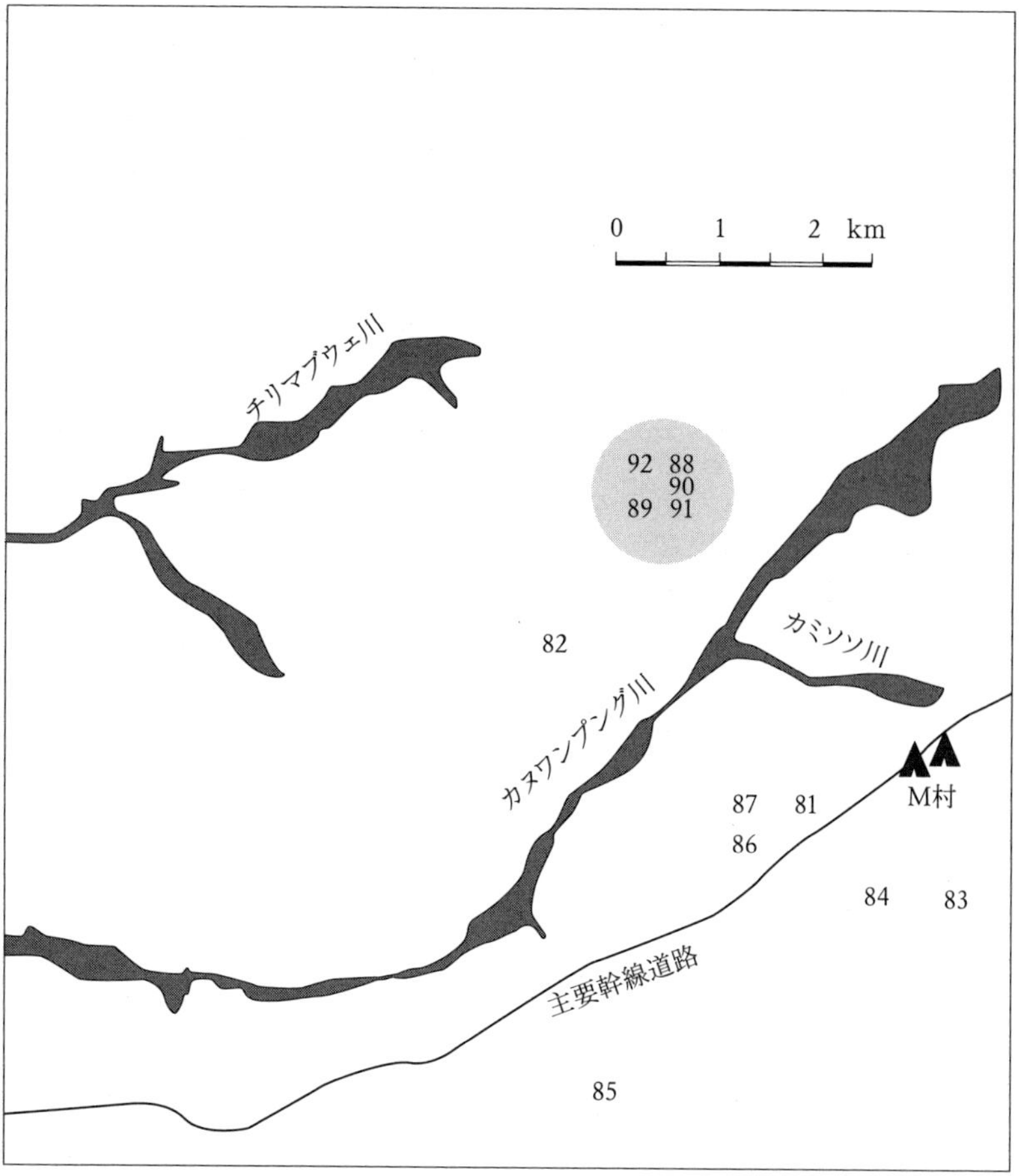

図4-4　女性世帯におけるチテメネ開墾位置の変化（出所：著者作成）
（1981～1992年。図中の番号は開墾年をあらわす）

ある男性が伐採を避けるようなミオンボ林は、ほかの男性にとっても魅力がないから、その地区をあえて伐採しようとはしない。結果的に、ある地区のミオンボ林がある程度伐採されると、多くの男性が他の地区に伐採地を移動させることになる。他の村びととの相互関係が伐採地の選定に反映される結果、一定の広がりの土地にチテメネがある程度まとまって開墾される。その結果、村全体としてみると、一定期間のあいだ人びとが近隣の地区にチテメネ開墾をする、「開墾ゾーン」とでもよぶべき区画が形成される。

6　集落の創設と開墾ゾーン

かれら自身も、チテメネの開墾場所の選定をめぐるこの傾向をよく認識している。新しい村を創設するときには、このような開墾ゾーンを目安にした「村域」が設定される。

一九五八年にＭＬ村を創設したマーレ氏は、当初、カヌワンプング川の近くに集落を開いた。マーレ氏の話によると、村長になる者は村を創設するにあたって、二〇～三〇年単位の大まかな開墾計画を立てるという。それは、集落から半径三～四キロメートル、徒歩一時間以内で行ける範囲を想定するらしい。村びとがその範囲内でチテメネを伐採することのできる二〇～三〇年の間は、集落をできるだけ移動させず、その開墾予定ゾーンがほぼ利用されたら、その外側に集落自体を大きく移動させるのだという。

創設当初の村長、マーレ氏の計画は図４―５のようである。この区域が伐採されたあとには、当時の集落から一五キロメートルほど北にあった、マーレ氏らの出身村跡付近に集落を移動させようと心算していたという。そしてその区域もミオンボ林が不足する頃には、一九八〇年代当時の集落付近で立派なミオンボ林が再生しているはずだそうだ。しかし実際には、一九八〇年台になると若い世代の男性たちが数キロメートル北のミオンボ林に出造り小屋を作ってチテメネを開墾した。マーレ氏が当初想定したより広い範囲に開墾ゾーンが広がり、チテメネの分布は年長者世代がおもに開墾する集落周辺と、年少者世代の出造り小屋周辺の二つに分かれた。

一九五八年創設時のML村の集落サイトは畑への獣害と災いの頻発が原因となって、一九六二年と一九七九年にそれぞれ四〇〇メートルほど南に移動した。また一九八五年には当時の集落から北に七〇〇メートルほど移動する案が出ていた。一九八五年の移動案は、村長の世代交代期にあたって不安定化する村の政治状況を見た当時の村長が、若い世代からの支持を回復すべくしかけたものだったが、功を奏することなく、村の分裂を止めることができなかった（後述）。

村域の設定は、個々人のライフステージとミオンボ林を結びつけるだけでなく、祖霊信仰を後ろ盾とするベンバの政治的権威のありようが浮かび上がる点で興味深い。この文脈での村域の設定は行政的に境界線を引くのではなく、一定区域のミオンボ林を村長の霊力のもとに囲い込むことをさしている。

---

(61) 一九八二年は婚資労働の最後の年だったので、娘婿はそれ以降の数年間に自分の世帯のチテメネを開墾する場所を確保しようと考え、集落から離れた場所を選んで伐採した。

(62) このようにある年限の間、あるブロックに開墾する傾向があるため、かつては、チテメネの位置で生まれ年を表していた。

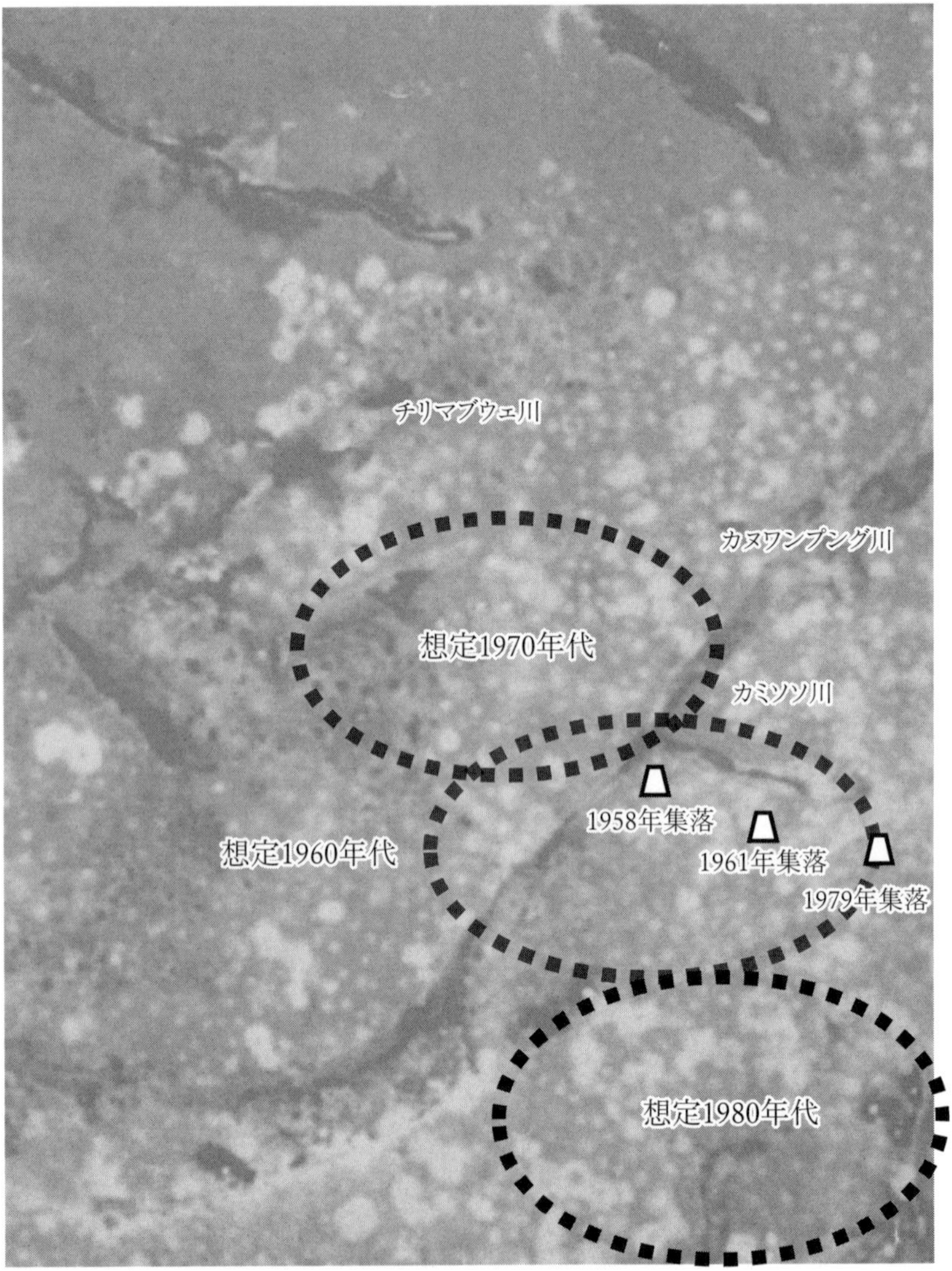

図4-5　創設時想定した開墾ゾーン。明確な境界はなく、図中破線はおおよそのひろがりを示す。
（マーレ氏の聞きとりと現地調査より1994年の衛星写真に重ねて筆者作成）

村の新設にあたってマーレ氏が二〇〜三〇年単位の開墾ゾーンを設定したのは、村長の重要な責務として、呪薬を用いて結界を設け、村長の霊力のもとに「村域」を囲い込み、保護（クチリキラ *kuchilikila*）する必要があるからだった。村域の境界には何も目印がなく、どこからどこまでが村域なのかは、結界を張った村長だけしか知らないという。

この結界は、祖霊の領域であるミオンボ林と人の領域である村を分かち、悪霊や邪術者の侵入を防ぐ役目をもつ。村びとがそれぞれの思惑に沿って自由に伐採地を決め、自分の伐採区域を囲い込みできるのは、そもそも村長が広い範囲のミオンボ林をクチリキラして結界を作り、結界内で祖霊の庇護が得られるようにしているからだ。

チーフから村長として認められた男性は祖霊祭祀の義務を負うが、それによって村びとを守る霊力も得る。またその霊力は、次節で述べるように、姉妹の協力を得て祖霊祭祀の義務を果たすことによって維持される。祖霊の庇護は村長がその権威を保っている間に限られ、村長の権威が保たれなくなると、結界によって守られた村域は意味をなさなくなる。

7 世代交代とML村の分裂

1……分裂の種が埋め込まれたベンバの村の発達サイクル

一般に、ベンバの村は三〇〜四〇年ほどをかけて、創設・世代の深化・分裂という発達サイクルをたどる。分裂後には次の世代の男性が新しい村を創設し、さらに次のサイクルが始まる。ML村の例はまさにこのサイクルにあてはまるが、それはML村だけに限らない。妻方居住制をとる母系社会の構造上、世代交代期には、母方オジとオイの間の確執が顕在化するので、ベンバの村が何世代にも渡って存続することのほうが難しいのだ。一九三〇年代のリチャーズによる調査や、彼女の調査地を継続調査し、カサマ地域のある村を対象に世代交代のプロセスについて詳しく論じたハリス・ジョーンズも、同様の指摘を行っている（Richards 1956; Harries-Jones 1963）。

私たちがおこなった広域調査の結果でも、基本的な状況はほぼ同じである。一九八八年に実施したコパロード沿いの一七村の調査では、チーフ・ルチェンベ領の行政支所や学校がある村を除いた一六の村が移動や分裂を経験していたし、チーフ・ルチェンベ領内の四つの村で当時五〇才以上の人びと三五人に聞き取り調査をしたところ、その出身村が一九八八年まで存続していたのは、二〇村中わずか五村にすぎないことがわかった。しかも、その五村のうち二村はキリスト教のミッションや小学校があるという特別な条件の村であり、残りの三村も創設後六〇年程度しか経っておらず、世代交代が一度あっただけの村であった。村の統合を長期間にわたって持続するのは至難の業で、世代交代や人々の移動によって分裂・消滅するのが、ベンバにとってはごく一般的ななりゆきだといえる。

世代交代の時期がチテメネ伐採適地の減少と開墾ゾーンを大きく移動させる時期と重なっている点が興味深い[63]。ミオンボ林の再生リズムと呼応するベンバの村の発達サイクルは、二つの世代にわたる男性たちの人生に重なる。ベンバ男性の生涯の夢は、自分の兄弟姉妹をあつめて自分の村を作ることだというが、それが実現するのは、男性が婚資労働を終えて妻子の賛同を得、自分の出身村に戻ってそこでの地位を固めてからである。そのときの男性たちは四〇歳代で子どもたちは長子が一五歳くらいだ。村の創設から二〇～二五年ほど経つと、他村に婚出した男性が婚資労働を終える三〇歳代になり、何人かは妻子を連れて出身村に戻ってくる。かれらの姉妹も出身村で独立した世帯をもっている。

そのころには集落周辺のミオンボ林がひろく開墾されて蚕食状態になっており、若年世代の男性たちが、集

---

(63) たとえば、ML村の事例からごく簡単に概算してみよう。一九八四年における世帯あたりの平均チテメネ面積はおよそ〇・三四ヘクタール（三四〇〇平方メートル）である。耕地を造成するためにはその五～六倍の面積を伐採するから、約二ヘクタール（二万平方メートル）のミオンボ林が必要である。村の世帯数を一三世帯とし、世帯数の増加を考慮しないで計算すると、村全体で必要とするミオンボ林は一年で二六ヘクタール、一〇年で二六〇ヘクタール、三〇年で九〇〇ヘクタール（九平方キロメートル）となる。すなわち、村の設立から三〇年を経ると、村の周囲三キロメートル四方のミオンボ林が一度は伐採されることになる。実際には、男性は空間的に余裕をもって伐採地を選択するので、この計算よりずっと早い時期にチテメネの開墾ゾーンはさらに外に移動しているはずである。

落から離れたミオンボ林に出造り小屋を設営するための、もっとも説得力ある理由を提供する。それは、かれらが経済的な力を増大させるとともに、年長男性たちの目の届かないところで親密さを育む機会を生む。その結果、村の政治的主導権をめぐって潜在的に年長世代と競合する地位にある若年男性たちの凝集性が高まり、年長世代の男性たちにとっては、危機的な状況が生まれることになる。

母系社会の構造に内包された世代の異なる男性間の葛藤が世代交代期に顕在化することは、ターナー（Turner 1957）がンデンブ社会[64]について記述したのと同様である。ベンバ社会では、世代交代の時期が集落周辺のチテメネ適地が減少する時期と重なっており、生業の上でも移動の必要性が高まる時期と同期している点に特徴がある。

2……村の発達サイクルと世代交代期における異世代男性間の亀裂

まず、村の発達サイクルという観点から、ＭＬ村の創設・分裂・再生にいたる過程を村の世帯構成の変化を通じて検討する。さらに、世代交代期の分裂に至る具体的な経緯を追い、分裂が生じる文化社会的な背景を明らかにする。

図４―６（親族関係の変化図）は、創設時から分裂前夜（一九八五年）までの社会的な転機ごとにみたＭＬ村の世帯構成の変化である。ＭＬ村の創設は一九五八年にさかのぼる。産銅州（コッパーベルト）での職を辞した先代村長のマーレ氏が、故郷のチーフ・ルチェンベ領に兄弟姉妹を集めて作った村である。創設当時マーレ氏は四四歳、村の世帯数は一〇戸で、未婚の子どもたちの年齢は一二歳から〇歳だった。[65]当時の村の親族関係はマーレ氏の母系シブ

リングのほかに、父方親族も二世帯あって父系的な要素も含まれており、世代深度が浅いことがわかる（図4―6a）。

村の創設から二五年後の一九八三年の村長は、先代村長の弟パウロ氏であった。父方親族の世帯はなく、マーレ氏の母系親族を中心に村が構成される。第二世代が育って結婚し自分の世帯を持つようになったために世代深度が深まっている。先代村長の娘世帯と孫娘世帯が加わっているほかは、姉妹系列の世帯数が増えている。姉妹の娘たちが結婚して世帯を構えただけでなく、婚資労働を終えて妻子とともに村に戻ってきた村長のオイ（三〇歳代）が加わったためである（図4―6b）。

このころ、村長のオイや姉妹の娘婿の世帯を中心とした世帯No.7、8、9、12と村長の姉妹の世帯No.4、5は集落から六キロメートルほど離れた出造り小屋でのチテメネ開墾を始めていた。集落周辺の木々は小さすぎて、十分な広さのチテメネが確保できないからだという。かれらが開墾をはじめた区域は、創設当初にマーレ氏が想定した開墾ゾーンの外側にあたる。ML村の人びとのチテメネの位置は集落周辺三キロメートル内外と、次世代男性の世帯を中心に開拓された新たな地区の二カ所にそれぞれまとまることになった。これは、当時の村長らの次世代にあたる男性たちがライフステージ上の独立性を高め、力をつけてきた社会的状況の変化も意味している。

次世代の男性たちは、一年のうち半年近くを出造り小屋で暮らし、母方オジである村長の権威から離れて、出

(64) ザンビア西部に住むバントゥー系の農耕民で、ベンバと同様に妻方居住制をもつ母系社会を形成している。
(65) 当時のチーフ領・植民地政府の規定で、村として登録できるのは一〇世帯以上に限られていた。

造り小屋に移住する数世帯だけで共同猟や川魚漁を行ったり、酒宴を催したりして凝集性を高めていた[66]。出造り小屋での生活を共にするうち、それぞれが現村長パウロ氏のやりかたや自分たちへの扱いに対して、強い不満を抱いていることを確認するにいたる。

この場で醸成された気分は主集落に帰ってからも尾を引き、ある酒宴で爆発する。ML村の村長は、マーレ氏の弟であるパウロ氏に引き継がれていたが、たわいない言い合いから始まった村長のパウロ氏とそのオイとのケンカに、出造り小屋に移住していた男性たちが加わってあわや大乱闘の騒ぎになった。その場をとりなして納めたのは、若い男性にも人望のある先代村長マーレ氏と年長女性だったが、このできごとは村長のパウロ氏と次世代の男性たちの間に大きな楔を打ち込んだ。こうして次世代の男性たちとの間にうまれた緊張をどのように解消するか、当時の村長パウロ氏の政治的手腕が試される時期でもあった。

一九八四年八月までに、パウロ氏の妹世帯No.5が離村し[67]、その子どもの世帯No.10、12だけがML村に残る。パウロ氏はまず、自分の子どもたちの世帯を呼び寄せて、村での発言力を確保しようとした。当時の村長パウロ氏の声かけでその子どもたちの三世帯が村に加わったため、第二世代一〇世帯のうち村長の姉妹とは別の母系クランに属する人びとの世帯が五世帯、村長の姉妹に連なる系列の世帯が五世帯となった（図4―6c）。さらに村長は起死回生をはかって集落の移転計画を表明し、新しい集落サイトの建設を始めた。

しかしこの試みは奏功しなかった。彼のオイたち（姉妹の息子たち）は、自分たちとの不和を直接解消する努力もせずに、村長のパウロ氏が新しい集落サイトへの移転計画を打ち出したことを、彼が村長としての自分の権力をひけらかそうとしているのだと解釈して逆に反発を強め、誰一人として移住に賛成する者はいなかったのである。翌一九八五年九月には村長の子どもたちの世帯は離村し、ML村には新たに姉妹とその娘の世帯が加入した（図4―6d世帯№5、17）。

この時期に、ネットハンティングの不猟や干ばつといった外的な不安要素と、盗難事件、村びとの病、災厄といった内的な問題が立て続けにおきる。まず黄熱病の流行で数名の子どもたちが命を落とした事態に村びとは嘆き悲しみ、村長のメイにあたる年少女性Fが仮死状態になる奇病にかかったことで村びとの不安と緊張がいやがうえにも高まった。創設世代の男性たちと次世代の男性たちの潜在的な亀裂は、一九八六年の災厄を契機に一気に表面化し、村の分裂は避けられなくなった。

村の分裂に直結したのは、次節で述べるように、次世代の男性たちが創設世代の男性たちを邪術者として告発したできごとである。告発の対象となったのは、ネットハンティングの不猟と黄熱病の流行に端を発し、村長のメイが奇病にかかるまでの一連の災厄である。その災厄の解釈をめぐって、創設世代の言い分と次世代男性の言い分のどちらを支持するかで村びとが二分された。村の分裂を決定づけたのは、創設世代の男性たちを支えてきた年長女性たちが離反して村長の権威の源となる祖霊祭祀を拒否し、次世代の男性側を支持する側に回るという、政治的な構造上の転換である。先代村長とその弟に代表される男性系列と、先代村長の姉妹を祖とする新しい母系集団の男性系列の異質性が強調され、先代村長系列がはじき出されていった。

図4―5に示した分裂の様態がこの経過をよく物語っている。先代村長は再婚を理由に、他のチーフ領へ移

(66) 出造り小屋のもつこのような機能についてはリチャーズも繰り返し指摘している。
(67) 当時四〇歳代なかばをすぎた世帯№5の夫は自分の出身村ちかくに自分の村を作ると言って離村した。彼の離村もベンバ男性のライフコースに沿った移動だったと考えられる。

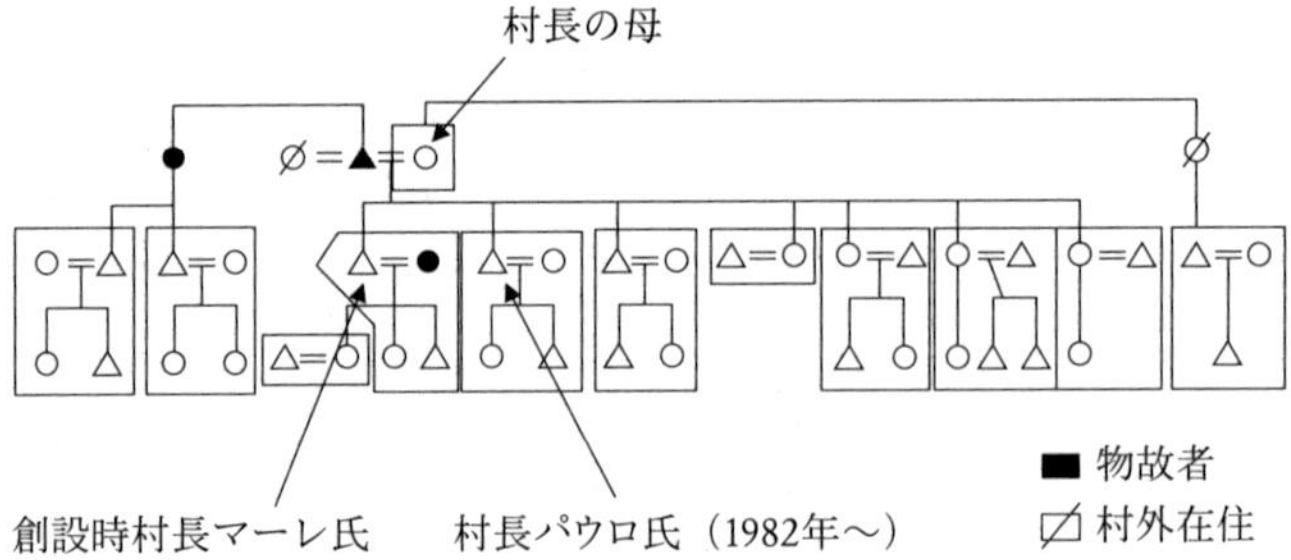

図4-6a　ML村1958年創設当時の親族関係
（世帯番号なし）

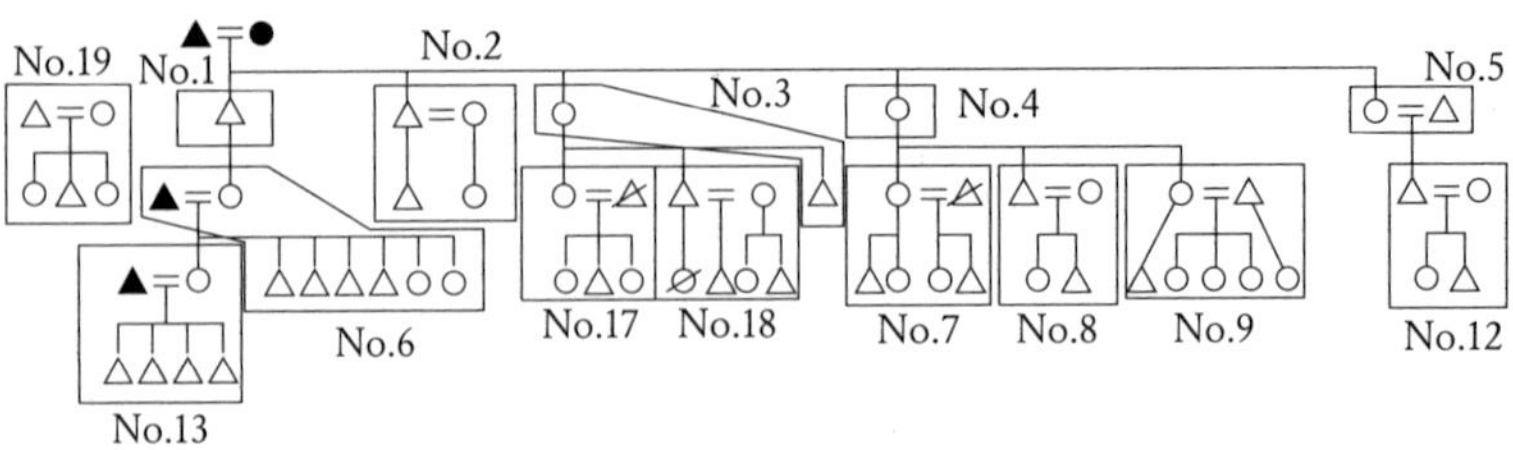

図4-6b　ML村1983年10月の親族関係（No.1の妻子は記載していない）

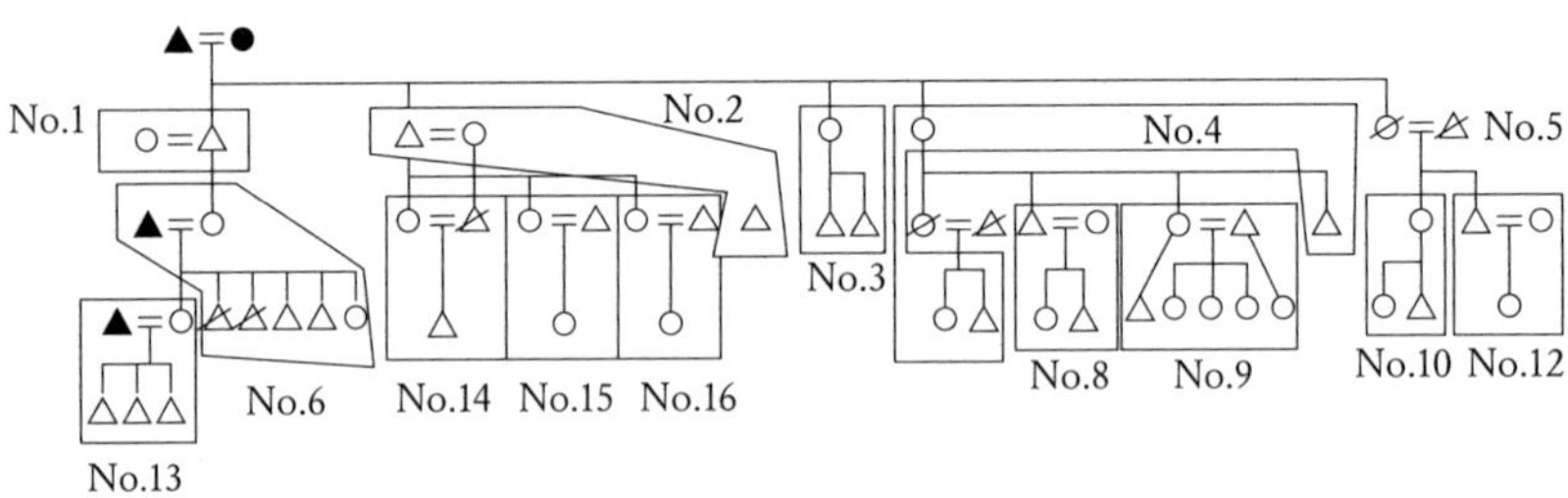

図4-6c　ML村1984年8月の親族関係

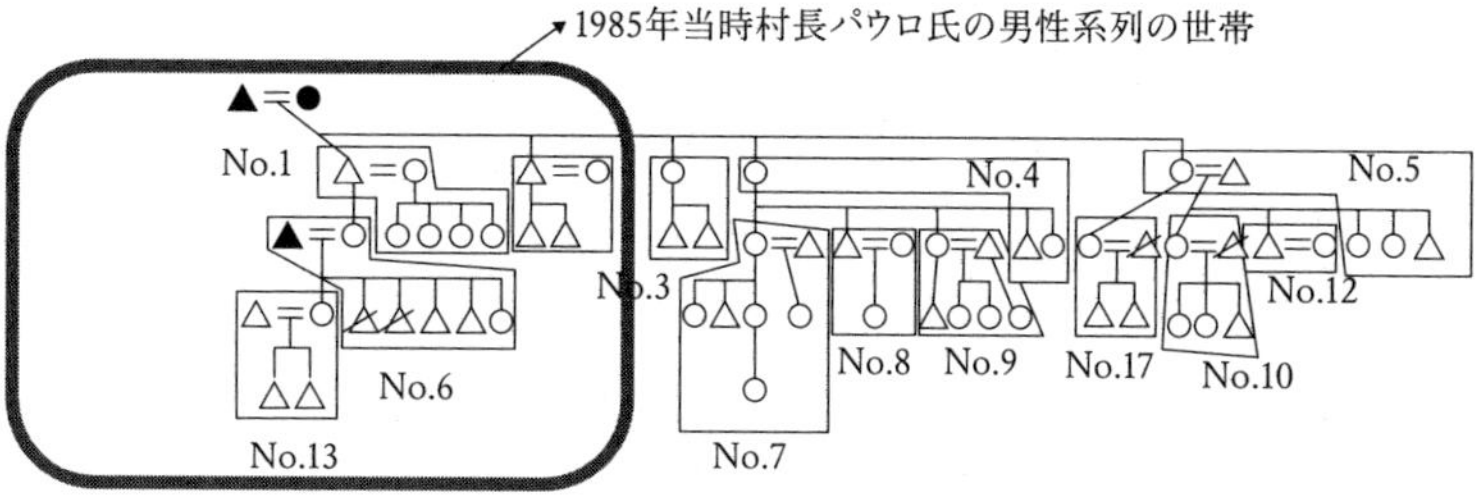

図4-6d　ML村1985年9月の親族関係

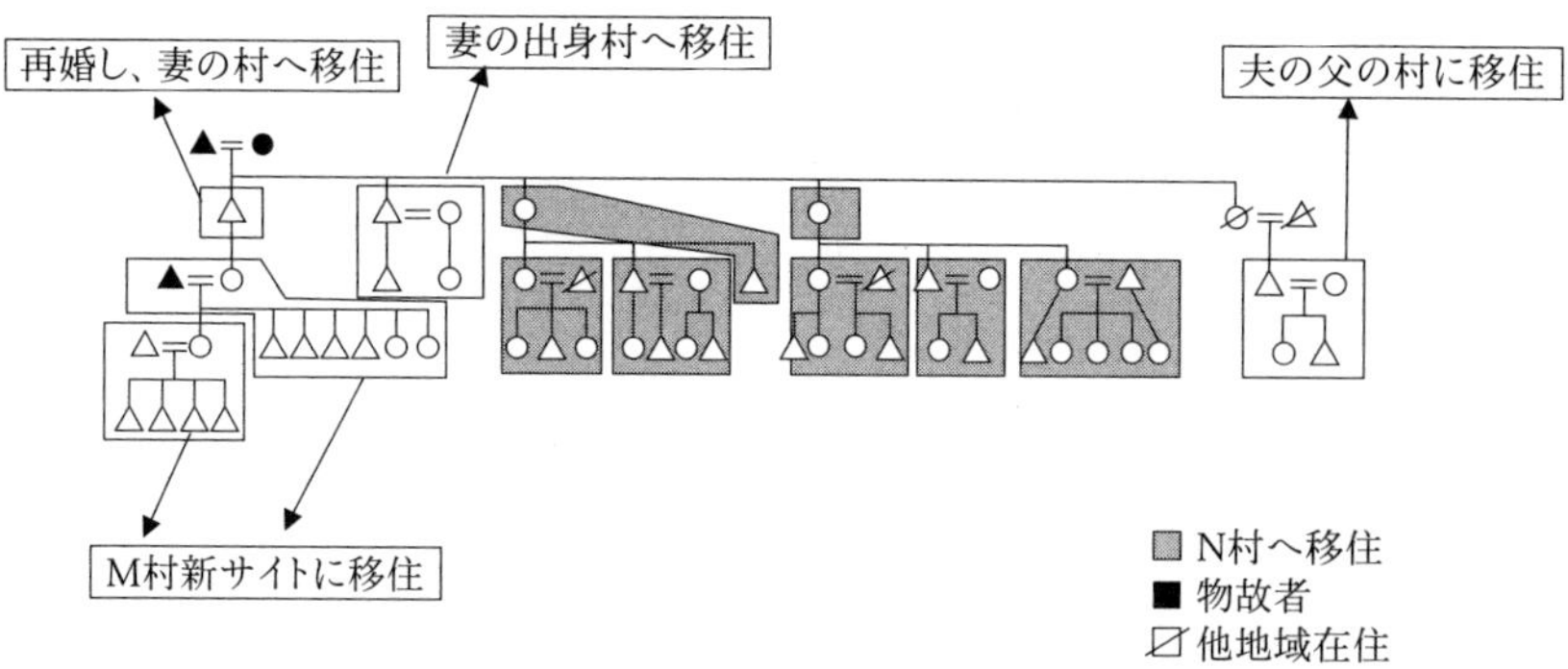

図4-7　ML村分裂の様態（1986年9月）

住した。当時の村長は妻の出身村へ移住した。先代村長の娘世帯とその孫娘の世帯は、当時の村長が移転計画を表明して開いた新しい集落サイトに移り、村長の姉妹に連なる七世帯がまとまって隣のN村へ移り住んだ一九八七年、ML村は姿を消した。

3……呪い事件の解釈と年長女性たちの選択

年長女性たちの離反がなぜ村長の権威の正当性を揺るがし、村の分裂に結びつくのか。次世代男性たちによる呪い事件の告発について説明しよう。ここではその概要を記すにとどめるが、次世代男性たちからの告発につながる直接の契機は、村長のメイにあたる年少女性Cが経験した奇病である。その診断と治療の過程で、それまで別々に意味づけられていたさまざまな災厄や不穏なできごとが相互に結び合わされ、因果関係となって語られた（杉山二〇一九）。

この解釈の物語の背景として数え上げられるできごとには、①ネットハンティングの不猟、干ばつ、食用イモムシが消える事件、②占いで示された祖霊の怒り、がある。さらに直接の核になったのは①乳児が蛇にかまれた事件、②黄熱病の流行、③村長のメイにあたる年少女性Cの奇病の三つである。

村の創始者と当時の村長を邪術者と名ざした解釈は、次世代男性たちと当時の村長との間でめだつようになった軋轢を背景として生みだされた。黄熱病の流行や村長のメイである年少女性Cの奇病など村全体の平穏を揺るがす災厄がたて続けにおきたことが注視され、それまでとくに取り上げられなかったいくつかの問題に社会的な意味が与えられるようになる。そしてネットハンティングの不猟や食用イモムシの消失を祖霊からの警告と意味づけ、占いで指摘された祖霊の怒りをその証左として、村長世代の男性の権威の正当性に異議をとなえる物語となった。

告発の物語は次のように語る。「ほんとうの災いは、黄熱病で子どもたちがつぎつぎに亡くなったことや女性の奇病、干ばつや食用イモムシが消えるなど、村の平常な生活を揺るがすようなできごと全体だった。その原因は先代村長による呪いである。また、私利私欲のために嘘をついて祖霊の祠を新設した村長への祖霊の怒りが事態をさらにひどくした。これがネットハンティングで示された「ただならぬ問題」である。村長はそのときすでに祖霊の守護を得られなくなっていたのに、盗みがあったとき、祖霊に訴える力を使ったので、祖霊の怒りをかきたてた。だから、この（一連の）災いのはじまりは村長が不正な方法で祖霊の祠を新設したことである。乳児が蛇にかまれた事件は、不正な権力を行使しようとする村長への祖霊の怒りがあらわれたものだ。それは黄熱病や女性の奇病などその後におきた大きな災いのきざしであり、祖霊からの警告だった。村長は村びとを守るものだという責務を忘れて私利私欲のために、そして先代村長は私憤のために祖霊を利用し親族を呪った。それが祖霊の強い怒りを招き、われわれに不幸をもたらした。かれらはただの邪術者だ」

この解釈を生みだし、全面的に支持したのは年少世代の男性たちだった。これにはっきりと反対の立場をとったのは先代村長と当時の村長および先代村長の娘や孫娘たちである。そのほかの村びとが上記三つのできごとを解釈する物語は少しずつ異なっており、年長女性たちはいくつかの不穏なできごとの原因をチーフ・ルチエンベの怠慢に帰してもいた。しかし、先代村長と当時の村長が行使した祖霊の力が正当なものでなく、本来守るべき親族を害することになったというその一点で、年長女性たちは次世代男性たちの解釈を支持した。そして、彼女たちが当時の村長の主催する祖霊祭祀への協力を拒んだために、祖霊からの庇護に裏打ちされた村長の権威が公式に否定されることになった。彼女たちは当時の村長の姉妹という立場を捨て、次世代男性の母という立場を選んで、村のライフサイクルを次世代男性が主導する新しいステージへと押し出したのだった。

8　祖霊祭祀と村長の権威

ベンバの伝統的な権威は、祖霊信仰と深く結びついてきた。新しく村を作るとき、村長はンフバとよばれる祖霊の祠を作らなければならない。祖霊の祠をもった村長は、祠に祀られた祖霊たちを通して霊力を与えられ、

写真4-1 「祖霊に感謝する酒」儀礼の子どもたち。（上）祖霊祠の儀礼執行役の年長女性の指示のもと、ネットハンティングの獲物の頭を焼き、チプムを飲む子どもたち。（下）飲食のあと、木の葉をまとって祖霊祠で踊る子どもたち。

村長としての力を行使することができる。

新しく村を創ろうとする男性が「村域」を設定できるのもこの力があるからである。村長は任意に集落の境界を設定し、秘密裡に呪薬を用いて結界を張る。その結界内に邪悪なものが入り込んできたときには、村長が祖霊を後ろ盾とした霊的な攻撃を加えて、邪悪なものを懲らしめたり追放したりできると言われている。また、反社会的な行動で村の秩序を乱すような村びとがいたときには、村長が祖霊に働きかけ、祖霊からの懲罰という形でその村びとへの制裁を加えることもできるという。

興味深いことに、村長が祖霊祭祀を担うことはできない。ひとたび祠を作ったら、村長は祠に近づいてはならないとされているからだ。それは祖霊の怒りを招き村の安寧を揺るがす。祖霊祠の管理の任を引き受けるのは村長の姉妹である。姉妹の協力による祖霊祭祀の遂行は村長の権威に正当性を与え、儀礼をとおして村長の権威を社会的に承認する機能を果たしている。

なかでも重要なのは、新しいシコクビエを収穫した後の「祖霊に感謝する酒」儀礼である（写真4―1）。毎年新しく開墾したチテメネでシコクビエが収穫されると、村長はそれを原料として「祖霊に感謝する酒」を醸して収穫儀礼を執りおこなわなければならない。このとき酒を醸すのは、村長の姉妹で祖霊祠の管理を任されている女性である。酒ができあがる頃合いを見計らって祖霊の意思を占う共同のネットハンティングが村長主催で行われる。

祖霊祠の管理を任された年長女性と子どもたちがネットハンティングの獲物と新しく醸したシコクビエ酒を祖霊祠に供え、ひとしきり遊んでから、村長の家に祝福を届ける。その頃、村長の家では村びと全員が招かれて酒宴が開かれており、同じく村長に招かれて祖霊憑きの人びとに憑依した祖霊たちとともに、歌い踊るのである。ここに集う村びとは、毎年、祖霊の庇護が暮らしの安寧につながっていることを再確認し、村長らとともに村の安寧と豊穣を祈る。

村長が祖霊の庇護を受けて他の村びとにも影響を与えうる霊力をもつことは、村長の権威の正当性を裏打ちする。しかし同時に、その霊力のゆえに村長が邪術者として告発される可能性を高めてもいる。村長が霊力を行使するのは正義に基づく場合だけでなく、私利私欲を満たすための邪術としても使われると人びとは考える。なぜなら、チーフや村長など人の上に立つ人物は、他の人びとよりも野心が強く欲が深く、妬みの感情を人一倍もっている「強い邪術者」だからだ。またそうでなければ、村に禍をなす邪術者と渡りあうことはできないのだとも語られる。

村長の行為が、村びとに禍をなすものを罰しているのか、それとも私利私欲を満たすために邪術を行使しているのかを判断するのは村びとである。ML村の事例からわかるように、それは村びとが村長の行為をどう評価するかにかかっており、それじたいが村長の権威の正当性への異議申し立てを可能にしている。

ひとたび村びとが村長の権威を拒否すれば、祖霊祠の祀りに参加しないことによって、村長の霊力の後ろ盾をなしくずしにできる。祖霊祠の管理を任された年長女性がその任を果たさなければ、そして「祖霊に感謝を捧げる酒」儀礼に先だって行われるネットハンティングに参加しなければ、シコクビエの収穫儀礼をおこなうことはできず、祖霊の怒りによって、村長の霊力も失われることになる。[68] 祖霊祠によって与えられる霊力を背景とした村長の権威の正当性は、姉妹を含む他の村びととの協力があってはじめて保証されるのである。村長の地位はそれだけで成立する安定的な性質をもたず、つねに支持基盤を固める実践を続けなくてはならない。その権威は神聖王権の政治権力と同様「出現の瞬間に牙を抜」(今村・今村 二〇〇七：一六四)かれているのだ。

9 再生の縁（よすが）となる祖霊祭祀と秘匿される知識の継承

村長の権威を裏打ちする祖霊信仰は、村の分裂につながる種を宿していると同時に、一度分裂した人びとをもう一度結びつけ、新しい村を再生する縁（よすが）ともなる。次章で述べるようなチテメネ農法と祖霊祭祀に関わる秘密の知識が、先代から継承されなければならないからである。また、チーフ・ルチェンベの手元に残る村籍記録に、ＭＬ村の名称が登録されて残っており、チーフから村籍を継承するか抹消するかの決断を求められたという事情もある。(69) 分裂から数年を経て、次世代男性たちはＭＬ村の再興を決断した。このとき、かつて邪術者のレッテルをはられてはじき出され、妻方の村や母方親族の村へと移住していた先代村長らは、ふたたび呼び戻され祖霊祭祀の奥義を伝授する役目を果たした。

ＭＬ村の再興をはかった次世代の男性たちは、新しい村長となる男性を選び、年長女性たちの同意をとりつ

(68) ＭＬ村では一九八五年以来、ネットハンティングがおこなわれなくなった。二〇〇〇年現在では近隣の村でもネットハンティングがおこなわれなくなり、ネットハンティングなしで「祖霊に感謝する酒」が醸されたという。

(69) 村の創設には一〇世帯以上を集めることと、チーフへの届け出を義務づけた村籍記録は植民地時代に整備され、独立後も継続的に使用されていた。

けようとした。そのためにはまず、先代村長を訪ねて言葉を交わし、和解しなければならない。しかし、村長としての奥義を伝授する前に先代村長のマーレ氏が亡くなったので、その弟である元村長のパウロ氏に和解を申し入れて、村長としての秘薬などを伝授してもらうことにした。先代村長から祝福を受けることによって祖霊からの霊力を受け継ぎ、村長の知るべき秘薬や祖霊祭祀にまつわる秘儀を伝授されてはじめて、名実ともに次世代の新しい村長が誕生するのだ。この一連のプロセスを終えると、新しい村長は旧ML村で村の祖霊祠を管理していた年長女性に依頼してシコクビエ酒を醸造し、他の貢ぎ物と合わせて共にチーフの居城に出向き、ML村を再興することを正式に届け出た。

次世代の男性たちはザンビア独立前後の学校教育を受け、新しい価値観を身につけて育った人びとである。かれらが村の中核を担うようになると、祖霊に関わるさまざまな慣行が急速に廃れていく。かつては一般的だったネットハンティングや祖霊祠の祭も一九八五年を最後に行われなくなり、祖霊憑きの人びとの踊りも見られなくなった。一九九〇年初頭には、かつての村長が執りおこなっていた村全体の儀礼がほとんど姿を消したといってよい。

それでも邪術者への恐れは依然として根強い。邪術者から人びとを守り、新たな村域に結界を張りめぐらすには、祖霊の庇護を受けた霊力が必要だった。また、そうするための正当な権威をもつ人物として公に認められるには、先代村長から祖霊祭祀の奥義を伝授されたという事実が重要だったのである。

次世代男性たちが母方オジを邪術者として告発することによってその権威を否定し、村長の姉妹がそれに同調したことによってかつてのML村は求心力を失い、村びとは離散した。しかし、村を再興するにあたって、新しい村長が継承の正当性を獲得するために、一度はじきだされた年長男性たちの協力が必要とされ、かれらはふたたび共住することになった。ここに至って、ベンバの村の創設・世代の深化・分裂という発達サイクルが一巡し、村の再生という形で、次世代男性を村長とする新しいサイクルが始まったといえる。

前章で述べたようなML村の分裂と再生をめぐる経緯は、母系制による相続システムと妻方居住制を基本とするベンバの村の社会構造が抱える、男性にとっての根本的な矛盾を顕わしている。これはリチャーズらが指摘したことを跡づける。またンデンブ社会の分析から、母系制による地位の継承システムが定期的に集団の統合に危機をもたらし、人々の流動性を促進しているというターナーの議論（Turner 1972）やトンガの村の永続性について検討したコルソンの議論（Colson 1980）とも共通した特徴をもつ。同じく母系制をとるカオンデについてもクレハン（Crehan 1997）によって、同様の指摘がなされている。

社会階層の分化がほとんど見られないベンバの村では、村長を頭とする男性の系譜と、村長の姉妹を頭とする女性の系譜という異質な系譜に連なる世帯が共住しているということが、人々の流動性をさらに高める。逆に、人々の移動性の高さと、頻繁な離合集散は、特定の世帯や系譜に財産や権威が蓄積されにくい状態を作りだす。たとえ一時的に権威や財産の偏りがあったとしても、それが固定化されて社会階層の分化につながる可能性は低い。このことはまた、これまでにも再三指摘されてきたように、ベンバ社会が平準化への強い指向性をもち、特定の人や世帯が突出して財産や権威を蓄積することを抑制するメカニズムを機能させてきたこととも密接に関連している。

第5章

チテメネ農法の秘密と村長の権威

「それは年長者でないとわからない。私のような年少者にはとても答えられない」。調査で、チテメネ農法について聞き取りをすると、はじめは饒舌に話してくれるのに、あるところまでいくと急に口をつぐむ。それはこの一〇年余にわたって同じ村で調査を続けてきた私にとって、ずいぶん意外なことだった。それまでの経験からすると、村びとが「わからない」と答えるのは、成女儀礼や祖霊祭祀など「秘密」の知識について尋ねたときに限られていたからだ。単なる農法についての質問が、なぜ秘密のにおいをさせるのだろうか？

——チテメネ農法は秘密のにおい　一九九二年　フィールドノートをもとに再構成

1　農法の説明になぜ「秘密」のにおいがするのか

一九九二年からさかのぼること数年前の一九八八年頃、掛谷さんは学際的な研究チームを組織し、自然科学的な側面からチテメネ・システムを把握する調査を進めていた。村に集ったメンバーは農学の高村泰雄さん、土壌学の荒木茂さん、作物学の伊谷樹一さんなど、そうそうたる面々だ。(70) 荒木さんは、毎日、村の屈強な青年を伴って深い穴を掘り上げるサンプル採集を続けて「なんと強い！　ほんとうの男だ」と人びとをうならせ、チテメネの作付け状況の悉皆（しっかい）調査を展開した高村さんは、柔和な笑顔と品のあるものごしで尊敬を集めた。伊谷樹一さんは、ミオンボ林の植生の遷移などを調査するかたわら、わずかなベンバ語の語彙を駆使して冗談を連発し、若者に大好評を博していた。こうした学際的な調査研究の成果によって、チテメネ・システムがこの地域の生態によく適合した農法だということが明らかになってきた[71]（荒木 一九九四：伊谷 二〇〇三）。

農学や土壌学の専門家に同行させてもらった調査は刺激的だった。なかでも、本章のテーマに直結したのは伊谷さんからの問題提起である。ベンバの人びとはチテメネを伐採するとき木に上って枝だけを伐採する「樹上伐採（*kusaila*）」と、木には上らず地上で幹を切り倒す「地上伐採（*kutema panshi*）」を使い分けるのだが、伊谷さんは地上伐採で伐るときの斧の位置に注目した。「樹上伐採が合理的なのは理解できる。でも、地上伐採するとき、肩より上の位置で伐るのは解せない。地上で伐採するなら腰の位置で伐るのが一番力を入れやすいはずなのに」。伊谷さんの言うとおり、多くの村びとはチテメネ開墾のために木を地上で伐採するときも、肩より上の位置で切ろうとする。しかし、木材をとるための伐採は腰の位置で伐ることもしばしばだ。目的によって、伐採する位置を使い分けているということなのか。

これをきっかけに、一九九一年の調査ではチテメネが特定の開墾方法をとる理由について、人を選ばず聞いてみた。世代や男女の違いはあるものの、村びとはミオンボの生長過程や焼畑の休閑後の植生の遷移にいたるまで、細かく正確な知識をもっている。「見ればわかる」という表現とともに説明される理由づけは、具体的な経験の蓄積に裏打ちされた知識をもとにしていて、それだけで完結した説明になっている。ところがさらに聞こうとすると、やはり「私には答えられない。年長者でなければわからない」との答が異口同音に返ってくる。

（70） チテメネの土壌学的な検討についてはトラップネルの先行研究があったが、まとまった研究は少なかった。
（71） さらに衛星画像を利用した調査でスプレイグさん、大山さんが力を発揮した。その後、伊谷さんはミオンボ林の在来農法を体系的に分類する（二〇〇三）など、幅広い展開があった。

チテメネ農法にどんな秘密があるというのか。村びとに言われたとおり、年長者たちを訪ねることにした。わかってきたのは、チテメネ農法の説明が性質の異なる二つの知識――経験によって得ることができる「見ればわかる」知識と、ミオンボ林と祖霊を基盤とした世界の秩序に関する「見ただけではわからない」知識――からできているということである。後者はまさに成女儀礼や祖霊祭祀にまつわる秘密と同じ性質をもつので、年少者が「答えられない」と口をつぐむのも納得できる。

話を聞いた多くの年長者のなかでも、きわだって細やかな話をしてくれたのはマーレ氏である。彼の話は長年の経験と村の役職に就いてきた彼の人生を反映していた。[72] マーレ氏の話を通して、地上伐採でもできるだけ高い位置で伐るのは、木々の再生を視野に入れているためで、村びとはチテメネの伐採時とその他の場合とで樹木の伐採方法を使い分けていることがわかった。以下ではマーレ氏の話をたどりながら、樹上伐採と枝積み火入れをする理由についての説明の枠組みを明らかにする。ここで記述するのは、話をしてくれた年長者らから語ることを許された事項についてのみであることも付記しておきたい。

2 マーレ氏は語る……チテメネ・システムの理論的背景

1……樹上伐採の理由

伊谷さんと一緒にマーレ氏を訪ねたのは、まだ日射しが柔らかい午前の時間帯である。木陰の下のいすを勧められて話ははじまった。「なぜ樹上伐採をするんですか?」「なぜ聞く? あんたもう何年も見てわかってるだろう?」。言葉での説明を求めがちな私を揶揄して、マーレ氏はこう言い返す。しかし、訪問したわけをよく説明すると「それなら改めてじっくり話そう」と言って話しはじめた。

樹上伐採の理由を詳しく話す前に、マーレ氏はチテメネの作付け方法や利用年数は長年のあいだにかなり変化していると言った。ベンバはルンダ・ルバ王国を出てカサマにたどり着いた頃から樹上伐採をしていたが、その頃に輪作の習慣はなく、チテメネはシコクビエを収穫するとすぐ休閑していたという。

「いま栽培している作物の多くは他所から持ち込まれて定着した作物だ」。新しい作物が持ち込まれるのは、村びとが他所に住む親族や他の民族集団の居住する地域を訪問したり、出稼ぎ労働の報酬として得たりするときだ。マーレ氏自身も若い頃にコッパーベルト州の勤務先から、当時のコンゴに住む姉を訪ねたとき、生食できる三種類のキャッサバを持ち帰った。「そんなキャッサバは当時のザンビアになかったから」だという。

植民地政府が導入した作物もある。第一次世界大戦のときに、イギリス植民地政府によって畝立て耕作とサツマイモの栽培がセットで導入された[73]。植民地政府は、地元で召集された植民地軍の兵士の食料を確保するため、成人一人あたり二〇〇個の畝を作ることを義務づけた。それらがチテメネで作られるようになって、今のような輪作体系ができたという。マーレ氏は現在のチテメネ農法が、外部の人びととの接触によってできあが

---

(72) 年長者たちの話は秘密の知識を含めてマーレ氏と共通する骨子で構成されていた。しかし、その細部はそれぞれの経験の蓄積や解釈を反映して少しずつ異なっている。

(73) このときにキャッサバが導入されたと言う年長者もある。

ってきたことをはっきり意識し、その特徴や作物の種類を、人の動きの歴史と重ねて記憶していた。[74]

では、樹上伐採の理由をどう説明するのだろうか。マーレ氏はつぎの四つの理由を数えあげた。すなわち、①われらベンバのやりかた（作法、教え *lifunde*）である、②作業が楽、③枝の再生が速い、④枝積み火入れに適した枝が多数再生する、である。それぞれの理由について詳しく説明しよう。

① 「われらベンバのやりかた」

最初にあげられたのは「それが、われらベンバのやりかただ」という理由だ。「私たちは昔の人の知恵に従っているだけだ。ずっと昔から、ベンバがいるところではこの方法でチテメネを作ってきたのだ。大きな木は上にのぼって枝を落とす。それがベンバのやりかたなのだ」。ムーアとヴォーン（Moore and Vaughan 1994）も指摘したように、樹上伐採がベンバのアイデンティティのよりどころになっていることがわかる。

さらにマーレ氏は「ベンバの男なら樹上伐採をするのが当然だ」と言う。この表現には、樹上伐採のできがベンバにおける「男らしさ」や「一人前」の概念を具現化しているという背景がある。そこで求められるのは、樹上で木を「美しく *ubusaka*」伐採することである。

マーレ氏が若い頃、植民地時代のベンバの村には、チーフへの奉仕労働（ムラサ *mulasa*）として、チーフのチテメネの農作業を行う慣行があった。村の男性はチテメネの伐採作業に従事した。ムラサの伐採作業では、とくに青年たちがはりきって樹上伐採の腕を競いあった。そんなときは一本の木の伐採を終えると、地上に降りずに樹上で隣の木に飛び移り、こんなことは何でもないという顔をして枝を切り落としてみせたものだそうだ。敏捷に木に登り、斧の一撃で枝を切り落とし、木の先端部の細い枝までていねいに手際よく伐採することができる男性はほかの男性から高く評価され、女性たちからは絶大な人気を博したという。

一九六四年の独立以来、ムラサの慣行はすっかり廃れてしまった。しかし、現在でも未婚の青年が樹上伐採の手際の良さを誇示する機会はある。それは共同労働の場面である。私の観察でもっとも印象深い事例は、一九八八年にひとりの女性世帯主が依頼したチテメネの伐採作業だった。

開墾の予定地は集落に近いわりに植生の回復が良く、胸高直径が五〇センチメートルもある大木も残っていた。伐採作業には既婚男性一二人と未婚の青年たち九人が参加したが、その中に、ある少女に結婚を申し込んだ青年と、その結婚に反対していた少女の父親や母方親族の男性たちがいた。

結婚に反対されている青年は、ことさら樹高の高い木を選んで上り、この上なく丁寧に伐採作業をおこなった。また「その木は伐らずにおこう」と年長の男性が言うような大木にとりついて上り、上の枝から伐採をはじめた。するとそれぞれの伐採作業に没頭していた男性たちは一斉に作業をやめ、青年が大木に上って枝を切り落とすのを見物しはじめたのである。「意気がっているが、あの木には上れまい」。当初は否定的な観測が一座を支配していた。ところが、青年が木の上に上りきって伐採が進むにつれ、「男だのう!」「なんと美しい仕事をすることか!」と賞賛の声に変わっていった。そして、すべての枝を伐り終えて青年が地上に降りてくると「おまえは本当のベンバの男だ」と口々にほめそやすのだった。

(74) チテメネ・システムと総称される焼畑の開墾方法は、北部州を中心に広くみられる。他と比べてベンバの開墾方法が特徴的なのは一カ所にまとめて枝の堆積を作ることとその枝の堆積の高さが突出していること、また跡地に大きな木が残っている点である。

この一件ですっかり男をあげたこの青年は、結婚を申し込んでいた少女の両親や親族からの賛同を得て婚約にこぎつけた。この事例からわかることは、樹上伐採のできが伐採した男性の器量を測り、社会的な評価を定める基準になっていることであり、それを十分に認識しているベンバの青年が、自分の男性としての真価を年長者たちに知らせる機会として共同労働を利用したことである。

自分の樹上伐採が「美しい仕事」と評価されるかどうかは、婚資労働中の男性たちにとって切実な問題である。婚資労働期間中はどんなに臆病な男性でも、勇気をふりしぼって丹念に樹上伐採をし、妻の両親の歓心を買おうとするらしい。妻の両親が自分の働きを見て技量が足りないと評価すると、そのまま結婚を解消させられることもあるからだ。実際、婚資労働を終えて結婚を解消される心配がなくなると、地上伐採が多くなる男性もいる。再婚の場合は婚資労働を課されないので、夫は妻の両親への気遣いなく、自分の好みのやりかたで伐採している。

伐採されたあとの木々の姿の「美しさ」もまた、伐採した男性の器量を評価する基準になる。村びとは畑仕事の行き帰りの道すがら、ていねいに樹上伐採された木々が林立するチテメネをみると「美しい仕事だ」とほめる。厳しい評価をくだすのは、おもに若い男性たちである。伐り残しがあったり、大木を地上で伐採していたりするのを見て「あの人は臆病だからなあ」と手厳しい。少年たちは、初めて樹上伐採して造成したチテメネを見せるとき「もうおとなになったから樹上伐採も恐くないさ」と誇らしげに語る。ベンバの少年たちにとって美しく樹上伐採できるようになることは、「一人前のベンバ男性」に成長した証であり、他者にアピールすべき技量なのである。また他所出身の男性にとっては、婚入した村の男性仲間で一定の評価を得るためにも必要な技量である。

ライフステージ上の位置によって樹上伐採の熱心さには違いはあるが、それでも村びと全体が「美しい仕事」のイメージを共有していることと、「美しい仕事」ができることをもって人の器量を計ろうとする態度は、ベンバのチテメネ開墾方法の独自性が維持されてきたしくみを考えるうえで興味深い。

② 作業が楽

つぎにマーレ氏は伐採作業につづく枝積み作業の大切さに言及した。「良いチテメネを造るには枝積みに良い枝葉が必要だ。枝積みに良いのは、葉がたくさんついた細い枝と太い枝のバランスが良い枝葉だ。バランスが良い枝葉は、乾燥すれば火のつきが良く強い火力で長く燃える」

樹上伐採で枝葉を伐りおとしたら、運搬しやすい形に整えなければならない。長すぎたり太すぎたりする部分を本体から切り離し、それぞれの枝のつけ根に軽く切り目を入れて芯になる枝に押しつけ、できるだけ平たい形になるようにする。女性が枝葉の束を作りやすくするためだ。ていねいに整形すればするほど運びやすい形の枝葉になるが、男性にとって、枝葉の整形作業はめんどうで限りなく地味な仕事なのだ。

地上伐採をすると一本の木を切り倒すのに時間がかかるうえ、枝葉の整形作業のとき倒れた木の幹や太すぎる枝を取り除く手間が加わるし、幹の下敷きになった枝を切り離すための労力も膨大である。[75] その点、枝の太さと葉のバランスを考えて樹上伐採すれば、あとで太すぎる枝を取り除く手間もないし、幹の下敷きになった枝を引き出す必要もない。枝の整形作業を考えると地上伐採の面倒さは樹上伐採に比べものにならないのであ

---

(75) 近隣のK村における調査でも同様の聞き取り結果がある(岡 二〇一一b)。

る。マーレ氏は別の機会に「白人が固い鉄の斧を持ち込むまで、ベンバの使っていた斧は簡易製鉄の斧だった。太い木の幹を切るほどよく切れる斧がなかったから樹上伐採をしていたのだとも考えられる」とつけ加えている。

③　枝の再生が速い

三番目にあげられたのは「樹上伐採すると（地上伐採に比べて）枝の再生が速い」ことであった。マーレ氏は「木を高いところで伐採すると、根が水を吸い上げ早く芽ぶく。いってみれば五年計画だな。逆に低いところで伐採すると木が水を吸い上げる力が弱く、根が下に水を戻してしまうので芽ぶくのに時間がかかる。あるいは腐って枯れる。だからたとえ地上で幹を切り倒すときでも、できるだけ高い位置で伐るようにする(76)」と言う。さらに彼は、ミオンボ林の木々がどのように成長するかを説明したあとで「木は伐っても再生してくるが、二回以上、地上伐採をすると木の力がなくなり枯れやすくなる。とくに大木は地上で切り倒すと二度と再生しない。大木の幹には水を吸い上げる力が残っていないから。木の生長には水が一番大切で、水を吸い上げる力の強さが枝の再生を左右する」としめくくった。

④　枝積み火入れに適した枝が多数再生する

この理由は上記②③と密接に関係している。樹上伐採された木々の枝の切り口からは複数の枝が再生してくるので、休閑して一五年から二〇年を経たチテメネの跡地に再生した木々の枝は、比較的低い位置にこんもりと枝葉を茂らせている（写真5—1）。一ヶ所の切り口から数本の枝が生えており、それぞれの枝の付け根の直

写真5-1　伐採と休閑を繰り返してできる景観。（左）伐採されたことがない木（方名ムオンボ）。（右）樹上伐採を繰り返した木（方名ムサカ）。

径は五〜一五センチ程度である。これを樹上伐採すればそのまま枝積み作業に使う枝葉ができる。また、伐採されたあとのある木だと枝の切り口がこぶのようになるので登りやすく、伐採の作業にちょうど良い足場になる。対して、伐採されたことのない木は幹がまっすぐ伸びて登りにくいだけでなく、樹高が高いばかりで枝分かれが少ないので、枝積み作業に使う枝葉があまりとれない。また枝の付け根が太くて伐採に手間がかかる。地上伐採した中小木は、幹の切り口から三本以上の枝が再生することはほとんどなく、葉もあまり茂らせないので枝積みに使える枝葉がわずかしかとれない。また大木を地上伐採したあとは、幹が腐って再生しない。

2……枝積み火入れの理由

枝積み火入れの理由は、なによりも「土をよく焼くた

（76）　実際ベンバの村びとが地上伐採をするときには、ほとんど例外なく肩より高い位置で伐る。

写真5-2　立ち上る煙が雨雲になると説明される。

め」であるという。かれらは伐採地の中央に積み上げた枝葉が「勢いよく長時間にわたって焼けること」を重視する。そうすれば高い温度で土がよく焼ける。土がよく焼けることによって、ムフンド（*mufundo*）ができる。土がよく焼けると一緒に草や木の根が焼けて除草の必要がなくなる。また、同じ時期にみんなが枝の堆積を焼くので、焼いた煙が集まって雨雲になり、雨を降らせるという[77]（写真5―2）。

土がよく焼けるには、質の良い枝葉が適当な密度で積んであることが重要である。質の良い枝葉とは、葉の部分と細い枝の部分と太い枝の部分がバランスよくある枝葉のことである。葉と細い枝は火のつきをよくするのに必要だし、強い火力で長く焼くためには太い枝の部分がなくてはならない。葉と細い枝の部分がないと太い枝の部分が燃え残り、ムフンドが少なくなる。逆に太い枝の部分が少ないと短い時間で燃え尽きてしまい、土の表面を軽く焼くだけなのでムフンドができない。

土がよく焼けるためには枝葉の積み方も大切である。枝葉と枝葉との間が空きすぎないように積むことによって、燃え残りがなくよく焼ける。堆積する枝葉は高く積めば積むほど深くまで土が焼けるので、深くまでムフンドができるという。土がよく焼けると作物に必要なムフンドができるので作物がよく育つ。逆に土がよく焼けないと草や木の根が残り、すぐに芽ぶいて作物の成長を阻害するという。除草をしたとしても、ムフンドができていないので作物は育たず、飢えに苦しむことになるという。

マーレ氏は次のように続けた。「耕地のムフンドは、土が焼けて熱くなった土の表層部にしかない。だから、鋤などで深く耕してしまうとムフンドを取り去ることになってしまう。ムフンドは輪作した作物をすべて収穫するとなくなる。それは土が終わるということだ。土が終わると、そこにいくら枝葉を積み重ねて焼いてもムフンドはできない。だからまた別のところにチテメネを作る。また同じ場所でチテメネを作れるようになるとき？　誰か見た者がいるのか？　神様しか知らない。しかしそこがとても恵まれた場所ならば、子どもが私くらいの年寄りになるときには、昔そこにチテメネがあったかどうかわからないくらいに木が茂っている。そういうふうに木が茂っているところなら、またチテメネが作れるだろう。そうでなければ木が茂っているところを探して行くだけだ」

3……「美しい仕事」と「技術」の集合化——美しい仕事は他者のまなざしに方向づけられる

樹上伐採をするとき伐採手の男性は、木に上る前に地上から伐採する木の枝ぶりを見て、どこに足をかけ、ど

(77) 灰の効果については聞き取りをした人によって意見が分かれたが、マーレ氏を含む長老たちは異口同音に「灰は肥料にならない」と答えた。マーレ氏のことばをそのまま借りれば次のようである。「土がよく焼けるとき、生えている草や木の根と結合して土が柔らかくなり、中にムフンドができる。ムフンドというのは白人のいう「肥料」のようなものだが、「肥料」のように上から加えるものではなく、土の中にできるものである。堆積した枝葉が焼けたあとの灰は灰汁抜きのソーダと同じだ。灰があっても作物は育たない」。荒木（一九九六）は、チテメネにおける灰の添加効果はそれほど高くなく、むしろ土壌有機物の量が重要であると指摘している。

のように伐るかを考えて、すべての枝を切り落とせるよう計画を練ってから伐採にかかるという。木々の枝は伐採に都合が良いように生えているわけではないので、きちんと計画を練らないとどうしても伐り落とせない枝が出てくる。伐り残しの枝が多いと枝積み火入れに使える枝葉も少なくなり、必要な広さのチテメネを開墾するには、もっと広い区域を伐採しなければならない。

樹上伐採の経験をいくどか積み重ねることによって、地上から見るだけで生えている枝々の位置関係を把握し、伐採するときの自分の身体の動きをシミュレーションできるようになるという。そうなってはじめて「美しい仕事」が達成できる。ほかの村びとから「美しい仕事」と賞賛されるような樹上伐採をするためには、伐採する行為だけをうまくやるというのではなく、経験に基づいて自分の身体を操る術を手に入れ、道具を整え、作業が効率よく進むように全体を前もって見通す力が必要なのである。

伐採する男性が「美しい仕事」をしようと考えて伐った枝葉は、枝積み作業でも運搬しやすい。「樹上伐採のしかたで夫の愛情がわかる」と言われるように、樹上伐採の良し悪しは、枝葉の運搬作業の効率や運搬する女性の負担にも大きく影響する。また「美しい仕事」の基準に合うような樹上伐採がおこなわれると、伐採された木々にはふたたびチテメネを開墾するとき都合のいい枝が再生する。ここで社会的な価値に支えられた美的感覚と、個々人がおこなう開墾作業の効率とが合致する。社会的な承認を得た理想形はまた逆に、それをおこなう個々人の力量を計る社会的な基準としても機能している。「美しい仕事」と評価する他の人びとのまなざしが、個々人に力を与える。

伐採作業をおこなうのは個人だが、そのとき当事者の男性は他の村びとと共有する理想型に近い仕事をしようと努力し、それが実現できるように自分の身体を動かすすべを手に入れようとする。作業じたいは、伐採者がその身体と斧だけを使って木の枝を切り落とすという単純な行為だから、個々人が自分の身体を使いやすいように木を伐れば良いようなものである。木に上るより、多少の手間がかかっても、地上で幹を伐採する方法を選ぶ人がいてもいい。

それにもかかわらず、ベンバの村びとがおしなべて樹上伐採を選ぶのは、「美しい仕事」という基準に基づいた社会的な縛りがあるからだ。ベンバの村びとにとって樹上伐採という行為は自分の身体と自然との関わりの中だけにあるのではなく、それが社会的な承認を得た形と合致したとき、その社会的意義を保証されるのである。すでに述べたように、男性の一生の中でみると、理想的な樹上伐採をしようと誰もが努力する時期は限られている。それは婚約前や婚資労働中である。その男性が「一人前のベンバの男」かどうかを見極めようとする他者のまなざしが、それを後押しする。ライフステージのある段階に強く働くそのような社会的な評価が、樹上伐採という技術を男性それぞれの身体に深く刻み込む。それによって、男性ひとりひとりが実践する作業でありながら、樹上伐採が「われらベンバ」の集合的な技術となる。「美しい仕事」のしかけはそこにある。

3 世界観との連動

1……「焼くこと」と祖霊への作法

これまで述べてきたような説明に祖霊に関わる秘密はない。それらは注意深い観察と経験の蓄積によって得られ、人びとに共有される知識から成り立っている。しかし、それ以上の理由を語ることができるのは長老格の人びとだけだ。それは祖霊祭祀の奥義にも結びつく知識が関わっており、ベンバの世界観と結びついた「秘密」につながるからである。

秘密の知識は象徴的な「熱さ」と「冷たさ」の循環と祖霊信仰に関わっている。[78] 枝積み火入れは、祖霊への作法においてより重要な意味がある。現在の村びとのほとんどはキリスト教徒であるが、日常生活にはベンバの祖霊信仰が息づいている。ベンバの祖霊たちはミオンボ林を住処(すみか)にしているといわれており、村びとはミオンボ林がもともと「祖霊の領域」であると知っている。また祖霊の意向は雨や日照などの気候や、野生の動植物の生育を司っていると考えられている。

祖霊はミオンボ林を通して人に恵みをもたらすと同時に、ひとたび怒らせると天候不順や獣害によって作物を壊滅させたり、疫病をもたらしたりする恐ろしい存在でもある。動植物の採集や焼畑の開墾、集落の創設など、村の生活の基盤はすべてミオンボ林に依存しているが、祖霊を怒らせずにミオンボ林を使うためには、決まった教え・作法（*ifunde*）を守らなければならない。

作法がとくに重要なのは、焼畑の造成や集落の創設など、ミオンボ林を新たに開墾するときである。一般の村びとは特定の作法が必要だと知ってはいるが、どの時点でどのような方法を用いるのかについては秘密にされている。

秘密の知識で解釈すると、チテメネを開墾するときの伐採地に積み上げた枝葉を高い温度でよく焼くことは、決まった作法にのっとって祖霊へメッセージを送ることである。それは、もともと祖霊の領域であるミオンボ林を、人の食物を生産する場として、しばらくの間借り受けることを示すという。この意味でミオンボ林の伐採と枝積み火入れは、祖霊の領域としてのミオンボ林を「人の領域」である耕地や集落に変える、空間の意味変換の手段でもある。祖霊の住処であるミオンボ林はもともと「冷たい」。それが枝積み火入れによって人為的に「熱く」され、「人の領域」へと変わる。

樹上伐採はこのように空間を「人の領域」に変える行為のさきがけとしての意味をもち、「のちにこの場所を火入れして耕地にする」ことを祖霊たちに表明する行為である（図5—1）。マーレ氏のことばをそのまま借りると「樹上伐採をすることで、私たちがそこを耕作するための許しを得たことになる。誰からって？　祖霊からに決まっているだろう！」。樹上伐採で怪我人が多く出る時は、祖霊の許しが得られないことを示す。そのような場合には祖霊の意思を知るためのネットハンティングを行ったり、呪医に占いを依頼したりする。枝積み火入れによって熱くなったチテメネの耕地は人の領域となり、数年間作物が栽培されるが、休閑に入るとやがて自然に冷えてミオンボ林が再生し、祖霊の領域へと戻る。

チテメネは一時的に祖霊から借り受けた空間なので、はじめてとれた作物は作法に従って祖霊の祠に供え、感謝を捧げなければならない。雨季に入ってすぐ収穫されるキュウリ、食用ヒョウタン、カボチャなどは初物を祖霊の祠に供えたあとで村びとの食卓にのぼる。新しく収穫されたシコクビエを原料に「祖霊に感謝する酒（*Bwakutotele mipashi, Bwashamfumu*）」を醸して収穫儀礼を執りおこなうのは、前章で述べたとおりである。

（78）私はML村で成女儀礼を受けて「秘密」の知識を語る資格を得た。ベンバの教えでは資格のない者に無料で秘密の知識を教えてはならないとされているので、ここでは長老の了承を得た大枠の部分についてだけ述べ、秘密の具体的な詳細については触れない。なお、カサマ地域での成女儀礼の詳細については、リチャーズ（Richards 1956）が報告している。

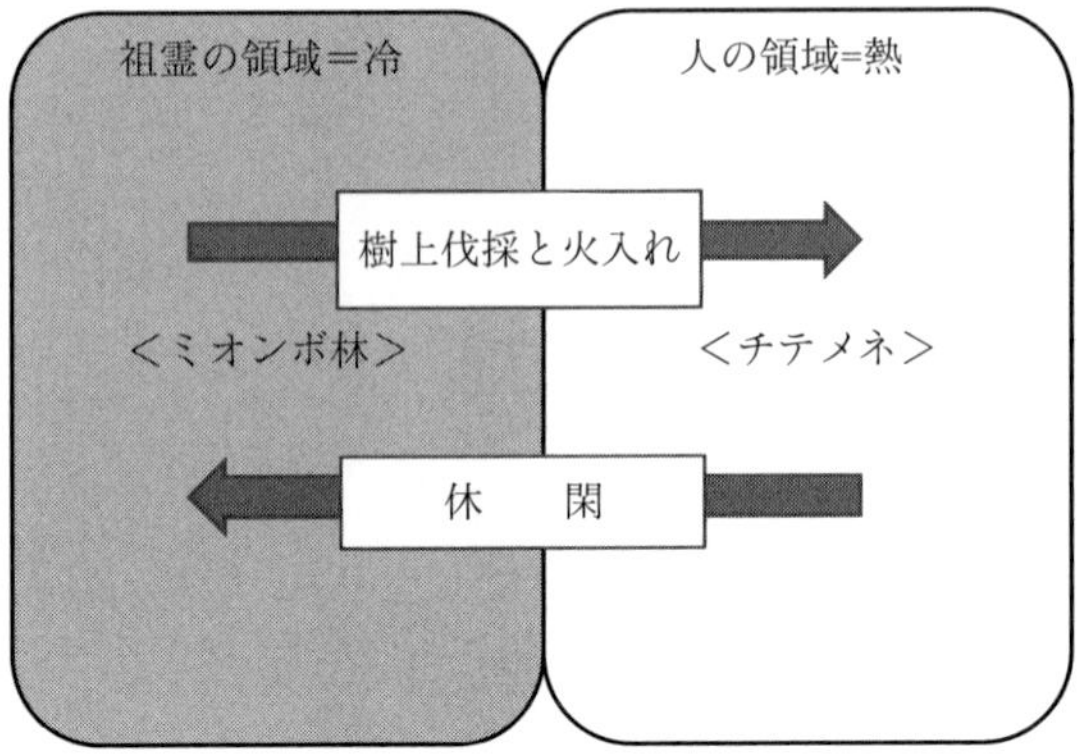

図5-1　チテメネ開墾と休閑による祖霊の領域・人の領域の転換

収穫儀礼は複数の手順を経て催される。まず、それぞれの世帯がシコクビエを少しずつ持ち寄り、祖霊祠の管理を担う年長女性が村長の家で酒を醸造する。酒ができあがる頃、村びと総出でネットハンティングがおこなわれる。猟果と獲れた獲物の雌雄によって祖霊の意思を占う。その後、祖霊祠の管理者である女性と村の子どもたちが、獲物の頭と新しいシコクビエで醸した酒を持って祖霊祠に出向く。祖霊祠で火を起こして獲物の頭を焼き、酒を飲んでから、手近なミオンボの木の若枝を腰の周りに挿して飾り、祖霊に歌と踊りを披露する。ひとしきり踊ったら祖霊祠を後にし、歌いながら村長の家に向かう。

その頃、村長の家の外には村びと全員が招かれて車座になり、酒宴を開いている。子どもたちが歌いながら村長の家に着くと、その姿を愛でて酒宴はさらに盛り上がる。子どもたちは歌いながら腰につけた若木の枝を村長の家の屋根に投げ上げ、その場を去っていく。同じとき、村長の家の中では村長の主催する酒宴にングールとよばれる祖霊憑きの人びと(79)が集っている。酒が進むほどに、ひとり、またひとりと祖霊がやってきて祖霊憑きの人びとに憑依する。

祖霊はそれぞれがテーマソングを持っている。憑依するときには祖霊憑きの人びとの口を借りて名前を名乗り、テーマソングを歌いはじめるので、人びとにはどの祖霊がやってきたかがすぐわかる。ある祖霊は即興歌に長け、別の祖霊は演説好きだ。やってくる個々の祖霊の豊かな個性を村びとはよく知っている。憑依した祖霊たちは、酒を飲み歌い踊りして遊ぶのだが、村の中に問題があるときは、それを告げて顕在化させ、対処を促す（杉山 二〇一八）。祖霊あそばせ儀礼とお告げが終わると、祖霊が憑依した祖霊憑きの人びとは家の外に踊りながら出ていき、車座になっている村びとともに太鼓を打ち鳴らし、時を忘れて歌い踊る。

「祖霊に感謝する酒」儀礼が滞りなく行われないと祖霊が怒り、ミオンボ林の野生動植物を隠したり、天候不順を引き起こして翌年の作物の不作を招いたりする。チテメネを毎年継続的に開墾し、安定した食料を得るためには、開墾から収穫までの過程にあらかじめ用意された要所で、作法に従った行為を正しくおこなう必要がある。

ベンバの村びとにとっての祖霊はミオンボ林に住み、あるときは風として、あるときは野生の動物として村に姿を現すという。また上記の儀礼では祖霊憑きの人びとの身体を借りて、より具体的な存在としてやってくる。村びとは祖霊の名前とそれぞれの個性を、生きている人間のそれと同じように知っている。

祖霊は畏怖の対象であるけれども、同時にこのような儀礼を通してその個性を見知ったなじみの存在でもある。人びとは祖霊の名前とそのパーソナリティーを熟知しており、祖霊同士の系譜関係についての知識ももつ（杉山 二〇〇四、二〇一三）。なぜなら、やってくる祖霊はおもにベンバ王国を創始した王から二、三世代の十数

---

(79) ングールは、精霊や祖霊を憑依させる霊媒である。特定の病などをきっかけに治療儀礼と一定の訓練を受け、憑依をコントロールできるようになると、村の儀礼などで霊媒としての役割を果たすようになる。中にはさらに呪医に弟子入りして薬の知識や病気治療の技術を身につけ、呪医として身を立てる人びともいる。

人の王に限られるからである。それは村の祖霊祠に祀られた祖霊たちを中心に、ベンバの歴史伝承に定番の登場人物である。若い世代は小学校のテキストにもなっている「ベンバの歴史 *Imilandu ya babemba*」を通しても知っている。名前と系譜を知っている祖霊たちが、祖霊に感謝する酒儀礼で、祖霊憑きの身体を借りてやってくるのだから、覚えられないはずがない(80)。

さらに、「ヘソの名 *ishina lyomutoto*」とよばれる名づけの慣行によって、村びとそれぞれが王の名前や系譜と深く結びついている。ベンバの女性が妊娠するとき、祖霊が女性のヘソから胎内に入り、子どもに宿る。宿る祖霊はベンバ王国の始祖に連なる王たちで、どの祖霊が宿ったかは、妊娠した女性自身かその親族の女性が出産前に見る夢によって知るという。その子が生まれるとまっさきにつける名前が、この祖霊の名前である。これを「ヘソの名」とよぶ。「ヘソの名」になる祖霊は子どもの生涯にわたって、さまざまな側面で影響を与える。子どもの生命力や邪なものへの抵抗力にも関わるので、みだりにその名で呼ばないようにし、親族以外の人には軽々に教えない。また子どもが物心つくようになると、自分の「ヘソの名」に連なる祖霊たちがどんな相互関係にあるのかを含め、ベンバ王の名前や系譜について教えられる。

ベンバは、ヘソの名をとおして祖霊の名前を知り、ベンバ王たちの系譜に自分を位置づける。理論的には、ベンバならば誰でも、ヘソの名をつうじた祖霊の系譜をたどり、おたがいをその系譜上に位置づけることができる。親族関係にない人との関係をつくるときや、病気治療の儀礼など特定の場面では、ヘソの名を通して結びつけられるベンバ王の系譜を参照して、おたがいの位置関係を調整することができる（杉山二〇〇九）。

2……集落の移動と熱・冷のコントロール

集落の創設や移転のときにも、祖霊への作法は重要である。チテメネ開墾のときに枝葉を燃やして人の領域にしたのと同じように、儀礼的に火を焚くことによってミオンボ林を「熱く」しなければならない（写真5―3）。前節で引用したマーレ氏のことばどおり、村びとは木の茂っている場所を探して移動することを肯定的に語る。また前章で詳説したとおり、村びと同士のもめごとで村が分裂することもしばしばあるため（杉山 二〇〇二、二〇二〇）、ベンバの集落は一〇～三〇年を単位として移動したり創設されたりする。

新しい集落をつくるには、ミオンボ林を「人の領域」として使う許しを祖霊から得る必要がある。そのための手続きとして、村長が他の村びとに先だってミオンボ林に移住し、集落を作ろうとする場所に儀礼的な炉を作って火を焚く。祖霊の意思を確かめるために、ネットハンティングによって占いをすることもある。それに平行して、集落の予定地から少し離れたミオンボ林のなかに祖霊の祠を建立する。このとき祖霊の祠を建てる場所に儀礼的な炉を造り、火を焚く。さらにその場所の草や木を取り除いて小さな円形の広場をつく

---

(80) ベンバの始祖たちは本来カサマのミオンボ林に住むはずだが、祖霊憑きに憑依することによって、空間的な距離を飛び越え、ムピカのような新開地にも来られるようになった。これがロバーツ（Roberts 1972）の言うところの、「精霊憑依と祖先崇拝が習合することによって、可動性を高めた」しかけである。ベンバの始祖たちに混じって、時折、近隣集団の王や遠方からやってくる霊もある。隣接する民族集団ビサの王の祖霊やキリマンジャロを名乗る祖霊などがある。私たちが滞在していた間にやってきたパイパイという霊は日本由来ではないかと言われていた。これら外来の霊の名は「ヘソの名」には含まれない。

写真5-3　祖霊祠の新設儀礼。(上)儀礼執行役、呪医の資格を持つ年長男性。(下)祖霊祠内で火を燃やし調理の準備をする。

り、白いニワトリ、白い布、白いビーズなどの捧げものをする。これが受け入れられれば祖霊の許可が下りたと考える。村長は呪薬を置きながら集落の敷地の周辺をまわって、霊的な結界をめぐらす。しかし新しい場所は「熱すぎて」危険なので、適当に「冷める」までの約一年間は村長の世帯だけがここに住む。最初の一年間が過ぎると、ほかの村びともつぎつぎと家を建てて移り住み、新しい場所に集落ができる。人びとが移住してきた村は「いつも人の声がして熱い」状態になり、その暮らしが続くかぎり村は「熱い」。人びとが集落を離れ、だれも住まなくなって何年か過ぎるとそこは祖霊の領域に戻り、自然に「冷え」てミオンボ林が再生する。

自分の村に祖霊の祠をもつ村長は、さまざまな祖霊の庇護を受けた霊的な力をもち、祖霊たちに直接語りかけることができる。村長の言葉は祖霊の力を通してそのまま強い呪いにもなりうる。村長の霊的な力は、村の外部からやってくる邪悪なものから村を守るだけでなく、村の秩序を犯す者や邪術者に制裁を加えることができる。祖霊はヘソの名を通じて、村びと自身の身体のなかにも宿るので、祖霊を介した霊力の行使は村びとにも直接影響を及ぼすと考えられている。

秘密の知識が教えるのは、チテメネの開墾は一見何の関係もないようにみえる祖霊への作法と密接に関わり合っているということである。だから、祖霊の領域であるミオンボ林を人の利用する空間に変えるための方法はあらかじめ決まっている。伐採地に積み上げた枝葉を焼くことと、祖霊の祠に炉を作り、火を焚くことは、どちらも象徴的にミオンボ林を熱くする行為であり、祖霊からミオンボ林を利用する許しを得るための作法なのである。

象徴的な熱さと冷たさの操作を通した祖霊への作法という概念によって、チテメネを開墾する方法は収穫儀礼と不可分に結びつけられる。人の領域と祖霊の領域を隔てるさまざまな教えが守られないと、祖霊たちは怒って害獣を遣わしたり、天候不順をまねいたりして村びとに罰を与えるという。チテメネの作物はできず、ミオンボ林の恵も得られないので、そこでの生活が立ちゆかなくなり、人はその集落に住めなくなる。新しい集落が無事に創設されても、祖霊への作法にかなったやり方で焼畑を開墾し収穫儀礼を執り行う責務は、その集落に村びとが住んでいるあいだじゅう絶えることなく続く。

チテメネの開墾にまつわる作法は、作物の収穫だけでなく、村びとの暮らしの豊かさにも影響する。前章で述べたように、村長はこの責務を果たすことによって、村びとの生活を守る強い霊力を保証されるのである。そしてそのためには姉妹や他の村びとの支持と協力が欠かせない。

さらにマーレ氏は秘密の知識に基づいて、焼畑の作物の実りと人の生殖が同じ原理で起こっていることを示唆した。それは自然に起こる「熱さ」と「冷たさ」の循環が、人の介入によって「極度に熱くなる」段階を経ることによって実現する。

4 「焼くこと」と生殖論

枝積み火入れは、土を極度に熱くするという意味で、作物の生育に不可欠の過程である。雨季の雨が浸みこんで冷たくなった土は、四月から始まる長い乾季の間の日射によって次第に暖まり、チテメネの伐採地に積み上げた枝葉に火を入れる頃にはとても熱くなっている。このとき積み上げた枝葉を高い温度で長時間燃やすことによって、日射で熱くなっていた土はさらに「極度に熱く」なる。

その時期にはベンバランドのいたるところでチテメネに積みあげた枝葉を燃やすので、もうもうたる煙が立ちのぼり、空に雨雲ができる。雨雲から降る雨は、火入れで極度に熱くなった土を次第に冷やしていく。雨は次々に降っては土に浸みこみ、土は雨季の最盛期を過ぎるころ、とても冷たくなる。土が「極度に熱い」状態から「冷たい」状態になるまでの過程で、作物は生育し結実する（図5―2）。

チテメネに植え付ける作物には、それぞれ適した播種の時期があるという。それぞれの作物が好む温度が違うからである。村びとは土が熱い状態から冷たい状態になるまでの移行段階で、それぞれの作物が好む温度に

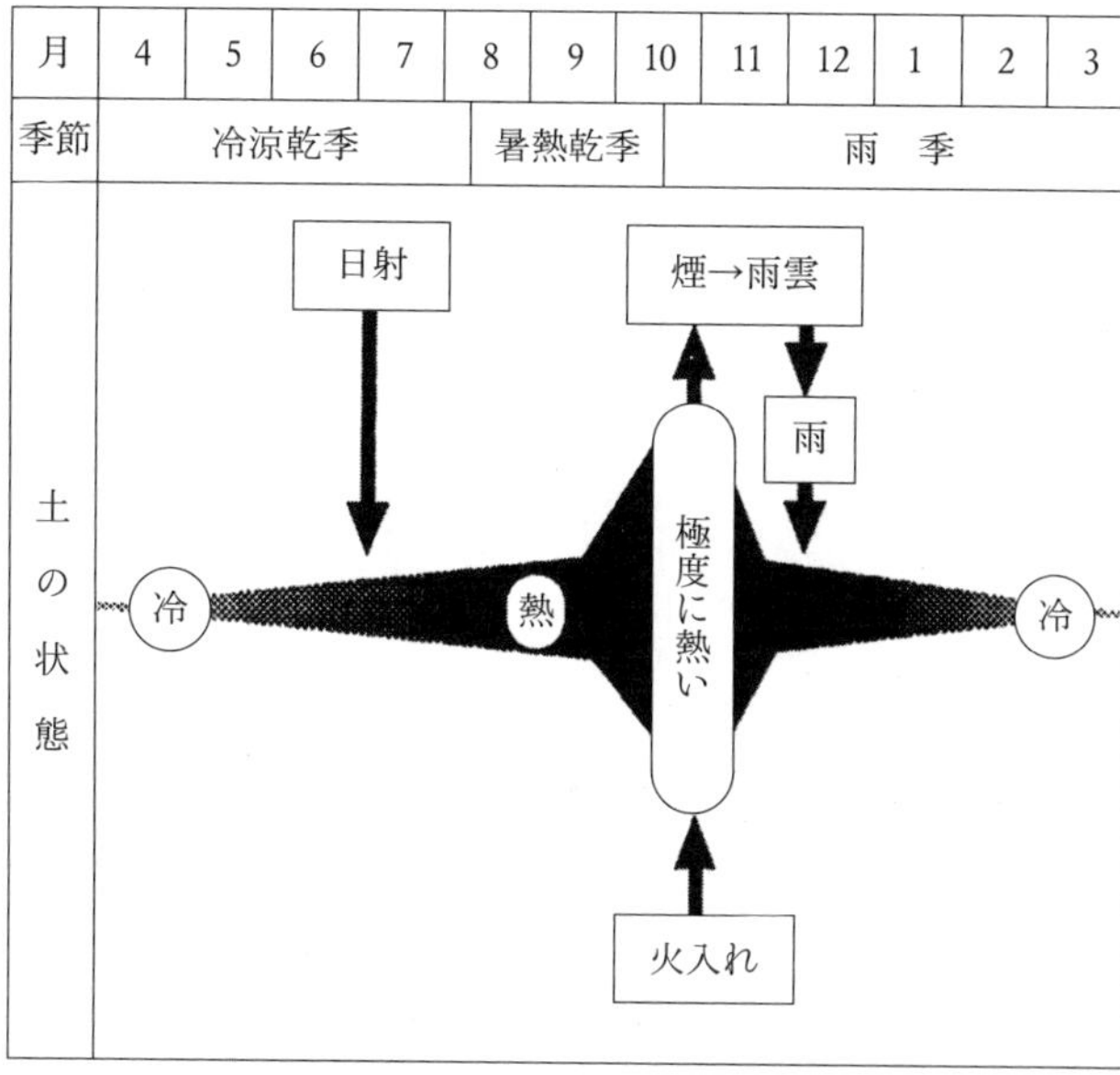

図5-2　「熱」「冷」の循環と作物の実りについての概念モデル（出所：筆者作成）

合う時期を選び、播種や植え付けをする。たとえば蔬菜類は熱い土を好む。キャッサバは、熱い土が雨で少し冷やされたくらいがよい。シコクビエは冷たい土が良いので、一二月末に播種する。サツマイモも冷たい土を好むので、一月から二月に植えつける。

チテメネの土にみられる「熱さ」と「冷たさ」の循環のプロセスと、作物の播種の時期や生育の関係は、人の生殖活動とのアナロジーで説明される。人間の生殖活動における「熱さ」と「冷たさ」についての知識は、成女儀礼を受けた者しか語ることのできない「秘密」である。[81]この知識に基づいて説明すると、初潮を迎えてからの女性の身体は、定期的に「熱い」状態と「冷たい」状態を繰り返すようになる。女性の身体

（81）筆者は一九八五年に成女儀礼を受けてこの知識を授けられた。以下で記すのは、日本語でなら書いても良いという許しを得た点に限る。また、知識は対価を払わない者には伝えてはならないとされる。

は、月経の前は「熱く」、月経中は「冷たく」なる。このように、身体が熱い状態と冷たい状態を定期的に繰り返すことが、妊娠の大前提となる。

妊娠を導くには、男女が性交渉をもたなければならない。それも女性の身体が熱い状態の時がよいという。性交渉によって男女双方の身体は「極度に熱く」なるが、それは自然の状態では達しえない熱さであり、枝積み火入れをおこなった直後のチテメネの耕地の土と同じ状態である。チテメネで作物が実るには、極度に熱くなった土が雨で冷やされなければならないのと同じように、望ましい妊娠と出産が導かれるには、性交渉によって極度に熱くなった身体を、作法どおりに洗い浄めて冷やすための儀礼をおこなわなければならない。

極度に熱くなった身体は危険な存在なので、身体が熱いままの人間が調理をしたり、火に触れたりすると、その火が汚れる。その火で調理したものはすべて汚れる。汚れた火は種火のやりとりによって他の世帯の炉にもうつり、汚れが村全体に蔓延する。汚れた火で調理した食物や酒を口にすると、ひどい咳をともなう呼吸器系の病に冒される。また女性がその火で沸かした湯を使うと不妊や死産を招いたり、異常な子どもが生まれたりする危険もあるという。さらにその食物や酒を祖霊への供物にすると、祖霊の怒りにふれて厳しい干ばつや大雨などの天候不順による不作や、疫病の蔓延などを招く。

このようにきわめて個人的と思われる性交渉という行為も、火を媒介にしてうつる汚れによって、ほかの村びとや村全体を巻きこんだ社会的な脈絡での不幸や災厄を引きおこす可能性をあわせもっている。

熱さと冷たさのアナロジーが、秘密の知識の中で身体にも適用されることによって、一見個人的な脈絡で生起する行為は社会的な位相へと引き出される。個々人の身体は個人に属していながら同時に、作法にかなったやり方で管理しなければならない対象となるのである。また、身体に関わるそのような作法が祖霊への作法とも連動して、チテメネの作物の収穫を左右し、村全体の暮らしの安寧を脅かす要因にもなる。

秘密の知識によって明らかにされるのは、作物の実りが人の生殖活動と同じ原理で生じていることである。この考え方を敷衍すると、チテメネで枝積み火入れをすることはたんなる農法の域にとどまらず、新しい生命を生じさせるための作法のひとつでもあるといえるだろう。

さらに祖霊への作法という文脈から、前節で述べた集落の創設や移動にも同じことが起きていることが示唆された。集落の創設や移動は、チテメネの開墾と同じようにミオンボ林のなかに新しく「人の領域」を生じさせる行為である。そのためには集落の予定地に作った炉で儀礼的に焚く火によって、祖霊が住む「冷たい」ミオンボ林を「極度に熱く」する必要がある。しかし、できたばかりの集落は、性交渉をもった直後の身体と同じように「熱すぎて」危険なので、村長の世帯が移住してから一年のち、集落が適度に「冷えて」ふつうの「熱さ」になるまで村びとは移住することができない。新しい場所が適度な「熱さ」になってはじめて、その空間が真に人の領域である村になるのだ、ということであった。

ここまでくるとはっきりわかるのは、チテメネを開墾するときに、なぜ樹上伐採と枝積み火入れをするのかという問いを突き詰めていくと、農法が祖霊への作法や人の生殖にまつわる作法と不可分に結びついていることが明らかにされ、一見関わりないように見えるそれらのできごとが相互に関連しあって作り上げている世界の全体像が示されるということである。

「秘密」の知識は、ベンバの住む世界の動きが、「熱さ」と「冷たさ」の循環に基づいたある種の原理によって秩序化されていることを明らかにする。そして、日常生活の異なった脈絡でおこるできごとが、じつは一連なりに結びついた脈絡で生起し、相互に影響しあっていることを教える。この論理にもとづけば、農法にかぎらず日常の活動の基本的な局面で、村びとは祖霊への作法を問われる活動に関わっていることが明らかになる。ベンバにとってチテメネ農法の十分な説明とは、一見したところではわからないような物事の結びつきかたと祖霊につながる世界の秩序に言及してはじめて完結するのだと考えられる。(82)

5 「見ればわかる」知識と見るだけではわからない知識

これまで述べてきたことから、チテメネに関わる知識が性質の異なる二つの知識——経験と観察から得られる実践的な知識と、脈絡のちがう事柄を相互に関連づけて体系化する知識——から成り立っていることが明らかになる。実践的な知識は村びとが「見ればわかる」と表現する知識で、ひとりひとりの経験や観察とその解釈をもとにしている。この種の知識は常に新しい知見が加えられ、個人レベルで納得が得られたり事実に合わせて修正されたりする。

他の人とその知識を共有するには「正しさ」を検証する過程が含まれる。伐採地に積みあげた枝葉が火入れで燃え残ると、地中に残った草の種や木の根が芽ぶいてはびこってくることや、樹上伐採した枝の切り口から何本もの新しい枝が生えてくること、その樹形は、樹上伐採されたことのないミオンボとはまったく違うことなど、子どもからおとなになる過程で経験を積み、人びとは「見ればわかる」知識を蓄積していく。かれらが優れた観察者であることはまちがいない。常に外界のできごとを観察し、観察に基づいて「見ればわかる」知識を蓄積し応用する。たとえば新しい作物を試作する人がいると、他の村びとは興味をもってその成否を観察する。どんなやりかたをすればそれがうまくいくのかを自分の目で確認して、観察を通してわかった知識を使って、自分でも試してみる。

これに対して体系化に関わる知識はおもにアナロジーで構成される。それは、自然におこる「熱さ」と「冷たさ」の循環に人間が加わり、自然に熱くなった状態を人為によって「極度に熱く」することによって、空間が祖霊の領域から人の領域に変換されたり、新しい生命を生み出すような世界の循環が動き出したりするということである。しかも、これらは同じ原理に従っておこっているために、相互に密接な関わりをもち、相互に影響をあたえうる。それはベンバの人びとの住むミオンボ林世界の秩序に関わる知識である。

世界の秩序に関わる知識は言語化され、さまざまな儀礼を通して伝えられる。ただし一つの儀礼で開示される知識は断片的である。たとえば成女儀礼で教えられるのは、身体と生殖に関わる側面での「熱さ」・「冷たさ」の管理でしかない。しかしほかにも、病気治療や占いを通して得る知識や祖霊祭祀の作法についての教えを組みあわせると、これらの儀礼に共通する「熱さ」と「冷たさ」の循環というモチーフが浮かびあがる。そして表面的には関わりなく見える、ある事柄と別の事柄が実は密接に関わることが理解できるようになる。

さらに長老格の限られた人びとは、要所要所で必要とされる呪薬についての実用的な知識も身につけていく。加えて、村長の位を継承するときには、祖霊に働きかける具体的な方法や邪術に抗する呪薬の知識を含め、体系化された知識全体についての教えが施されるという[83]。

---

(82) 秘密の知識の構造モデルについては杉山(一九九八)に詳しい。

チテメネの開墾方法に関するベンバの知識は、一方でだれもが体感できるリアリティをもちながら、他方で祖霊の住む世界の秩序に繋がっているという構造上のしかけを備えている。「見ればわかる」知識は、注意深くさえあればだれでも手に入れることができるし、実験もできる。しかし他方で、そのような知識はもっと深いなにものか、つまり「秘密」の秩序に動かされていると、さまざまな儀礼を通して示唆される。秘密の知識が存在すると知ることは、見るだけではわかりようがない世界の秩序が存在すると知らされることでもある。そこで「見ればわかる」知識は、世界全体の一部でしかなく、世界全体を動かす知識――「見るだけではわかりようがない世界」の秩序に迫る知識――がどこかに存在するのだという、いわば「長老だけがもつ（完全な）知識」のイメージが共有される。

「見ればわかる」実践的な知識と合わせて、異なる脈絡で生起することがらを体系づける知識について語り、「熱さ」と「冷たさ」の循環に人間が関与するための具体的な作法を知っていると述べることは、祖霊が住むミオンボ林世界の秩序に介入する方法を知っていると明言することにほかならない。それが許されるのは、社会的な権威を付与された年長者だけである。長老格の人びとは、秘密の知識をまとめてもち、どんな薬をどのように使うかというような、祖霊への働きかけを操作する具体的な技術をもつとみなされる。それが村長をはじめとする年長者と他の村びととを区別し、村長らの権威を裏づける。年少者が「私にはわからない」と言って、その先について口をつぐむのは、自分がそうした社会的な権威を持たないからである。年少者が、祖霊への作法と具体的な方法を「知っている」ということは、彼が社会的な権威の序列を無視した身のほど知らずか、みずから反社会的な邪術者であると公言するようなものだからだ。

村長らの権威もひとたびその正当性が疑われると、秘密の知識や祖霊に働きかける技術をもつこと自体が、かれらを排斥する強固な理由になるのは前章で論じたとおりである。強力な邪術者は身内を食らって力を増すという。村長ら長老格の人びとがもつ霊力とそれを操作する技術が、邪な思惑で行使された場合、近しい親族である村びとの生存への脅威とみなされるのは、それが村びとの体内に宿る祖霊にも影響をおよぼしうるからでもある。

ベンバの呪いは妖術信仰よりも、祖霊信仰と深く関わるという特徴をもつ（Richards 1950）。祖霊はミオンボ林と人びとを分かちがたく結びつける。チテメネ農法は、祖霊の住処であるミオンボ林の再生リズムに沿いながらも、他方でそれを伐り開いて焼き、人の生活の場を生み出すという点で、祖霊を脅かす契機にもなりうる。その両者のバランスをいかに保ち、祖霊から怒りではなく祝福を得るか、どのようにすれば豊かで安寧な暮らしを得られるかについての知識が、ベンバの村びとにとってのチテメネ農法についての説明だったといえる。そしてその具体的な管理が、村長の権威を正当化する根拠にもなっていたのである。

（83）長老の説明によれば、村長の位を継承するときの教えと、チーフの位を継承するときの教えは「まったく同じ」だという。村長の位に関わる教えを受ける資格がない私は、詳細を聞くことができなかったので真偽の検証はできないが、村長の位の継承とチーフの位の継承に同じ教えが施されていると語られていることじたいが、ベンバ王国と村落を分かちがたく結びつけるしくみの根底にあると考えられる。

6　村長の権威のありか

ベンバの村の村長がもつ権威は、村びとの生活の安寧を守るための超越的な力として認められている。他の長老格の人びとにも、ある種の社会的権威は付与されている。かれらの権威を裏打ちするのは、ミオンボ林世界の秩序に意図的に関わることのできる技術や知識の蓄積だった。とくに村長がその超越的な力を行使できるのは、かれが祖霊に直接語りかけられるからだ。それは祖霊信仰に根ざし、祖霊祭祀をふまえて実現する。それゆえにこそ、村びとの日常生活の安寧を守るために反社会的な行為を罰することができると考えられている。村長の地位を継承する者は、特定の儀礼を経ることによって、長として知るべき祖霊の作法に関する「知識」を移譲されなければならない。その知識は個人が経験的に獲得できるものではなく、先代村長らが「秘密」として保持している。だから、かれらの納得と合意がなければ表に出ない。しかしひとたび合意ができさえすれば、その知識は言語化されることによって、先代村長個人の具体的な身体から離れ、他者に譲渡することが可能なモノになることが重要である。その手続きを正しく踏むことによって、新しい村長は、他の村びとに認められる正当な権威を与えられることになる。

ML村の再興をはかろうとする次世代男性が、一度は邪術者として追放した村の創始者や当時の村長との和解を求めたのは、そのような知識の移譲が、次世代村長の正当な権威を獲得するための必然だったからだった。

村長の権威を裏打ちする祖霊信仰が村の分裂につながる種を宿しつつも、一度分裂した人びとをもう一度結びつける縁(よすが)ともなるのは、前章で述べたとおりである。一度袂を分かった人々をふたたび結びつける鍵になるのが、チテメネ農法の奥義にもつながる秘密の知識の継承であった。

ベンバの村には社会的な階層分化がほとんど見られないが、チーフや村長は特定の権威をもつことを公認され、それによって他の村びととは区別されている。その点から考えると、ベンバ社会にも地位の固定化や権力を通じた階層化への芽が内包されているともいえる。

しかし同時に、この権威はあらかじめ付与された正当性を背景として、無条件に他の村びとを従わせることのできるようなものではなく、むしろ、常に他の村びとからの評価の目にさらされている脆弱な基盤の上に成り立っている。ＭＬ村の事例から明らかなように、村長のもつ権威の正当性は、他の村びととの関係性の中に位置づけられ、それについての村びとからの承認があってはじめて保証されるのである。またその権威が祖霊の庇護を受けた正当性を獲得するためには、村長の姉妹や他の村びとがそこに積極的に関わることが必要とされており、他の村びととの共同によってのみ、権威の正当性が認められるという限定的な性格を与えられている。

このように、権威の正当性が共住する他者の承認によって形成されるしくみには、村の女性たちが強く関与していることにも注目しておきたい。とくに村長の姉妹にあたる女性たちは重要である。彼女たちが村長である兄弟とともに住み、その権威を支持することに賛同しない限り、村は成り立たない。ＭＬ村の事例では、男性の世代間対立が、先代村長らの権威の否定にまで結びついた。そこには村長の姉妹が、村長の姉妹という立場を捨て、次世代の男性たちの母という立場を選択した経緯があった。ベンバの村における村長の姉妹の政治的な重要性がよくわかる。

村長の妻の存在も重要である。ベンバは妻方居住制を基本とするが、村長の妻が、自分の出身村を離れて夫の母系親族と住むことに合意しない限り、男性は村長になれないからである。また、夫の母系親族を核として構成される村では、夫の姉妹とは異なる親族集団の一員である村長の妻が、村長の姉妹と良好な社会関係を築けないと、村長は姉妹から愛想をつかされるか、妻と離婚するかの危険をせおうことになる。

村長のように強い社会的な権威をもつ者は、私利私欲ではなく、他の村びとの暮らしの安寧を常に願わなければならない。それによってのみ、人びとからの信頼を得て、祖霊の庇護の元に霊力を発揮することができるのである。ベンバの村は、他の人びとを凌駕するようなある種の権威をもつ権力者の存在を認めながらも、それがゆるぎない「地位」として個人を越えて一人歩きすることを抑制するしくみも備えている。それは離婚率の高さや平準化機構など、人や物の流動を促進するしくみと対になって、ベンバ社会の特性を形づくっている。

第6章

農業政策の変化に揺れる母系社会

往復五五キロメートルもの道のりを歩いて、ムピカの町の製粉機でトウモロコシを製粉してきた女性が語る。「トウモロコシの製粉に行く日は女のホリデーだもの。荷物をもって町に行くことなんて何でもない。臼を何時間も搗いて疲れはて、すり石で手の皮がむける痛みにくらべたら。それに雨季でも食べ物の心配がないのは良いことよ」

――「製粉所行きは『女の休日』」フィールドノートより

1 農業の商業化政策と換金用トウモロコシ栽培の進展

1……焦点化される北部州農村

前章までは、チテメネ耕作を基盤に生計が営まれていた時期を中心に、ベンバの村の生活を描いてきた。それは祖霊への儀礼を通して、人びととミオンボ林が近しく暮らした時期である。しかし、世代交代に伴って祖霊への儀礼はおこなわれなくなり、村びとの生活には大きな変化の兆しが現れる。本章では一九九〇年代に加速したザンビア政府の農業政策の変化と村びとの対応に焦点をあて、その変化の様相とそこにあらわれる母系社会ベンバの特徴について検討を進める。

植民地時代からザンビア独立後の長い間、ベンバの人びとが暮らす北部州は、農村開発の対象にはならなかった。銅鉱山地帯から遠く、農業にも適さない地域だったから、植民地時代には銅鉱山地帯への労働力供給地と位置づけられていた。ベンバの在来農法であるチテメネ・システムも、自給程度の食物生産しかできない遅れた農業で、早急に廃止すべきだといわれてきた。さらに一九八〇年代以降の環境意識の高まりのなかで、焼畑は森林破壊の元凶として糾弾されるようになり、常畑耕作にとってかわられるべき農法との評価が鮮明になった。

一九七〇年代末から一九八〇年代にかけての国際銅価格の急落を受けて農業立国を宣言したザンビアで、農業政策の主眼となったのは農業の商業化である（児玉谷 一九九三、一九九五）。在来農法による自給的農業ではなく、常畑での「近代的」な商品作物栽培が強く推奨されるようになったのだ。この政策でとくに焦点化されたのは、人口密度が低く、それまでほとんど農村開発の対象にならなかった北部州である（表6―1）。

換金作物としてハイブリッド種トウモロコシ栽培を奨励する農業近代化（商業化）政策は、「故郷へ帰ろうBack to homelands」のスローガンのもとに、都市に集中する人口を地方に分散させる政策との組み合わせで展開された。チーフ・ルチェンベ領内には、種子と肥料の配布や収穫物の集荷をおこなうデポがいくつも設置され、農業普及員がトウモロコシ栽培の利点と方法を説いて村々を回った。チーフ・ルチェンベ自身も領内の村を巡回して「トウモロコシ栽培は進歩（*buyantanshi*）の証である。私とともにベンバの暮らしを進歩させようではないか」と演説し、トウモロコシ栽培の着手を強く勧めた。当代のチーフ・ルチェンベ、タフィンブワ・ルビロ氏は、チーフみずからが範を示すとして、それまでのチーフ・ルチェンベの村を離れ新しくミオンボ林を拓いてチーフの居城を作り、トウモロコシを中心に野菜や果樹の栽培も始めた。

一九九〇年代になると、それまでほとんど動いていなかったステートファーム構想が、タザラコリドー開発計画として再浮上した。それは、都市在住の人びとから入植者を募って大規模な商業的農場を建設する計画だったが、その予定区域に選ばれたのはML村にほど近く、村びとが出造り小屋を設けている地区を広く囲い込

表6-1　政策の変化と村びとの対応

年	国の社会経済的変化と農業政策の変化	ムピカ県の変化	ML村の変化
植民地時代	鉱山開発中心	鉱山労働力供給地	
1914年	第一次世界大戦にともなう食糧供給	畝立て耕作の導入と作物供出	
		定住化政策、集落世帯数下限10世帯とする	
1958			ML村創設
1964	ザンビア共和国独立		
1970年代後半	銅の国際価格下落、経済危機		
	銅のモノカルチャー経済からの脱却を目ざし、農業重視の政策に転換		
	農産物価格統制、化学肥料・種子など農業投入材への補助金		
1980年代初頭	ステートファームの拡大	トウモロコシ用肥料供給の地域単位変更	
1984	都市居住者の地方帰還促進		
1985	構造調整の一時的受け入れ	トウモロコシ種子・肥料の貸付制度	
1986			ML村青壮年男性がファーム耕作に着手 ML村分裂
1987	物価急上昇	物価急上昇	ファーム雇用労働が一般化
1990頃		ステートファーム計画がタンザン鉄道沿線開発計画として再浮上	
1991	政権交代、チルバ新大統領が積極的な構造調整の受け入れを表明		新製法の酒導入　ファーム耕作が女性世帯に拡大
1993	トウモロコシの流通・　加工に関する直接補助金の撤廃表明	このころまで、4業者**が化学肥料の貸し付け業務	男女別農業協同組合設立
	化学肥料の援助減少		
1994	農業流通の自由化本格的に	カブモント銀行の選定によりFOSUD***が肥料貸し付け	ブタ飼養始まる
	農業信用運営プログラム設置　SGSザンビアとカブモント銀行が信用運営幹事*に		
1995	農業信用法、食糧備蓄法		
1996	カブモント銀行、貸し付け条件を導入	タザラコリドー入植が本格化	ML村再建
1997	化学肥料・農産物流通の完全自由化	チーフ・ルチェンベ（タフィンブワ・ルピロ）死去	ブタ飼養全戸に広がる
1998		新チーフ・ルチェンベ就任　降雨不順による食料不足	降雨不順による食料不足
2000		タザラコリドー入植区画を縮小	

*政府から委託され、農業信用運営プログラムを運営する業者は信用運営幹事(Credit Managers)とよばれた。

**この4業者とは、1980年代初めから活動しているリマ銀行(Lima Bank)、1980年半ば以降、信用貯蓄組合(Cooperative Union Saving and Accountants：通称CUSA)、ムピカ県協同組合(District Cooperative Union：DCU)、ザンビア協同組合運営会(Zambia Cooperative Federation：ZCF)である。

***FOSUD：Mpika Foundation for Sustainable Development

むものだった。[84]「チテメネを開墾する場所が奪われる」という村びとの不安が強くかきたてられた。

チーフ・ルチェンベ領にハイブリッド種トウモロコシ栽培が広がるのは、上記の開発計画が実施に向けて動き出した時期だった。一九八〇年代に換金作物としてのトウモロコシ栽培の普及を目指した政府は、ハイブリッド種トウモロコシと化学肥料を抱き合わせで各地域に設置されたデポを基点に供給することとした。種子と肥料の運搬や収穫物の集荷は政府系公社が一手に引き受けていた。

トウモロコシを栽培する常畑のイメージは、都市生活や商業的農場で働いた経験をもつ村びとに共有されていたが、種子と収穫物の扱いがそれまでとは大きく異なるのにとまどった村びとは少なくない。当時の人びとは、政府が推奨したトウモロコシ栽培をファーム（*faamu*）と呼び、チテメネ耕作や在来の半常畑（イバラ *ibala*）耕作と区別した。

一九八〇年代初頭、化学肥料を供給する地域単位が変更されたことに伴い、デポが作られた他村ではファーム耕作ブームを迎えていた。ML村でこの新しい方式に参画しようとする村びとは多くなかったが、村の中心的な母系親族関係からは少しはずれた位置にいて「変わり者」と思われていた世帯No.13の夫や、他村出身の世帯No.9の夫が先駆けとなった（図4―6c）。当時、ML村からアクセスできるデポは遠かったし、収穫物を買い取ってもらうにはデポまで自分で運ばなければならなかったから、ふだんから自転車を使って広い地域を行

（84）ここに大規模農場を建設する計画は一九六〇年代末からあり、ステートファーム計画と呼ばれていたが、計画の実施は事実上凍結されていた。「ふるさとへ帰ろう」政策に伴ってこの区域が大規模農場の候補地として再浮上し、実現にむかうことになった。

商で動いているかれらでなければ、わざわざ始めようとは思わなかったのだ。

他の村びとは先駆者である「変わり者」たちの試行をそれとなく、しかし熱心に見守っていた。試行を始めて数年で「変わり者」たちの妻子の身なりが良くなったり、食用油を使ったおかずの頻度が増えたりするのを見たかれらは、トウモロコシ栽培は少ないリスクで安定した現金収入を得られると確認するに至った。

トウモロコシ栽培を思いとどまらせていたのは、デポへの運搬の手段と手間だけだった。だから、一九八六年に国営穀物公社などによるトウモロコシの種子と化学肥料の貸付制度が始まるやいなや、村の状況は一変した。ML村では、一九八八年までに既婚の青壮年男性のほとんどがファーム耕作を始めたのである。

広域で見ても、ファーム耕作がいかに急速に普及したかがよくわかる。私たちがチーフ・ルチェンベ領の一七村を対象に実施した調査では、一九八五年にファーム耕作を始めていたのは一七村中二村で、それも一部の村びとが試行していたにすぎなかったが、一九八八年には一七村すべてが新しいトウモロコシ栽培に着手していた。そして驚くべきことに、一九九二年には女性世帯を含むすべての世帯がトウモロコシ栽培に着手するようになった。

これほど急速にファーム耕作が広がったのは、政府の貸付制度がリスクなく破格の現金を手に入れられるチャンスとして認知されたからである。この制度では、名義登録をした者に、希望する量のハイブリッド種トウモロコシの種子と化学肥料が無担保で貸し付けられ、収穫物の販売額から貸し付け分の金額を返済することになっていた。けれど、貸し付けを返済しなくて良いと誤解した村びとも少なくなかった。

当初の制度運用における貸し付け分の返済は、収穫物の販売額から差し引く方式ではなかった。まず、販売した収穫物の全額分の小切手が切られる。それを手にした村びとが自分でムピカの町の郵便局や銀行に行って換金し、換金して得た現金を持って種子と肥料の貸し付け分を返済しに行く手順になっていた。この手順が面倒なだけでなく、それまでの収入に比べて一〇倍以上の現金が一度に手に入ることに舞いあがった村びとは、換金した現金を使うことに夢中になり、返済分を残さなかった。それも無理はない。制度開始から二〜三年の間は、前年の貸し付け分が返済されているかどうかを問わず、翌年の貸し付けがおこなわれたのだから。複数年の返済が滞っている登録者にも罰則はなかった。

2……忙しくなる男性・あおりを受ける女性

貸付制度の導入を好機として、ファーム耕作に積極的に参加したのは、男性たちである。土地利用に関するベンバの慣習では、永続的な土地所有権があるわけではなく、その時点で耕地を使っている人のものとされてきた。第4章で述べたように、チテメネの開墾場所も伐採者が自由に選定する。ほかの村びとはその場所を避けて自分の開墾場所を決める。チテメネ耕地の輪作期間中は当該世帯が排他的に利用するものの、休閑に入れば排他的な利用権はなくなる。

耕作者が自由に場所を選べる慣行は、ファームのために半常畑を開墾する際にも踏襲された。しかし、ファーム耕地はチテメネ耕地よりも長期間にわたる利用を前提にしていたため、ほかの村びとに先んじて条件が良い場所を確保しようとして、男性たちが開墾競争を繰りひろげた。

常畑を造成するには、木々を根本から切り倒し、根を掘り上げる作業が必要である。男性たちにとって伐採はお手の物だが、根を掘り上げるとなるとかなりの重労働だ。だから開墾作業が比較的楽で、収穫物の運搬に

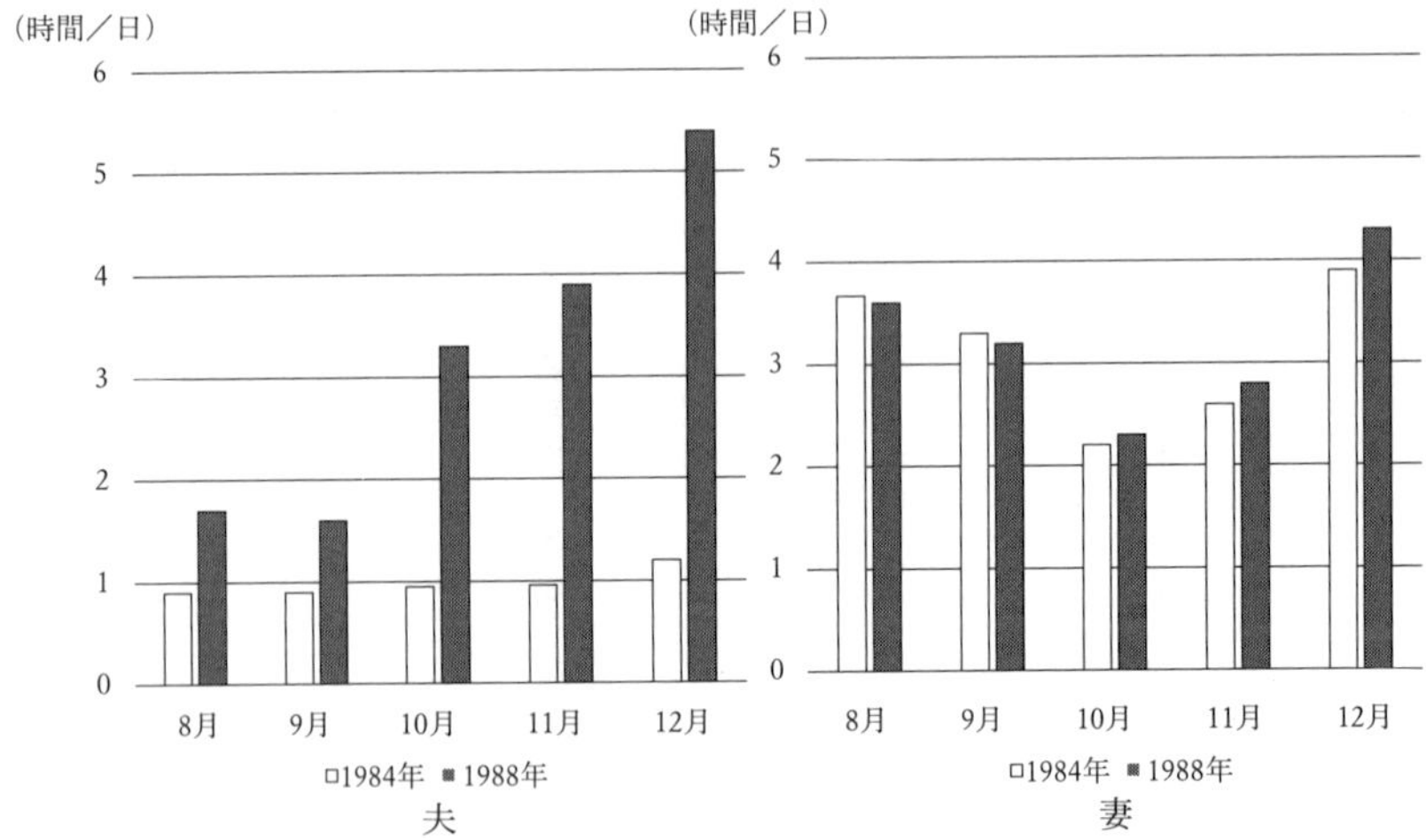

図6-1　世帯における農耕活動への月別平均従事時間の変化（出所：労働日誌に基づき筆者作成）

も便利な場所がまず選ばれた。それは、道路際にある昔の集落跡や、集落付近で休閑年数が短いチテメネ跡地である。すでに半常畑イバラを作っていた村びとは、イバラを基点にしてその周囲に耕地を広げるやりかたで自分のファーム耕地を確保し、急速にトウモロコシ栽培を拡大していった。一九八六年以降、一九九〇年くらいまでの間に、条件の良い場所はファーム耕地に変わっていた。[85]

チテメネ・システムを中心としたベンバの生計活動は、農耕と採集狩猟活動を組み合わせた自給食料の確保と、行商や行商の販売を通した小規模な現金獲得活動の二本立てで維持されてきた。この生計戦略は、女性がおもに農耕活動を通して基幹栄養素と食物カロリーの供給の役割を担い、男性は狩猟採集による動物性タンパク質と行商などによる現金の入手をするという、性別役割分業に対応している。ファーム耕作がブームになるまで、男性はチテメネの伐採を除いてほとんど農耕活動に関わらなかった。

ファーム耕作を機に男性が農耕にかける時間は大きく増加した。八月から一二月の労働日誌を集計したところ、一九八四年にNo.8の夫が農耕活動にかけていた時間は一時間弱で、おもな作業はチテメネの伐採と柵作りだった。ところが一九九二年になると、もっとも少ない八月で二時間弱、ファームの耕起が佳境を迎える一二月には五時間以上も農耕活動に費やしているのである。他方、彼の妻が農耕にかける時間はほとんど変わらなかった（図6―1）。注意しておきたいのは、ファーム耕作が成功しても、かれらがチテメネ耕作を継続したことである。夫婦世帯では、妻がほとんどのチテメネの農作業を担って自給用の食物を確保する一方、夫はファーム耕作を中心にした現金獲得の役割を担うという二本立ての生計戦略が新しく登場した。

一九八四年には「男は鍬を持たないものだ」と胸を張っていた男性たちは、一九九二年になると掌を返したように「ファーム耕作をしないなんて男じゃない」と豪語する。男性が熱心にファーム耕作に関わるようになって以前とは段違いに忙しくなった結果、しわよせを被ったのは女性たちであった。

---

(85) 一九六四年のザンビア独立後から数年の間に、コパロードに面した地区のイバラだけは、わずかな面積ながら測量され、当時住んでいた住民が「保有者」として記録されたという聞き取りがある。しかしその「保有者」が利用権を主張することはまったくなかった。

2　苦境に陥る女性世帯……世帯間の格差は広がる

1……男性の働き手が集まらない!

男性たちがファーム耕地の開墾とファーム耕作に力を入れるようになる一方、女性たちにはファーム耕作を始める余裕などなかった(写真6―1、6―2)。彼女たちは従来通り、チテメネ耕作に関わる農作業を中心的に担っていた。食物の採集や調理加工、水汲みなどにも多くの時間を費やしていたし、木を伐採する技術もない。夫婦世帯では、夫がファーム耕作の大部分を受け持ち、自分の名義で多額の現金収入を得る一方、妻はチテメネ耕作を中心とする自給用の食料確保に加え、ファーム耕地の除草や収穫したトウモロコシの脱粒作業にも参与を求められるなどさらに負担が増え、分業の不均衡が生じた。

ハイブリッド種トウモロコシは化学肥料を入れないと十分な収穫が期待できない。肥料が供与されるのは制度に名義登録した男性に対してだったため、同じ世帯でも妻が勝手に使うことはできなかった。夫が多妻婚者である場合、供給された種子と化学肥料すべてを、片方の妻の村に造成した耕地で使ってしまった結果、ほかの妻がもつファーム耕地には肥料が入れられずほとんど収穫がなかった例さえある(杉山 一九九二)。世帯の生計維持における男性の役割とそれへの期待は以前よりもずっと大きくなり、男性の働き手の重要さはそれまでになく高まった。

写真6-1　開墾をはじめたファーム

写真6-2　ファーム農作業雇用労働(トウモロコシを村に運び脱粒作業をする)

この変化の影響で苦境に陥ったのは、男性の働き手をもたない女性世帯主である。彼女たちは自分のファームを開墾することはおろか、チテメネを伐採する男性の働き手さえも得にくくなった。男性たちは競って自分の世帯のファームを良い場所に開墾しようとし、ファーム耕作に多くの時間を割くので、女性世帯主がチテメネの伐採を依頼しても、おいそれとは受け入れない。現金で雇おうにも、男性たちがファーム耕作でめざすのは従来の一〇倍以上の稼ぎである。従来の礼金額を提示しても受けてくれない。共同労働を依頼する方法があったからある程度の伐採はできたものの、「雑だし、少ししか働かない」と女性世帯主が嘆くほど、作業に身が入らない状態だった(86)（写真6―3：共同労働で整形していない枝葉を運ぶ女性）。

さらに困ったことに、女性にとって重要な現金獲得の手段だったシコクビエ酒の販売も低迷した。そもそも、酒造りに回すシコクビエが確保できない。チテメネを伐採する働き手がいないので十分な面積の開墾ができず、シコクビエの収量自体が減ったからである。女性たちは、販売価格を値上げしてなんとか利益を高めたいと願ったが、値上げは許されなかった。女性たちからの再三の求めにもかかわらず、村長は値上げを認めない。あろうことかチーフ・ルチェンベからも「伝統の酒は儲けるためにあるのではない」というコメントが出されたので、なすすべもなく売値を据え置かざるをえなかった。

チテメネを伐採する男性の働き手は得られない、シコクビエ酒を売っても利益はないというのでは、女性世帯主たちの困窮は目に見えていた。ただ、そうはいっても年少女性に比べると、年長女性たちの状況はずっと恵まれていた。

成長した未婚の息子をもつ女性は、息子たちに伐採を依頼することができたし、村に住むほかの成人男性は年長女性の息子やオイ、娘婿である。かれらにとって母やオバにあたる年長女性の依頼はむげに断るわけには

写真6-3　枝葉整形の良し悪しで大きく異なる運搬の苦労
(上)整形した枝葉の束。数本を組み合わせてバランスを取り運搬する。

(下)地上伐採しただけで整形していない枝葉。２本同時に持つのがやっとの状態で「伐ったのは誰なんだ」と文句を言いながら運ぶ女性。上下の写真を比べると、枝葉の長さが大きく異なるのがわかる。

いかないから、自分から進んで手伝うわけではないとしても、一定の面積の伐採は引き受けてくれるのだった。年少女性世帯主は、こうして開墾された母親や母方オバのチテメネで農作業を手伝い、彼女たちのチテメネの作物を食べて苦境を凌ぐことになった。前章でも述べた通り、ひとつの世帯の生計維持が困難になったとき、母娘や母方オバとメイなど母系で結ばれた女

(86)　この時期に必要な面積を現金による雇用で伐採するのはほぼ不可能だった。ある女性世帯主の事例から計算したところ、同じ一〇〇アールを伐採するのに現金なら一〇〇〇クワチャが必要になるところ、共同労働なら二〇〇クワチャ相当の酒でまかなうことができた。

性たちが共同することによって、苦境を乗りきる従来の方策がとられたのである。

ザンビアの経済状況に目を転じると、政府が構造調整政策の一部受け入れを表明して以降、インフレが加速していた。これを反映してムピカの町で販売される衣類や衣料品の価格は大幅に跳ねあがっている。子どもの学校用品や生活用品を入手するためにも、町で売られている物品の価格にみあう現金を得なければならない。

女性世帯主たちは、なけなしのシコクビエを村からムピカの町に運び、町でシコクビエ酒を造って販売した。チーフ・ルチェンベの管轄外であるムピカの町では、当時のインフレに合わせた値段でシコクビエ酒を売ることができる。その結果、村の中でシコクビエ酒が販売されたのは、一九八八年から一九八九年の一年間でたった二回だけだった。一九八四年から一九八五年には一年で一九回も酒が販売されたことを想起すると、村内でのシコクビエ酒販売がいかに急速に衰退したのかがわかるだろう。もっとも、ファーム耕作によって男性たちが手にする現金は少なくとも一〇〇〇クワチャ以上あり、かつてより一桁も二桁も多かったから、以前と同じ頻度でシコクビエ酒の販売がおこなわれていたとしても、とても吸収できる額ではなかった。かつて村内に現金の還流を作りだし、世帯間の差異を平準化するしくみの要にあったシコクビエ酒の販売が機能しなくなったことによって、世帯間の差異が固定化し格差が広がる懸念が生まれた。

2……雇うことが分け与えること?

世帯間の格差をさらに広げたのは、ファームをもつ世帯による雇用労働の開始である。いちはやくファーム耕作に着手し、他世帯より大きな耕地をもつ世帯が、畝立てやトウモロコシの播種、除草、収穫、脱粒などの作業に村びとを雇うようになった。これにもっとも積極的に参加したのは女性世帯主たちである。

ファームの農作業に対する当初の報酬はおもに現金だったが、ほかにトウモロコシや乾燥魚をはじめとする食物、塩や石鹸、油などの物品でも支払われていた。困窮していた女性世帯主たちは雇用労働に参加して得た物品と自分のチテメネでとれた食物を回しながら使うことによって、ようやく生計を維持しているありさまだった。

ふしぎなのは、雇用労働に対する彼女たちの態度である。村の生活の根幹には「他者への分与」があり、他者より多くの物や良い物を持つ村びとは、他者の求めに応じて分け与えなければならないという大原則があったはずだ。とくに食物については、もたない者がもつ者にねだるのは、ごく当然のことだといわれてきた。自分の世帯で十分なチテメネの開墾ができず、自家消費する食物も足りないのだから、「食べ物がないの。トウモロコシを分けて」と言えば良いではないか。大きなファームをもつ世帯ではまさに売るほど多くのトウモロコシを収穫している。その世帯に食物をねだるのではなく、雇用されてファームの農作業をしたら、かれらをさらに利するだけではないか。

ある女性世帯主はこう答えた。「トウモロコシをねだるのは現金をねだるのと同じでしょう？　いくら困っていても、私はベンバの面目にかけて現金をねだるなんて恥ずかしいことはしない。それじゃ乞食と同じじゃないの」。当時の村びとの主食はシコクビエとキャッサバだった。村びとにとってトウモロコシは、完熟前の柔らかい実を茹でたり焼いたりして食べる軽食と捉えられており、完熟したトウモロコシを製粉し主食に使うことはなかった。

村の経済におけるモノやサービスのやりとりには、三つの通り道（*nshila*）があるという。それは「食物の道

nshila ye filyo」、「敬意の道 *nshila yo mucinshi*」、「お金の道 *nshila yandalama*」であり、それぞれにやりとりのしかたや作法が使い分けられる。つまり、ここで言う道とは、それぞれに異なる交換の様式だと考えてよい[87]。

村の年長女性によれば、「食物の道」を通るモノには持ち主の裁量がほとんど及ばないのが特徴である。畑で収穫されたシコクビエなどの農作物は、それが穀物倉にあるうちは食物の道に乗っていないので、持ち主に無断でほかの人が触れることはない。しかし、倉から持ち出されて精製され、調理されると、「食物」に変わり、その場にいる人びと全員が当然のように分与を得られる。「食物」になったモノに対して、もとの持ち主ができることはほとんどない。「食物」を食べている場に近づく人には「寄って食べていらっしゃい」と呼びかけるのが作法だ。また、食物に不自由している村びとは分与をねだることができ、与えられた食物の量についても、不満を述べてさらに分与を求めることができる。

「敬意の道」は、共同労働における酒と労働力、祖霊祭祀における祖霊への捧げ物、儀礼への招待や贈り物のやりとりなどをさす。そこへの参加は村びととしての義務であり、主催者に礼を尽くすことが求められる。国の貨幣である現金でも、「敬意の道」を通ることによって、支払いではなく敬意を示す「贈り物」になると言われることから、コミュニティの象徴的な財への意味変換がおこなわれると考えてよいだろう。「敬意の道」では贈られたモノやその多寡についてうんぬんすることは非礼にあたる。「敬意の道」はおもに同じ集落の中や他地域に住む親族との間、およびチーフとの間に限られる。「道のそばにいる人」との社会関係に埋め込まれており、その関係の確認と維持の機能を果たす。

「お金の道」を通るモノは、国の貨幣である現金と同じ扱いを受ける。そこでは持ち主の裁量が大きく、モノの用途を決めるのは持ち主である。持ち主以外の者が、直接の分与をねだったり、分与の量を決めたりすることは「恥ずべきこと」として避けられる。村で実施される雇用労働で授受される現金やトウモロコシは、労働への対価としての「支払い」だと認識されている。「お金の道」は村の外側に延びていて、村の中では入手できないモノが流れるので、人びとの生活にとって不可欠ではあるが、村びとの生計の土台となる「道」ではない。当時の村びとにとって、ファームで収穫されるトウモロコシは売り物だから、「現金と同じ」とみなされた。そのため、日常的におこなわれている食物の分かち合いのルートには乗らない。トウモロコシも現金と同じく、「お金の道」に乗るモノだと考えられていた。

この考えかたからすれば、女性世帯主たちがトウモロコシや現金を得るためには、ファームをもつ世帯に雇用されて「対価としての支払い」を受けるのが当然だと言われるのは自然なことだ。それどころか村びとは、ファームを持つ世帯が人びとを雇用しようとするのは、それ自体が「(ほかの方法ではできない現金を得る機会を与えるという意味で)現金を分け与えることだ」という解釈をして、それに納得していた節がある。雇用労働を提供する世帯で聞き取りをしても「うちに働き手はいるから人を雇わなくてもよいのだが、親族が困っているからわざわざ仕事を作っているんだ」と説明される。雇う側の必要よりも雇われる側の苦境に配慮したという点で、「分け与える」という文脈で理解されているようだ。[88] 換金作物であるトウモロコシを特異な位置づけにある現金

(87) 取引における異なる領域があることは、植民地期のナイジェリアについてボハナン(一九五五)も指摘している。サーリンズ(一九七二)もこれを引用、太田(二〇〇二)もトゥルカナにこのような異なる取引様式があることを記している。

(88) 雇う側の世帯にその必要はなくても、雇用労働を提供する事例は、半澤(一九九三)も報告しており、アフリカ農村における雇用労働の意味づけを考えるうえで興味深い。

と同じとみなし、現金に対する態度と同じやりかたで扱おうとした結果、雇用労働は「分かち合い」の原則に読み込まれて受け入れられた。たとえそれが、将来的に格差を広げるだけだとわかっていても。

しかしその後の数年間では、私が懸念したほどには格差の拡大は進まなかった。むしろ、男性労働力やトウモロコシが世帯を越えて流動するようになり、世帯間格差をふたたび平準化に向かわせる素地ができた。困窮していた女性世帯を含めて、ほとんどすべての世帯がファーム耕作に着手するようになったのである。その背景には、共同で食物の調理加工をする女性たちの日常的行動が、結果的にトウモロコシを村びとの「食物」にしたことと、女性世帯同士の連携があった。

3 女性世帯の連帯、世帯を越えた消費のネットワーク

1……主食になったトウモロコシ

かつてトウモロコシは村びとの主食ではなかった。しかし、ハイブリッド種トウモロコシが大量に収穫されるようになると、ファームを保有する世帯の妻たちは、半搗きにしたトウモロコシ(89)を柔らかく煮て食べるようになった。第3章で述べたように、食物の加工作業の場には、複数の世帯の女性たちが集まっている。堅くて搗くのに時間がかかるトウモロコシの加工作業を数人の女性たちが入れ替わり立ち替わり手伝い、搗きあがったトウモロコシが煮上がると、ほかの女性も勧められていっしょに食べるというぐあいで、ファームをもたな

い世帯の女性や子どもたちもトウモロコシを食べるようになった。

さらに進んで、ファームをもつ世帯の妻たちは近くの集落にある製粉機でトウモロコシを製粉して、キャッサバ粉と混ぜ、主食のウブワリを作るようにもなる。換金作物のトウモロコシでもウブワリとして調理されていれば、それはもう「食物」である。「寄って食べていらっしゃい」と呼ばれたら断るいわれはない。ファームを持たない世帯の女性たちもトウモロコシとキャッサバを混ぜたウブワリを食べる経験を積み、雇用労働の対価として好んでトウモロコシを受け取るようになった。それを半搗きのトウモロコシ粥にしたり、トウモロコシの機械製粉が広がってからはウブワリにしたりして、女性世帯主の家でもトウモロコシが主食のレパートリーに加えられた(90)。

女性たちがトウモロコシを受け入れたのには、主食のシコクビエを確保しにくい当時の困難な状況のほかにも、二つの大きな理由がある。一つめの理由は、雨季でも雨に左右されずに主食用の製粉ができるから、二つめは、手作業で製粉をする苦労から逃れることができるからである。

雨季に女性たちを悩ませるのは、製粉作業が降雨に大きく影響されることだった。シコクビエが残り少なくなる雨季の主食は、キャッサバが中心になる。だが、雨が続くと水晒ししたキャッサバを乾燥させて製粉する

---

(89) トウモロコシを臼で半搗きにするには、薄い外皮を取り除くため、水に浸したミオンボの樹皮紐を一緒に入れて杵で搗く。

(90) トウモロコシを手作業で製粉するためには、気の遠くなるような労力がかかるし、機械製粉の代金を支払う余裕もないので、女性世帯が自分の家だけでトウモロコシのウブワリを調理することはめったになかった。

写真6-4　雨季で雨が続くときは搗いたキャッサバを団子状に丸め、台所内の炉の上の棚で乾燥させる。

ことができない。乾燥させるには屋根付きの台所に乾燥棚を作って火を焚く方法しかないが、製粉できるほど乾かすには何日もかかるし、できた粉が煙くさくなる（写真6―4）。それまでは茹でた食用ヒョウタンやカボチャで空腹をしのぐしかない。「肉厚のキノコや脂ののった食用コオロギ！　おいしいおかずがたくさん採れるのに、毎日カボチャとヒョウタンでは身体中黄色くなってしまう！」という男性たちの訴えに応えてウブワリを作るには、機械製粉ができるトウモロコシが便利だったのである。

機械製粉のわずかな代金が払えれば、掌にマメを作りながら毎日二〜三時間もかけてすり石で製粉する苦労は必要ない。「今日は女の休日」と言って仲の良い女性同士が語らい、楽しげにムピカの町までトウモロコシ製粉に行く光景がよく見られるようになった。製粉機はチーフ・ルチェンベ村にもあったのだが、町の製粉代の方が安いことを理由に、女性たちは町に行きたがった。トウモロコシを少し多めに詰めた袋を持って町に出向き、まず数キログラムのトウモロコシを市場で売る。その代金で製粉代を払い、少量の油や砂糖、稀には小さなピアスやネックレスを買って村に戻る……トウモロコシはそんな小さな楽しみを与えてくれるものにもなった。女性たちの集いの中で消費されることによって、トウモロコシは村びとの主食食物になり、持つ者から持たない者に分与されるものに変化した。

「自分のファームをもてば、毎年苦労してチテメネを伐採してもらわなくてもすむ（からファーム耕作を始めたい）」と考える若い女性世帯主も現れた。彼女たちはトウモロコシが主食として扱われるようになった状況を機に、ほかの世帯の男性にファームの開墾を依頼しようともした。この試みは成功しなかったが、原則的にはトウモロコシが食物であるからには、それを栽培するファームの開墾を要請することは、日々の食物に不自由している者が、食物を得るための助力を頼むことにほかならない。「食べ物に困っている」と言われれば、頼まれる男性のほうも、それをむげには断りにくくなる。かつて自分の世帯のファーム耕作にだけ向けられていた青壮年男性の労働力が、母系親族を中心とする村の社会関係の中に取り込まれる条件が少しずつ整ってきた。

2……新しい醸造法の導入と現金還流の再活性化

トウモロコシが村びとの主食に加わったことに加えて、ファーム耕作が村中に広がるのにさらに決定的な役割を果たしたのは、シコクビエ酒の新しい製法の導入である。一九九一年にムピカの町の親族を訪問していた若い女性世帯主が、ベスティニと呼ばれる酒の製法を学んで持ち帰ったことによって、酒を媒介とした村の現金環流が再活性化され、男性労働力も動くようになって平準化機構がふたたび機能しはじめた。

ベスティニ酒を醸造するには、一回につきシコクビエ六キログラム、水三〇リットル、薪一〇キログラムに砂糖とイーストを加える。仕込んでから二日で酒ができる。それまでのカタタの醸造では、一回につきシコクビエ四五～五〇キログラム、水二〇〇リットル、薪六〇キログラムを使っていた。スターターづくりから始めるカタタは、醸造を始めてから飲み頃になるまで二週間以上を要するのだが、二日で飲めるようになるベスティニ酒は「お手軽酒」としてあっという間に広がった。その中心になったのは、年少者とよばれる若い既婚女性たちである。

ベスティニ酒の価格は、従来のシコクビエ酒より高く設定された。女性たちがベスティニ酒は伝統の酒ではないと主張すると、その価格設定には村長もチーフも口を出さなかった。販売方法は、かつてのカタタ販売の慣行に倣った。まずカップ一杯分の味見酒が無料で提供され、その後、購入者がそれぞれの懐具合に応じて酒を買う。量り売りをする場合、ビール瓶を満たすと六〇クワチャ、[91] 客が持参する三リットル入りポリタンクだと三〇〇クワチャであった。

一回あたりの醸造量は、三リットル入りポリタンクの容量を基準として、女性が必要とする現金の多寡によって決められた。ポリタンク一つ分でいくらの儲けが出るので、自分が必要とする現金を得るにはポリタンクn個分の酒を造ろう、というふうに計算するのだ。観察によれば、一回に醸造されるベスティニ酒は約二五リットルが一般的であった。味見酒分を差し引いても一〇〇〇～一二〇〇クワチャになるので、月に四回のペースでベスティニ酒を売れば、一ヶ月あたり四〇〇〇～四八〇〇クワチャを得ることができる。当時、トウモロコシの販売価格は九〇キログラム入り一袋で三〇〇〇クワチャだから、一ヶ月あたりの収入としては少なくない額だといえるだろう。

世帯ごとの販売回数を見ると、多い世帯は一ヶ月に八回もベスティニ酒を売っている。一年のうちシコクビエに余裕がある乾季の四ヶ月だけ醸造販売したとすると、多い世帯なら三万二〇〇〇クワチャ以上になる計算だ。これをトウモロコシ九〇キログラム袋の販売に当てはめると、一〇袋以上を販売したのと同じだけ稼ぐことなる。

酒の原料となるシコクビエも確保しやすくなっていた。かつてシコクビエ酒の醸造回数は、自分の穀物倉にある限られた量のシコクビエから、どの程度を酒造りに使い、どの程度を自分たちの食料として残すかの判断で決まっていた。しかし、一九九〇年代にはトウモロコシが主食の補いとして食べられるようになったため、酒の原料に使うシコクビエの量が増えても、自家用食料は確保できた。また、ムピカ近郊に複数建設された商業的農場の入植者たちが常畑で大規模にシコクビエ栽培を始めたので、ムピカの市場に出回るシコクビエが増え、購入もできるようになった。このような変化を追い風に、女性たちはふたたび村でシコクビエ酒を販売しはじめた。

ベスティニ酒を造って販売するのは、年少女性たちである。彼女たちは、それまでと同様、自分の母やオバのチテメネで生産される作物に依存して、日々の食を確保した。年長女性はチテメネの開墾に注力して自給の安定を図り、年少女性はそのチテメネに生計の一部を依存しながらベスティニ酒の販売によって現金を得るという世帯間の共同とある種の「分業」が行われるようになった。

トウモロコシを売って多額の現金を持つ男性たちは、ベスティニ酒が飲み頃になる日の午後になると、酒を売る女性の家に集まってくる。それぞれが持参したポリタンクに自宅に持ち帰る分を少し確保したら、その場で車座になり酒盛りが始まる。一座の中央においたバケツにそれぞれが買った酒を注ぎこんで、順番に飲み始める。酒宴のにぎわいを聞きつけて集まった他の村びとにねだられるまま、男性は酒を買い足す。醸造した酒

（91） 一九九二年八月時点の換金レートで一米ドルは二〇五クワチャであった。

がなくなるまで、酒盛りが続く。

酒を販売する女性たちは、すぐに他の世帯の男性を雇用できるほどの現金を得られるようになった。ベスティニ酒をとくに歓迎したのは、伝統的な酒をおおっぴらに飲むことが許されなかった未婚男性たちである。未婚者は伝統的な酒を飲める立場にないと言われて、かつての酒宴に近づけなかったかれらは、そんな規制がかからないベスティニ酒を歓迎した。唯一の問題は、かれらが既婚男性ほど現金をもたないことである。かれらはほどなく「つけ」で酒を飲むようになった。

女性世帯主はつけで酒を飲む男性たちに、つけを現金で払う代わりに、自分の世帯のファーム耕地を開墾するよう要求した。未婚の青年たちを中心に、つけで酒を飲む男性たちが畑の開墾に従事するようになり、女性世帯主も自分のファーム耕地をもつに至った。こうして確保した男性の働き手を使って、彼女たちはさらに、自分の母親や母方オバのファーム耕地を開墾しようとした。その結果、ベスティニ酒の導入から二年ほどのあいだに、ML村のほとんどすべての世帯でファーム耕作がおこなわれるようになった。

彼女たちはすでに、先駆的にファームを開墾した世帯でファームの雇用労働に従事し、トウモロコシ栽培のやりかたを身につけていたから、問題なくトウモロコシ栽培に着手することができた。自分のファーム耕地をもつようになってからの彼女たちは、自分の名義で貸付制度に登録し、名実ともにファーム耕作を始めたのだった。

4 生計における現金の位置づけは変わったか……食物の道・敬意の道・お金の道

1……必要に応じた調達と使いきり

ファーム耕作が一般化した一九九〇年代なかば以降、村びとの生活は目に見えて変化した。木造土壁の家屋を日干しレンガの家屋に立て替えたり、家具やヨシ材製の食器棚、陶器のカップセット、ラジオ、カセットデッキなどを備えたりした世帯も少なくない。また、それまで特別なときにしか使わなかった食用油を日常の調理に使うようになった。一九八〇年代はじめには村で二台しかなかった自転車の保有台数も増えた。このような経験を通じて、村びとは「より多く現金を得れば、おいしい食事と豊かな生活用具が手に入ること」を実感してきた。では、ファーム耕作の普及を機に、村びとはより多くの現金を獲得しようとする方向に舵を切ったのだろうか。

結論から言えば、多くの現金がおいしい食事と生活用具を増やすことに魅力を感じていても、女性たちの現金に対する態度はあまり変わらなかった。それまで、女性たちが現金を得る活動をするのは使う必要ができたときで、必要な額が得られると活動をやめるのが常だった。それはシコクビエ酒の販売も、雇用労働も同様である。必要もないのに現金を入手して使うときのために貯めておくような態度はほとんどなかった。その傾向はファーム耕作が広がってからも変わらないようにみえる。(92)

たとえば、上述のベスティニ酒を醸造販売するとき、女性がその気になれば、従来よりずっと多く酒を造り、ずっと頻回に販売できる条件が整っている。けれども、彼女たちは一回の醸造量を倍増させることも回数を増やすこともせず、現金が必要になるたびに必要な額の現金が手に入るだけの量の酒を造り、販売する。必要な額に達するとそれ以上の販売はしなかった。月当たり八回と、もっとも頻回に醸造販売した女性は、セカンダリスクールに進学する子どもの旅費、学費、ユニフォームなどを買うためのお金と貸付を受けた種子と肥料の返済額の一部を確保することを目的にがんばっていたが、その金額が確保できるとすぐに販売回数を半分以下に減らした。

彼女たちは必要とする物の購入や支払いができるかどうかを判断の基準として、酒の販売価格と販売量を決めているようだ。女性たちが醸造販売する酒の一回あたりの売り上げをクワチャ単位でみると桁違いに増えているが、外貨換算ではほぼ二〇米ドルで安定している(杉山 二〇〇七)。外部の市場で売られる生活必需品の価格は、対米ドル為替相場の変動にほぼ対応して上昇してきたから、酒の販売価格も連動する。単位あたりの販売価格が低いときは、一回の醸造量を少し多く設定し、価格が上げられたあとは一回の醸造量を減らす。外部の市場で調達しなければならない物品を買うのに見合う現金収入が得られるように設定されてきた。入手した現金は、もともと特定の用途が予定されているので、ほとんど使いきられる。

トウモロコシ栽培に手厚い補助金がつけられていた一九九〇年代初頭までとは違って[93]、構造調整政策の受け入れ後のファーム耕作をめぐる状況は厳しくなり、トウモロコシを作れば良い値で売れるという夢のような状態は失われた。かわりに、外部の市場で売買される農産物の価格動向を意識した販売がおこなわれるようになったが、「必要に応じて調達し、使いきる」態度は継続している。

この傾向が顕著にあらわれた事例が、女性の農業協同組合ワヤワエ（*Wayawaye*）の資金調達である。一九九二年のザンビア政府の指示を受け、村には男女それぞれ一つずつ農業協同組合が結成された。農業協同組合が主体となって、トウモロコシの種子と化学肥料の貸与に必要な資金づくりを担うよう設計された制度である。N村でも男女一つずつの組合ができ、農業協同組合名義の銀行口座が開設された。

当初の計画では組合員が毎週一回、共同労働に従事し、週あたり五〇〇クワチャずつ貯金していくはずだった。しかし順調に貯金を増やす男性の組合とちがって、女性の組合は仲たがいして活動を中止したり休んだりしていたため、結成から一年以上経ったのに貯金額は二〇〇〇クワチャしかなかった。

ところが肥料会社から、その年の一〇月時点で口座に四万八〇〇〇クワチャ以上の残高がないと、肥料供給をしないという通達が来たとみるや、女性たちの態度が豹変した。組合員たちはインゲンマメを持ち寄り、商売上手な組合員女性に託して、市場で二度販売したほか、シコクビエを町に運んで酒を醸造し、村内よりもずっと高い価格で販売した。その結果、二ヶ月足らずで四万六〇〇〇クワチャあまりを獲得し、みごと肥料の供給を受けたのである。この事例は、使う目的が明らかになったとき、女性たちが行使する現金調達の底力がいかに強いかを示している。しかしその目的を達するとまた、組合としての女性たちの活動は休止状態に戻った。

これほど効果的に現金を得ることができるのなら、定期的に作物を売ってお金を貯めておけばよいように思

(92) 眠り病汚染地域であるため、牛の飼育ができず、家畜を飼うというかたちで富を蓄えるという手段が発達してこなかったことも一因である。

(93) 農業投入財としての化学肥料や種子の貸付制度があったが、その返済はほとんどされないままだった。

えるが、インフレが急速に進んだり、紙幣の切り替えが頻繁におこなわれたりした当時のザンビアでは、現金への信用はきわめて低かった。とくに紙幣の切り替えがおこなわれたときは、切り替え時期の情報が村に入るのが遅かっただけでなく、新紙幣と旧紙幣を交換できる期間が短かく、交換できる旧紙幣の上限も決められていたので、「町の商店経営者Iさんは、旧紙幣で大金を貯めていたけれど交換してもらえず、すべて使えなくなって、泣きながらトイレに捨てた」という話が人びとの語りぐさとして好まれ、あちこちの酒宴で披露された。村びとは現金の便利さや重要性をよく知ってはいたけれども、現金収入に軸足を移すことは生計を脅かす原因だと考えており、必要以上に国の現金経済に巻き込まれないように注意を払ってきたのだった。また、個人で多額の現金をもっていると、病気や学校の費用が入用になった時に親族に頼られ、断れなくなるから、現金をもちすぎないようにしていると語る村びともいる。また何よりも、村びとの生計活動の根底には、必要の都度必要な物を必要な量だけ獲得するという態度がある。現金の入手についても同じ態度がとられているといえる。

2……個人の現金稼ぎに相互扶助はない

男性の側に目を転じると、現金を貯蓄に回して有利な肥料供給を受け、現金獲得に重点を置く生計をもくろんだ人びともある。だが、そのもくろみはほとんど成功しなかった。当時は現金を土地や家畜のような財に転換する方途がなく、ファーム耕作による収益の変動が大きかったからである。種子や化学肥料の遅配など、投入財を供給する政府側のシステムが不安定だったり、干ばつなどの天候に起因したりすることはもちろんだが、トウモロコシの収穫量がファームを保有する世帯の状況の変化を色濃く反映している点にも注目したい。

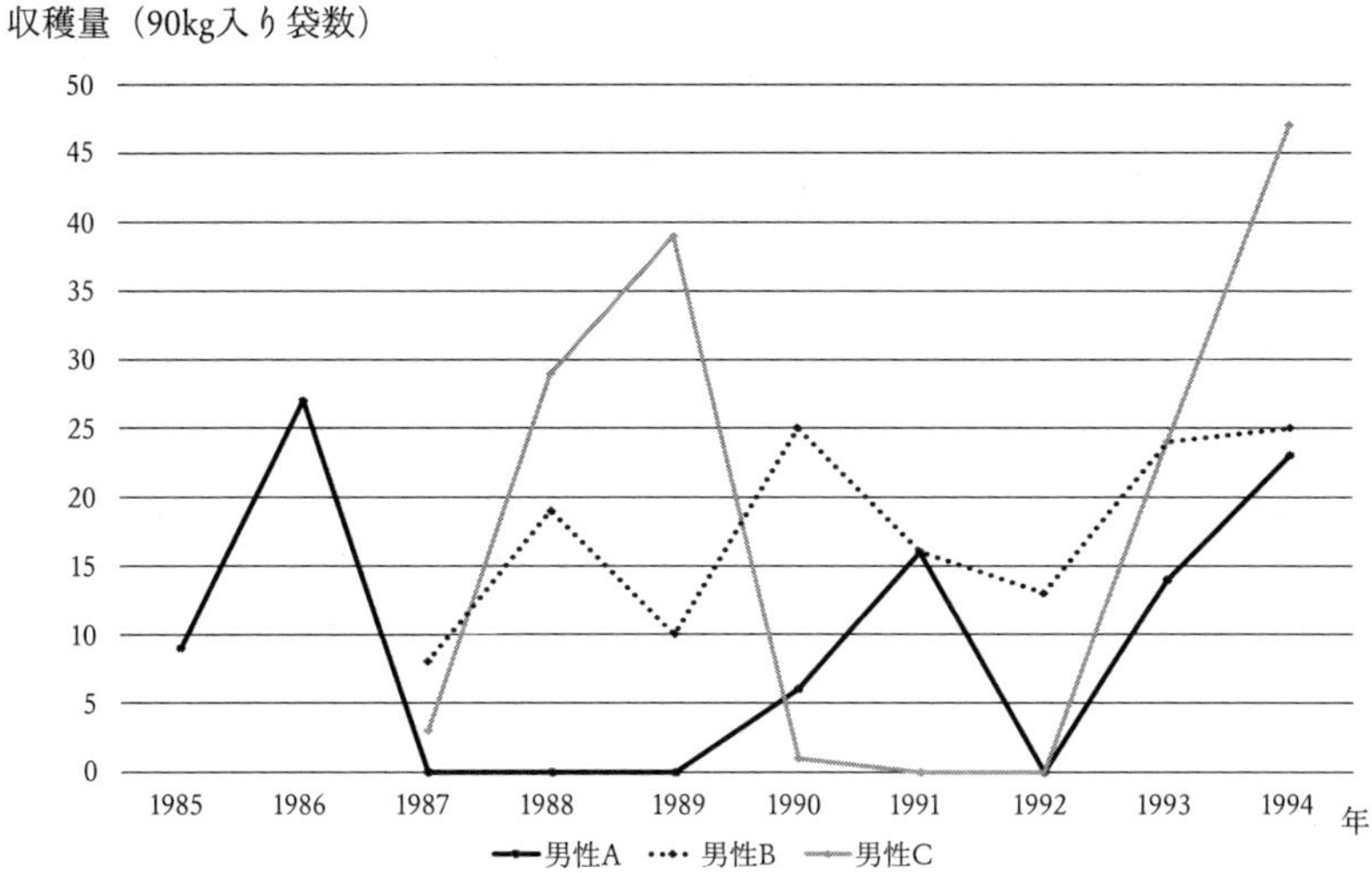

図6-2　青壮年男性世帯のファームにおけるトウモロコシ収穫量の変化

図6―2に三つの青壮年男性の世帯のファームにおけるトウモロコシ収穫量の変化（一九八五年から一九九四年まで）を示した。このうち、Bは安定した夫婦関係を保っていることもあり、トウモロコシの収穫量が際だって落ち込む年がないが、AとCは、収穫が皆無の年が複数あるなど、変動が激しい。Aは一九八六年までは着々と耕地の開墾を進めて収穫を伸ばしたが、一九八八年に離婚する前後はほとんどファーム耕作に従事せず、また離婚時、妻にファーム耕地を分与したこともあって、一九八七年から一九八九年までの収穫は皆無である。Cは、一九八七年以降急激に収穫量を伸ばしたが、一九八九年末に病気になり一九九一年から一九九二年までの収穫がほとんどない。一九九三年から収穫量が再び増加しているのは、彼の病が癒えて再び働き始めたからである。このように、トウモロコシの収穫量もまた、世帯の状況を強く映し出している。それは、ファーム耕作が、個別の努力によって成り立っており、持ち主が病気になっても、他世帯からの助力をあてにすることができないことを示し

ている。

チテメネの開墾や農作業が滞ることは、日々必要な食物が手に入らないことを意味するので、チテメネの開墾や農作業については共同労働の慣行が有効に働いている。また、チテメネ開墾のために助力を要請されたとき、断るのは分与と相互扶助を旨とする村の規範に反する。これに対してファーム耕作は、現金収入を得るための手段として意味づけられているので、共同労働の慣行は適用されない。現金収入を得るための活動は、当事者の甲斐性で行われるべきもので、相互扶助や分かち合いの原則の外にあると考えられている。

それが如実に表れた事例がある。一九九四年、共同労働の慣行の原則をよく理解していなかった外来者世帯が、ファームの耕地を安価に耕そうと考え、シコクビエ酒を醸して共同労働を依頼した。かれらが都市部から移住してきたとき、伐採に苦労している世帯主の男性を見た村びとが共同労働でチテメネを伐採してくれた経験があったからだ。しかし今回の共同労働は村びとに強く拒絶された。「あの人が儲けるための仕事をなぜ手伝わなければならないのか?」と非難ごうごうで、みんなにそっぽを向かれた状態になり、共同労働の依頼に応える者はほとんどなかった。参加したのは、その世帯と近い親族関係にあって「しないわけにいかない」という二世帯だった。作業後に催されたシコクビエ酒の酒宴にさえも客は集まらなかった。それは、村における共同労働が食物をもたない人びとのための協力であって、食物を十分もつ人びとがより多く得ようとするためのものではないことを雄弁に語るできごとであった。

ここでも、先に述べたモノのやりとりの三つの道のうち、ファーム耕作に関わる「お金の道」が「食物の道」や「敬意の道」とは異質な経路としてはっきり意識されていたことがわかる。

5　変化の様相と変化を生み出す連続性

一九八〇年代なかば以降、ＭＬ村の村びとの生計をめぐる明らかな変化は、外部の経済との距離が縮まったことである。ファーム耕作の普及期を経たことによって、かつてはきわめて限定されていた、農産物を市場で売るという行為が一般化した。ムピカの町のような地元の市場だけでなく、国境付近の町の市場で見られるような国家を越えた経済システムの存在が、村の生活と地続きのものとして理解され、意識的にそれらを使い分けることができると考えられるようになった(94)。また同時に、村びとはかれらのコントロールの及ばない、大きく異質な政治システムに巻き込まれていることを強く意識しはじめた。

市場で価値のある農産物を売るということと、油で調理したおかずを食べたり、物が増えたりというような目に見える暮らしの変化が結びついていることを、村びとは実感してきた。この点だけをとれば、市場の価格や利潤という誘因に反応して動く、「合理的農民」が誕生したようにみえるかもしれない。

けれども、変化に直面して村びとが生み出してきたさまざまな方策や、かれらが新しく選択した作物や技術

---

(94)　農産物流通の自由化後、国境沿いの町まで農作物を運んで売る「ビジネス」とよばれる販売方法を試す未婚男性や女性世帯主もあった（杉山 二〇〇一）。

の性質を見直してみると、それまでの生計戦略と連続する様相が立ちあらわれる。また現金やそれと同等にみなされるモノの扱いについても、従来の三つの道――「食物の道・敬意の道・お金の道」――に即しておこなわれている点で、「合理的農民」のそれとは異質にみえる。そこには食の安定的な確保を第一にする生計戦略や食物の分かち合いを基礎におく生活原理が浮かびあがる。

まず目につくのは、ファーム耕作を始めても、村びとはチテメネ耕作をやめなかったことである。ベンバの生活の基盤はチテメネ耕作だという認識は揺るがず、チテメネがあってこそ、安定した食料の確保ができるという考え方が生計戦略の土台にある。

ベンバの生計戦略は、チテメネで生産される作物だけに頼るのではなく、さまざまな遷移段階にあるミオンボ林の恵みを組み合わせ、全体として安定した食料を獲得するように錬成されてきた。ファーム耕作が広がる背景には、女性たちにとってのファーム耕作が現金収入源としてだけでなく、新しい主食作物であるトウモロコシを得るという意味を持って受け入れられたことを見逃してはならない。ファーム耕作も、これまでの生業複合に新たな選択肢を加える活動と位置づけられたのである。[95] ファーム耕作がチテメネを中心とする生計活動に加わった結果、世帯構成の違いに関わらず、チテメネ耕作を基軸に自給用の食料を確保する一方、ファーム耕作で十分な現金収入を得るという二本立ての戦略が一般化した（杉山 一九九六b、一九九九、二〇〇一）。

さらに注目したいのは、チテメネの伐採労働力不足に直面した年少女性世帯主が、苦境を乗り切る方策として、母や母方オバを軸とする母系親族との連携に頼ったことである。ファーム耕作が広がる過程ではさらにそれが、チテメネ耕作を堅持する年長女性と、年長女性のチテメネに食料を依存しつつベスティニ酒の販売によって現金とファーム開墾のための男性労働力を得る年少女性という、ある種の「分業」が生まれた。そしてすべての女性世帯主がそれぞれの自分のファーム耕地をもつに至った。一度ファーム耕地をもつようになった女性世帯主が積極的に耕地を拡大しようとしない点も指摘しておきたい。

この状況を可能にした直接の契機は、従来の酒のような規制を受けないベスティニ酒の販売を介して、村内の現金還流が再活性化したことである。酒を媒介として村の中に現金の流れを生み出し、世帯間の現金収入の差を結果的に均す従来のしくみが再び機能したことによって、ファーム耕作に着手していた夫婦世帯とそれができない女性世帯との格差がやわらげられた。また未婚男性を中心に、酒の「つけ」をファームの開墾作業で「支払う」方法が広がったことも変化を後押しする重要な要素だった。この方法ならば、現金を十分持たなくても、男性労働力を得ることができる。現金や男性労働力が世帯の垣根を越えて、女性世帯に流れ出すようになり、女性世帯のファーム耕地の開墾を可能にした。その結果、男性労働力のない世帯を含めた村びとの生計にファーム耕作が取り込まれた。

ここで重要なのは、ベスティニ酒の醸造・販売が、単に現金や労働力の流通路を開いただけではないという点である。そのままでは分かち合いの対象にならない現金が、買った酒を共に飲む酒宴や酒のねだりあいを通じて、他の村びとともに消費するモノに意味を変えるのだ。その点から見ると、ベスティニ酒の醸造・販売は、現金を村びと同士が分かち合うことのできるもの、「敬意の道」や「食物の道」を通ってやりとりされるも

(95) そこには一九九〇年代からの干ばつ傾向や化学肥料の供給の不安定さ、集荷や支払いをめぐる制度の頻繁な変更などを見ると、ファーム耕作だけでは安心して生活できないという判断もあった。いずれにせよ、安定した食料確保が生計の主眼であった。

のへと変換しているともいえる。[96] 村びとは「食物の道」「敬意の道」「お金の道」の三つを使い分けることによって、国家の経済との距離を保ちながら、近隣の村々を含む生活圏の広がりの中で独自の経済の仕組みを動かす、いわば「二重経済」を実現してきた。

ファーム耕作が導入された当初、それは男性の働き手をもたない世帯にとって、手の届かない新しい技術であった。けれども、食生活におけるトウモロコシの位置づけが変化したことと、酒の製法の革新を契機として、トウモロコシが共食され、現金が還流し、男性労働力が世帯を超えて流動するようになった。その結果、ファーム耕作は男性のいない世帯でも着手できる活動になり、村びとの現金収入を桁違いに増やした。

このような動きは、食物をめぐる分かち合いを基本とする村の母系的な社会関係に埋め込まれている。そこには「持つ者が持たない者に分け与える」というベンバの生活原理がもっとも強く現れる。それを基盤に柔軟に繰り返される人々の協力関係は、ときどきの状況に対応して現金や新しい作物に意味変換をほどこし、それまでの方法を再編しながら新しいしくみを生み出したのだった。かつては変化を抑制する働きをしていた平準化機構は、特定の世帯による経済的な突出と村内の階層分化を抑制しながらも、村全体の生計活動の大きな変化を推し進める機能を果たしたのだった（Kakeya & Sugiyama 1992）。

（96） このとき販売される酒は「お金の道」を通るが、購入された酒を人びとが共に飲む行為を通して「食物の道」に入るのだという。酒に姿を変えて食物の道に乗せられると、誰が酒を買ったかは不問に付され、みんなに消費される（杉山二〇〇七）。かつてパリーとブロック（Parry & Bloch 1989）は取引秩序（transactional order）の長期サイクル（long-term cycles）と短期サイクル（short-term cycles）という概念を用いて、さまざまな社会にみられる貨幣の二面性を指摘した。ベンバの村びとが使い分ける三つの道は、短期サイクルで入手される現金をほかの二つの道に乗せ替えることによって、分与できるものへと意味を変換する働きをしているといえる。

第7章

チテメネ耕作と人びとのイノベーション・ヒストリー

農学者の高村さんの発案で造成された実験チテメネ。その試行を見た年長男性が言う。「その方法なら、やってもやらなくても違いはないよ。なぜわかるかって？　ずっと前に私が試したからさ。役人たちが知らないだけで、私たちはいつも実験をしているんだ」

——実験チテメネが開く試行の記憶

1　農民の技術と在来知へのまなざし

現在私たちが目にするベンバのチテメネ耕作は「……盲目的に部族の伝統に従っているだけではなく、……厳しい環境下でもおどろくほど多くの選択肢」(Richards 1939: 229) から、ひとりひとりの村びとが選び実践してきた技術が蓄積された結果である。これまでチテメネ農法にはどんな革新があり、それらはどのように人びとに広まって、「われらベンバのやりかた」になったのだろうか。本章ではこの問いをふまえて、人びとのイノベーション史を掘り起こし、フォークイノベーション・ヒストリー (FIH: Folk Innovation History) という観点からチテメネ耕作を見直す。ここでいうイノベーションとは、「新結合」と呼んだシュムペーター（一九七七）に倣って[97]、農耕の「技術」だけに限定せず、経済活動における新方式の導入とその組み合わせをさす。シュムペーターの「新結合」が生産領域に重点を置くのに対して、ここではモノやサービスの分配も視野にいれた消費の領域を含んだ生活全般におけるイノベーションを対象とする。

かつてポール・リチャーズは『土着の農業革命』(Richards 1985) において、アフリカ農民が地域の生態系についてもつ知識の細やかさと技術の科学性・革新性を克明に記し、[98] 農業開発における土着の農法への視点の大転換を求めた。

農民の知識の科学性と在来性に関心を寄せてきた重田も、現地調査における詳細なデータに基づいて、エチオピアに住む農耕民アリのエンセーテをめぐる知識・技術体系を明らかにし（重田 一九八七、一九九八、二〇〇二など）、それをふまえて「在来知 local knowledge」という概念を提唱した（重田 二〇〇七；Shigeta 2021）。その中で重田らは、変化しないものとして扱われていた「伝統的」技術が、幾多の変化を積み重ねてできあがったことを明確にし、アフリカ農民の主体性に立脚した環境—技術論を生み出そうとした。[99] ザンビア、タンザニアでの調査実践から、掛谷（二〇〇二）、荒木（一九九八）、伊谷ら（二〇〇三）の研究も蓄積されてきた。アクションリサーチの手法を取り入れた実践的研究の試行も続けられている（掛谷・伊谷 二〇一一；大山 二〇一五；伊谷・荒

---

(97) シュムペーターの議論は、産業化社会における経済を前提としており、市場の開拓が要件に入っている。この点を考えると、自家消費用作物の栽培を中心とするベンバの農耕には厳密には当てはまらないのだが、ある農法の導入によって、それまで使われていなかった環境や働きかけのほか流通のしくみが開拓されることをこの文脈に置き換えて考えたい。また、現在の日本で一般的に使われているイノベーション概念も、技術革新に留まらず、諸制度の改革や新しいサービスの創出を含む広い意味合いで使われている（馬渕 二〇〇八）ことも、念頭においている。

(98) 人類学においても、民族知識に関する精緻な研究が蓄積されている。とくに一九六〇年代におけるハヌノオの民族知識に関するコンクリンの業績は大きい。

(99) 「伝統」については、とくに、現在を正当化する強力な政治的レトリックとして、さまざまな場面で創られ、意図的に利用もされてきたことが論じられている（ホブズボウム 一九九二）。私自身も、ベンバの「伝統的」技術についてそれが変化の連続であったことをすでに指摘した（Sugiyama 1995）。

木・黒崎 二〇二〇)。

在来農業に対する関心が薄かった開発研究の分野においても、二〇〇〇年以降、「草の根イノベーション」に関心を寄せる研究が現れている。Reij and Waters-Bayer (2001) は、トップダウンの一方的なアプローチで進められたかつての農村開発の失敗を指摘し、独自のイニシアチブで新しい方法を試したアフリカの農民イノベーターに焦点を当てた。[100] サハラ以南のアフリカにおける「イノベーション・システムアプローチ (innovation system approach)」における研究も、村びとによるイノベーションの成功例に注目する (Adekunle et al. 2012; Triomphe et al. 2013)。しかしこの研究では、農民の主体的なイノベーションを中心課題とはするものの、それらが実際にどのように生起するかについてほとんど明らかにされていない。また、イノベーションの成功例を理解するとき、個人としての農民を強調しすぎるのは、アフリカ農民を「合理的農民」とラベルづけすることにつながり、前章で述べてきたような農民の相互関係や、意図的ではない情報のやりとりを通して結果的に生み出される技術革新や知識、またそこに至る過程が見えにくくなってしまう。

本章ではこれらの研究を視野に入れつつも、イノベーションを個人の成果として切り取るのではなく、農村の人びとの相互関係や環境との関わりの中に位置づける。農村に見られるさまざまな革新をひろく取り上げ、人びとの試行と多様な実践が行われる場のありようや、それらの実践が蓄積され集合化された知識や技術として現れる過程に焦点をあてたい。そのとき、農村の人びとがもつ生業についての知識・技術を重田らに倣って「在来知」と呼び、農民が地域の生態系への深い理解に基づきつつ時代の変化に合わせて技術革新を続けてきたとする、重田らの立場を踏襲する。

2 タカムラ・チテメネが開く村びとの試行の歴史

「灰は肥料になるのか、ならないのか、ミリモ・ヤ・サイエンス（科学の仕事）でわかるよね？」。村の二人の青年、エリヤスとザイからの挑戦ともとれる問いに応えるように、一九九二年の乾季、農学者の高村さんによるチテメネの耕作実験が実施されることになった。エリヤスとザイは、私たちがはじめてML村に来た当時は、ほんの九歳の少年だったが、掛谷さんを慕って私たちの調査についてきて、教えもしないのに計測のしかたを覚え、一九八五年頃にML村の掛谷門下生第一世代の少年たちが抜けたあとを継いで、自発的に手伝ってくれた。ミオンボ林をひとしきり歩き回って村から遠く離れたところに着くと、「村はど〜っちだ？」と私たちを試すような茶目っけもあり機転もきくので、小学校を終えた頃から有能な助手として働いてもらっていたのだ。チテメネ農法の理由について私たちが聞き取りをしたとき、マーレ氏が「土の力が終わると、枝葉を積んで焼いても役に立たない。灰は肥料にならない」と言うのを聞いて、学校で習ったのと違う、マーレ氏はまちがって

---

(100) その後、FAO（2014）は、特定のイノベーションを開発する過程で、農民は単なる受け手ではなく、主人公となるべきだと主張した。ミレニアム発展目標による貧困削減や食料の安全保障などの成果を受け、小農の重要性に焦点をあてた「国連家族農業の一〇年（二〇一九〜二〇二八年）」も農民の主体性に目を向けたこのような潮流を反映しているといえる。

いると息まいていた。だがマーレ氏の言を裏づけるような事象に出会って、[101] どちらが正しいのかを科学で確かめてほしいと言う。

村びとの協力を得て開墾した実験畑は、実験を指揮した農学者の高村泰雄さんの名前をとって、タカムラ・チテメネと命名された。ベンバ語の言い回しでは「高村さん方の（畑）」を意味する「ムワ・バタカムラ *mwa Batakamura*」である。実験畑は次のように設定した。まず火入れ後の耕地を中央で大きく二分する。片方は灰が風で飛ばないように軽く土の表面に鋤き込み、もう片方はそのままにする。さらに、灰を漉き込んだ方にもそのままの方にも、半分はカサマの農業研究所から入手したシコクビエの改良品種を植え、残りの半分には村のシコクビエを蒔くことにした。これで、四つの異なるプロット——①灰すき込み・改良品種、②灰すき込み・村の品種、③灰そのまま・改良品種、④灰そのまま・村の品種——ができたことになる。さあ、どんな結果になるだろう。

実験畑を見回りに行くと周囲に無数の足跡が残っている。毎日まいにち、見回りに行くたびに新しい足跡が重なっている。それは畑仕事や水汲みのついでだと言いながら、じつはわざわざ遠回りして、畑を見にきた村びとの足跡だった。村びとのやりかたで開墾した焼畑ということもあって、造成いらい、絶えることなく村びとが訪れ、その経過を注意深く観察していたのだ。一日の農作業が一段落した村で人びとのおしゃべりの輪ができる頃、かれらは、高村さんが試みた「サイエンス」の方法によって何がわかるのかを私たちに語らせようとした。そして、私たちの話と自分たちの考えを比べては、その違いについて議論したがった。[102] さらに老若男女を問わず、村びとそれぞれが実験の結果を予想し、高村さんと賭けをして、翌年の結果を楽しみにしていた。[103] 村びとが好奇心旺盛なのはよくわかっていたので、この反応にさほど驚くことはなかった。それより驚いたのは、この実験畑をきっかけに、政府やキリスト教ミッション、諸外国の研究協力機関やベンバのチーフたちによる過去のプロジェクトの記憶がつぎつぎと語られ始めたことである。さらに、人びとがそのような経験にそれぞれの観察や解釈を加え、チテメネ耕作の技術について積み重ねてきたいくつもの試行の歴史があらわれてきた。

それは新しい品種や作物の試作から、肥料の使用、耕起の方法など広範にわたる。試行の情報源は、たまたま接触をもった他の民族集団の人びとやキリスト教ミッションによる技術導入、植民地時代を含めた政府による指導など、かれらが接するあらゆる機会の歴史的蓄積をふまえていることもわかった。しかも、特別な人び

(101) マーレ氏の言を裏づける事象は次のようである。一九九二年に開墾したチテメネ耕地の一部分で植え付けたキャッサバが育っていない。キャッサバが育たない場所はちょうど二つの円の縁が重なった形だ。一九七〇年代初頭に耕作したチテメネ耕地（インフィールド）にうっかり重ねて新しく枝積みをしてしまったようだ。「同じ耕地の中でもこんなに生育が違うのは、一九六〇年代末に耕作したインフィールドは（マーレ氏の言う）『土の力』が終わっていて、今年燃やした灰は肥料にならなかったということだろう。また一九八四年の火入れの後、大風が吹いて灰が全部飛ばされたが、その年のシコクビエは大豊作だった。灰がなくてもシコクビエができたということは、灰は肥料にならないというマーレ氏の話が正しいのではないだろうか」と言うのが、かれらの解釈だった。

(102) この実験には、本書第2章の記述で、私に「測ると何がわかるのか」と尋ねた女性は、この実験畑の一連の流れから「見ればわかることを測るのは、比べて語り合うためなんだね」と理解してくれたというおまけがついた。

(103) 実験の結果を高村（一九九八：一四八）は、次のように記している。「……初期の栄養生長は、灰すき込み区が良好であったという。しかし、種実の収量は在来・新両品種とも播種前にクワですき込んだ区で低くなった。とくに新品種でその低下の程度は大きいようである」。この結果を予想していた村びとは鼻高々だった。

とだけが試行をするのではない。村びとそれぞれが細やかな観察と経験に裏打ちされた確かな知識をもち、それを理論立てようともする（杉山 一九九八、二〇二〇）。村びととのやりとりの中から思い知らされたのは、私たちが見る現在のチテメネ・システムが、政治や経済の状況の変化に対応しながら何十年にもわたって練りあげられ、今もなお、改良を続けている技術であり、人びともそのことを十分承知しているという、いま思えば、ごくあたりまえのことだった。

イノベーションという観点からベンバのチテメネ耕作を見直すと、その過程には際立った特徴が見出せる。それは、食物を中心とする分かち合いの生活原理に基づき、村内の格差を抑制し、変化を押しとどめる機能を果たす平準化機構が、ある条件下では村全体、地域全体の急激な変化を生み出すしかけとしても機能すること、平準化機構が変化を促進する働きをするとき、ある時点から、新しい技術が村全体を底上げするように広がり、それまで顕著だった世帯間の格差が均されていくことである（第6章）。このことは、社会内部で生じる経済的格差を前提に、一部の豊かな人びとが経済発展を牽引することを期待する近代的経済発展のモデルとは異なる特徴をもっている。次節以下では、ベンバのフォークイノベーションが拡大するプロセスに焦点をあて、チテメネ耕作の歴史的錬成を検討したい。

3 チテメネ耕作錬成の歴史における三つのイノベーション

現在のチテメネ耕作は、樹上伐採と枝積み火入れによる開墾方法と、数年間の輪作をおこなう作付け方法に特徴づけられる。村びとは、それがベンバの始祖のカサマ到着以来、数百年余にわたって練りあげられた姿だと、しばしば口の端に上らせる。村びとが異口同音に語るのは、かつてのチテメネが一年限りで休閑していたこと、人の移動に伴ってさまざまな品種や新しい作物が持ち込まれ、主食作物にも変化があったことである。かれらが詳細に語るのは、この一〇〇年余の変化である。それらは村びとが直接経験したことや、両親や祖父母世代の人びとから直接伝え聞いた、具体的な事柄をつなぎあわせて記憶されている。その語りの中では、当初のチテメネ耕作が非常に簡素であったことや、それがどのようにして現在のように手の込んだやりかたになったかが描かれると同時に、その昔から現在に至るチテメネが「われらベンバのやりかた」であることが強調される。

表7—1は、村びとからの聞き取りを軸に、一九三〇年代のカサマで調査をしたオードリー・リチャーズの記録、植民地政府や独立後の研究機関の記録を合わせて作成した、チテメネ耕作の錬成の歴史である。一九世紀後半以降、一九九〇年代までに生じた技術革新に関わるできごとを、政府やキリスト教ミッションの農業普及のプロジェクトとともに記した。

表7-1　チテメネ耕作の錬成における3つの大きなイノベーション

年代	できごと	政策、開発プロジェクト	村レベルにおける農法の変化とイノベーション
19世紀末	飢饉、ベンバランド外へ一時移動		チテメネは1年で休閑
1900年代	植民地化	チテメネ禁止	チテメネ2年以上耕作 畝立て耕作の試行
1914年	第一次世界大戦	常畑化、畝立て耕作義務化 定住化政策	畝立て耕作拡大も戦後縮小、一部継続 イララから白いシコクビエ持ち込み チテメネの一部に畝立て耕作
1920年代			
1930年代	出稼ぎが一般化 バッタの公害で食料不足	鉱山開発 キャッサバ導入	①チテメネの輪作体系確立 現金経済の浸透 チテメネにキャッサバ ビサからキャッサバ持ち込み、畝で栽培 酒新製法と販売、雇用労働
1940年代			②現金の還流システム生成
1950年代		ミッションがサンヘンプ導入、緑肥	ラッカセイ新品種「マラウィ」持ち込み ML村ウシ飼養、すぐやめる
1960年頃		トウモロコシ栽培	D村でトウモロコシ栽培ブーム、旱魃による飢餓
1964年	ザンビア独立	集落周辺の土地分割、「所有者」明確化 研究機関による牛耕導入	
1970年代			ダイズ栽培試行
1979年	肥料供給システム変更	ハイブリッド種トウモロコシ栽培の奨励	
1980年代	経済危機		トウモロコシ栽培ブーム
1985年		肥料・種子のローン制度	村内世帯間格差
1990年代	構造調整政策の受け入れ		③ハイブリッドトウモロコシ栽培の拡大と定着 酒の新製法、トウモロコシ栽培拡大 ブタ飼養ブーム
1995年	土地法改革	タザラユリドー開発計画	タザラユリドー入植者移住開始

＊網掛け部は3つのイノベーションを示す
（出所・筆者作成）

この間に、チテメネで栽培される作物がバラエティを増し、土地集約性を高めた一方、村びとの生計には現金獲得活動が組み込まれ、焼畑耕作に加えて半常畑での換金作物栽培が開始された。チテメネ耕作が現在の姿に錬成されるまでには、大きく三つのイノベーションがあったことが指摘できる。それは、①輪作体系の確立、②現金の村内環流システムの生成、③換金作物トウモロコシ栽培の拡大と定着、である。それぞれについて取り上げつつ、経年的な変化を見ていこう。

1……第一のイノベーション　輪作体系の確立

植民地政府は当初から一貫してチテメネ耕作を禁止してきた。しかし、ベンバの人びとはチテメネ耕作を放棄することなく、さまざまな新しい農法や作物を組み込みながら集約性を高め、現在のような輪作体系を作りあげた。現在のチテメネ耕作を特徴づける輪作は一九世紀末に始まって一九三〇年代に定着し、さらに各地域でのバリエーションを生じた。(104)

一九〇二年（推定）カサマ生まれの男性が、先代から聞き伝えたところによれば、一九世紀後半に大凶作に伴う飢饉があり、飢えたベンバは食料を求めて北西に住むルングやフィパの地に移動したという。ベンバの人びとは移動先の人びとが繰り返し耕地を利用するのを見て覚え、飢饉が去ったあとでベンバランドに戻ると、そ

（104）輪作年数、作付、作物の種類などに違いがみられる。たとえば、冷涼乾期の半ばに霧雨が降るカサマ西方では、開墾二年目のこの時期に二作目のシコクビエを播種する。

のやりかたに倣ってチテメネの耕作年数を増やした。それまでのチテメネは、開墾初年にシコクビエとソルガムを播種し、収穫した後、少量のマメを植える程度で休閑していたので、平年作の年でも端境期には空腹に苦しめられた。しかし、彼の地で習い覚えた方法を使うようになってからは、それが緩和されたのだという。

類似の事柄がリチャーズの記述からも確認できる。それによれば、一九世紀末のベンバランドでは、チテメネは開墾初年にシコクビエを播種し、ラッカセイを植えていたが、ラッカセイの収穫後は休閑しており、その後はときおり、取り残したラッカセイから自生したマメを採集する程度だった。しかし一九世紀末に、ベンバランドの西に住むルングやその他の人びとから、同じ畑で二度目のシコクビエが取れることを学び、それが一九三〇年代には広く一般化していたという（Richards 1939およびRichardsのフィールドノート）。

チテメネの輪作期間をさらに延長する要素を提供したのは、畝立て耕作の導入である。畝立て耕作の大規模な導入は、一九一四年の第一次世界大戦を契機とする、植民地政府の農業政策によって強制的に行われたことが記憶されている。[105] 戦争に従事する兵士の食糧をまかなうため、成人ひとり当たり畝立て耕作で二〇〇畝の畑を造成し、サツマイモを栽培することが義務化された。違反者には強制労働が課せられたという。大戦が終わってこの賦役が解かれるとともに、畝立て耕作だけで畑を作ることはなくなったが、その方法じたいは人びとに定着し、必要に応じて使うようになった。またこの頃、近隣の民族集団であるララとの自発的な交流によってインゲンマメが持ち込まれ、畝で栽培されるようになったと語り伝えられている。

畝立て耕作の方法については、植民地政府による導入が最初ではなく、それ以前から近隣の民族集団との接触を通してやりかたを学び、試作していた人びとがいたそうだ。やがて、作物を収穫したあとのチテメネ耕地にも畝立てをする人が現れ、畝立て耕作によるサツマイモやインゲンマメの栽培を組み込んだ輪作体系が定着した。

チテメネの輪作期間を延ばすのに重要な役割を果たしたのは、一九二〇年代末～一九三〇年代に広まったキャッサバ栽培である。輪作年数を延ばしただけではない。キャッサバはベンバの主食のバリエーションを広げ、第2章で述べたように、「空腹の季節」をしのぎやすくした。

導入の時期とルートについては、地域による差がある。カサマ西部では、一般の村びとが近隣の民族集団との接触で一九一〇年代にキャッサバを持ち込んだとの聞き取りがあるが、ムピカ県のML村近辺では、隣接する漁労民ビサの地に農業出稼ぎに行ったC村の女性A（聞き取り当時健在）が一九二〇年代～一九三〇年代に畝立て耕作法とともに持ち帰ったという者もあれば、ML村の創始者であるマーレ氏がザイールに住むイトコを訪ねた折に、数種類を持ち帰ったと語るなど、複数の経路での導入が確認できた。またリチャーズの記述では、バッタの食害による大飢饉を契機に、植民地政府がキャッサバを導入する大規模なキャンペーンを行ったという（Richards 1939:）。キャッサバは、このように多方面から散発的に導入され、端境期を乗り切るためになくてはならないチテメネの輪作作物になった。

2……第二のイノベーション　現金の村内環流システムの生成

上述の輪作体系の確立は、農法そのもののイノベーションだが、流通のしくみの再編が村びとの生活を大き

(105)　このとき同時にキャッサバも導入されたと語る村びともいる。

く転換させたイノベーションがある。それは、新しいシコクビエ酒の醸造法と、酒を販売するという新しい活動の導入であった。シコクビエ酒の販売を契機に、村内で現金が環流するしくみができあがり、ベンバの地域内経済と国家の現金経済との接合を可能にした。

植民地政府は、早くから北ローデシアでの鉱山開発を進め、北部州を鉱山都市への労働力供給地と位置づけた。人頭税が設けられたことなどもあり、一九三〇年代にはすでに、青壮年層による鉱山都市（コッパーベルト）への出稼ぎが一般化し、村にも現金が持ち込まれた。リチャーズはその報告で、現金経済の浸透によって村の権威システムが大きく揺らぐなど、村落生活にとって負の変化を懸念しているが（Richards 1939）、その後のベンバの村は、リチャーズが懸念したような崩壊には向かわなかった。

ベンバランドとその周辺の民族集団の領域では、すでに塩やシコクビエなどが地域通貨として流通しており、村びとが通貨を介する形式の取引に慣れていたという背景があるが、直接的には、一九四〇年代に、コッパーベルトへの出稼ぎから戻った女性たちが持ち込んだビール状のシコクビエ酒（カタタ）の醸造技術とその販売が広まったことが契機となった。

一九二〇年代までのベンバの村には、儀礼や酒宴、共同労働のために醸される酒（チプム）しかなかった。壷に入れた原液に湯を注ぎ、ストローで回し飲みするチプムは、村びとが集って飲む酒で、個別に現金で売買されることなど考えられなかったという。しかし、一九三〇年代の中頃にかけて、コッパーベルトに出稼ぎに行った女性たちが、コッパーベルトの労働者居住地区で、トンガの女性が造っていたビールのような水分の多い酒の醸造法[106]を学び、カサマにあるベンバの村に戻ってきた。カタタと呼ばれるこの酒は、それまで現金を得る手段を持たなかった女性たちによって、販売を目的として醸造され、村で売買されるようになった。

カタタは、同じように都市生活を経験し、買った酒を飲む習慣を身につけていた青壮年男性たちに歓迎され、その製法とともに酒を売買する習慣が村に持ち込まれた。そしてそれ以後、女性たちにとって重要な現金獲得の手段になった。それによって、多くの現金をもつ青壮年男性から、女性たちに現金が流れるようになる。女性たちの懐に入った現金は伐採労働力となる男性を雇うためや、動物性タンパク質源となる魚の購入のために使われるようになり、村の中で現金の還流を生み出すしくみが成立した。それ以後、酒の醸造・販売は女性世帯の重要な生計活動として組み込まれ、伐採労働力を確保する方途として欠かせないものになった。

現在では販売用の酒を醸造するときには、原料の半分近くを使ってチプムを造り、無料のふるまい酒として村びとに供するのが慣例であるが、当時は販売用の酒だけが造られたという聞き取りがある。カタタの製法と酒を販売する習慣が持ち込まれてから現在に至るまでに、分与の規範に照らした修正が加わって慣例化したことが推察できる。現金経済の浸透や出稼ぎ者の帰還とともに、農村部に普及したカタタの販売だが、シコクビエ酒がコミュニティの紐帯を確認する意味をもつ側面も同時に保持され、販売する酒と共飲する酒が別々の文脈で使い分けられるようになったと考えられる。

現金経済の浸透はさらに、村内での雇用労働が始まる契機となる。だが、現金の絶対量が限られている村の生活においては、雇用労働の開始とほぼ同時に、物品を報酬にした雇用労働も慣行化したようである。酒の販売を通して村内の現金環流ができるしくみと、物品による雇用労働の慣行化は、ベンバにおけるイノベーショ

(106) コルソン(一九八七)にも、コッパーベルトに住むトンガの女性がこの時期にビール状の酒造りをしていたことを示す記述がある。この記述に従うと、ベンバでカタタ醸造が一般化したのはもう数年ほど遅かった可能性もある。

ンの新たな地平を開くことになる。それは、後述するように、この地域の稀少な資源である現金と労働力へのアクセスの違いを越える方途を開拓することになったからである。このイノベーションによって、ベンバの村々の日常的な経済活動と国家の経済との接合は果たされ、地域経済と国家経済のある種の二重構造が成立したといえる。それはまた、ベンバの人びとが、外から持ち帰った新たな技術を馴化し、自分たちの生活に組み込む歴史でもあった。

3……第三のイノベーション　ファーム耕作の普及

チーフ・ルチェンベの村々における三つめのイノベーションは、新しい作物・農法の導入に際して、それを可能にする資源へのアクセスが村びと全体に開かれることによって生じた。それは、一九八〇年代なかばから一九九〇年代初頭にかけて数年以上の時間をかけて成立したイノベーションであった。その詳細は第6章で述べたので、ここでは本章の議論に必要な概要だけを記しておく。

一九七〇年代末から一九八〇年代初めにかけて、ザンビア政府による農業の近代化政策によって、化学肥料を用いたハイブリッド種トウモロコシの常畑栽培（以下、「ファーム耕作」）が強く推奨される。いち早くファーム耕作に着手した「変わり者」たちが多額の現金収入を得るのを見て、常畑の開墾に必要な男性労働力のある世帯が次々に参入した。

これらの世帯はそれまでのチテメネ耕作に加えて、ファーム耕作を始めた。夫である男性はチテメネの伐採以外、ほぼすべての労働力をファーム耕作に注ぎ込む。妻は、それまで同様、チテメネの農作業のほとんどを担い、自家用の食をまかなっていた。その結果、チテメネ耕作で自家用の食料を確保し、ファーム耕作で現金収入を得るという二本立ての生計戦略が一般化した。

村内の男性が自分の世帯のファーム耕作に夢中になった結果、世帯内に男性がいない女性世帯は、チテメネを伐採してくれる働き手を確保できず困窮する。重要な現金収入源だったシコクビエ酒の醸造・販売も停滞して、ファーム耕作を始めた夫婦世帯と、チテメネ耕作もおぼつかない女性世帯の間の経済的な格差が広がった。

その格差を均す契機になったのは、ファームで収穫されるトウモロコシが村びとの主食のバリエーションに組み込まれたことと、従来のカタタよりずっと手軽に作れて高い価格で売れる新しい酒、ベスティニの製法が持ち込まれたことである。頻繁にベスティニ酒を作って売ることによって、年少女性世帯主たちは十分な現金を得られるようになった。また、「つけ」で酒を飲む男性に依頼して、自分の世帯や自分が寄食している母やオバのファーム耕地を開墾してもらうようにしたので、女性世帯を含むほぼすべての世帯がチテメネ耕作に加えてファーム耕作をするようになった。結果的に、村全体が底上げされる形で、新しい生計戦略——チテメネ耕作で自家消費用食物の確保をし、ファーム耕作で現金収入を得るという二本立ての戦略——が全体に定着したのだった。

このイノベーションは、二番目のイノベーションから生まれたしくみ、すなわち、シコクビエ酒の販売によってできる現金と労働力の村内環流を応用して成立したものでもある。

4　生計戦略と技術の選択の基準、経験知としてのプロジェクトの失敗

ファーム耕作を取り入れる際、村びとがチテメネ耕作をやめなかったのは、かれらの生活が、農耕と狩猟採集、行商といった多様な生業を組み合わせて生計を営む、ジェネラリスト的環境利用に基づいているからである。単一の生計活動でより多くを得るよりも、多様な生計活動を組み合わせて、安定的に食料を得る従来からの生計戦略が脈々と受け継がれている。

さらに興味深いのは、一九五〇年代の植民地時代および一九六〇年代のザンビア独立以後、政府が持ち込んだ同じようなプロジェクトの失敗例を村びとが経験知として蓄積し、一九八〇年代のファーム耕作導入時に参照したことである。

村びとによると一九五〇年代末から一九六〇年代初頭にかけて、植民地政府がベンバの定住化促進をめざして、村々を主要道路沿いに建設するよう奨励し、集落付近の土地の所有者の明確化を図ったという。加えて、ムピカ県にあったキリスト教ミッションの司祭たちは、緑肥の技術を伝えて常畑化を進めようとした。村々ではイバラ（小規模畝立て耕作）が農法のひとつとして定着していたが、チーフ・ルチェンベ領のU村に住む年長男性は、緑肥がイバラの利用年数を伸ばすと聞いて、このデモンストレーションに参加した。そこで使われたのはマメも食用になる緑肥植物、サンヘンプだった。デモンストレーションのあと、男性は配布されたサンヘン

プの種子を自分のイバラで試作した。ところがマメの食味がたいへん悪く、食べられたものではない。緑肥としての効果を確かめる前に、彼はサンヘンプの栽培をやめ、それまでどおり畑に自生する草を鋤き込む方法に戻したそうだ。この男性が語るところでは、ミッションのデモンストレーションに参加した村びとの多くが、同じように一年限りでこの作物に見切りをつけたという。

また複数の村びとからの聞き取り情報だが、一九六〇年代には政府が常畑でのトウモロコシ栽培を強く奨励した。ML村やN村の人びとは様子見でトウモロコシ栽培には手をつけず、チテメネ耕作を続けていたが、キリスト教ミッションがあったD村やU村では、常畑耕作への大幅な切り替えが起こったという。しかし、その直後に起きた干魃のためトウモロコシが育たず、D村やU村の人びとは、食料不足に陥った。かれらはチテメネ耕作を続けていた村々に移り住んで、食料を分けてもらうことになった。ML村の人びとも食料を分ける側だったという。チテメネで栽培していたシコクビエやキャッサバは、干魃の影響を受けなかったからだ。その後すぐに、D村やU村の人びとはトウモロコシ栽培を放棄し、再びチテメネ耕作を始めた。周辺の村の人びとは、チテメネ耕作を続けた自分たちの選択の正しさを実感したという。

こうして、常畑でのトウモロコシ栽培を普及させようという政府プロジェクトは失敗に終わった。しかし、このときの経験は一九八〇年代なかば以降、再びトウモロコシ栽培が奨励された時期に思い起こされ、新しくトウモロコシ栽培を始める人びとの判断材料になった。自分自身の経験や他の村の失敗を見聞した経験から、村びとは、新しい作物と農法を選択する基準を明確に意識するようになった。それは、新しい作物が日常食のレパートリーに加えられること、おいしいこと、手間がかからないことである。[107]

二〇世紀以降、植民地政府やキリスト教ミッション、独立後のザンビア政府や国際協力機関などが持ち込ん

表7-2　新しい作物の導入と主食の変化

年	外部の組織が導入した作物				村びとの主食
	キリスト教ミッション	植民地政府	ザンビア政府	外国ODA、NGO	
1900年代					ソルガム＋シコクビエ
	サンヘンプ コムギ	コーヒー トウモロコシ			シコクビエ
	ササゲ	キャッサバ サツマイモ インゲンマメ			
1960年代			改良種トウモロコシ		シコクビエ＋キャッサバ
1980年代			ハイブリッド種トウモロコシ		
1990年代			改良種シコクビエ パプリカ ヒマ	ダイズ	シコクビエ＋キャッサバ＋トウモロコシ
2000年代			ダイズ 改良種ソルガム	オレンジ	

網かけ部は定着した作物（出所：筆者作成）

だ一六の作物のうち、村びとの生活に根づいたのは、独立前に持ち込まれたキャッサバ、サツマイモ、インゲンマメ、さらに一九八〇年代にザンビア政府が主導したトウモロコシの四つだけである。さらに、これまでのベンバの主食作物の変化を見ると一六世紀から一七世紀は数種類のソルガムが主食だったが[108]、一七世紀には他の民族集団との接触の中でシコクビエが加わった[109]。一九世紀以降はソルガムに代わってシコクビエが主要な位置を占めるが、二〇世紀初頭にはここにキャッサバが加わる。以後、一九八〇年代までシコクビエとキャッサバが主食の中心となるが、一九九〇年代以降、トウモロコシが加わって、主食作物のバラエティがさらに広がる（表7―2）。このように主食が変化する様相から見ても、ベンバの村びとが、新しい作物や農法に出会ったとき、食物のバラエティを増やし、安定した食料獲得が可能な選択を一貫して続けてきたことがわかる。

5 異質な技術の取り込みと技術の指向性の変換

チテメネ耕作の方法が錬成される過程では、いくつもの新しい技術が取り込まれ、チテメネ耕作を中心とする村びとの生計活動に埋め込まれた。その中には、それまでとまったく異質な技術もあれば、それまでの技術を深める方向に作用する技術もある。異質な技術はどのようにして、人びとの生活を無秩序なものに陥らせることなく、在来の技術に織り込まれていくのだろうか。ベンバのフォークイノベーションを、パラダイムと技術の指向性という観点で整理してみよう。

ここでいうパラダイムとは、クーンの提唱した用語（一九七一）を応用し、そこに住む人びとが共有する環境利用の様式、ある指向性をもった枠組みという意味合いで用いる。それは、村びとがベンバのミオンボ林につ

(107) この条件に合わなかったパプリカは受け入れられなかった。
(108) 現在、チティムクルの墓所を預かるシムワルレの妻たちがそれぞれ栽培する四種類のソルガムは、ルンダ・ルバ王国から持参した種子を保持していると言い伝えられている（杉山 一九九一）。
(109) 一九〇二年カサマ生まれの男性が祖父母から伝え聞いたところによると、当初のシコクビエは穀粒が赤い品種だったが、いつからか白い品種が主流になったという。

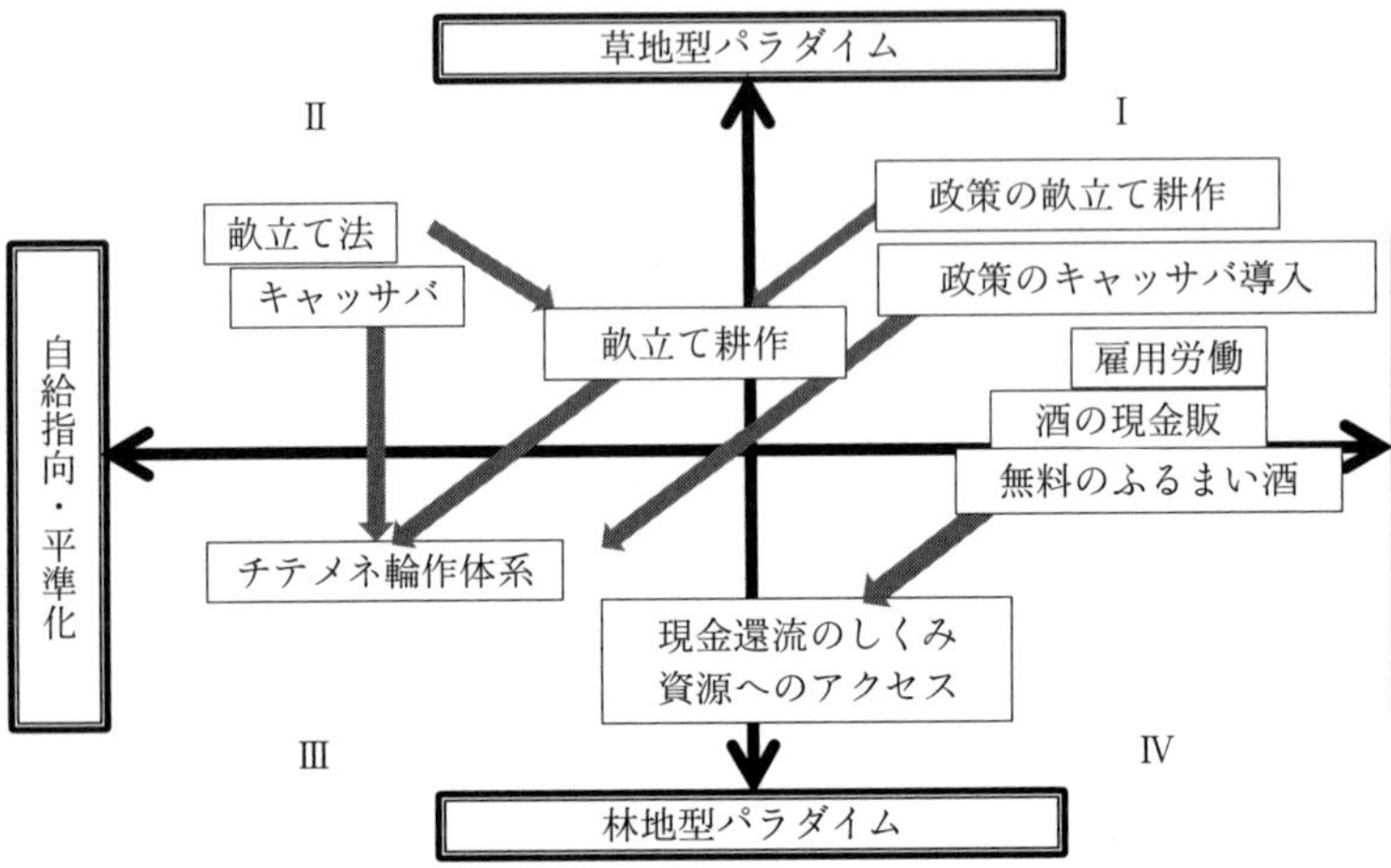

（出所：筆者作成）

図7-1　ベンバにおけるフォークイノベーションと2つのパラダイム

いて語るイメージに基づいている。

ベンバの村びとは、「ミオンボ林があるところならどこまでも行ける」と自分たちの生きる場としてのミオンボ林のひろがりを形容する一方、ベンバが利用し続けてきたミオンボ林の景観を、チテメネ耕作による環境利用の特徴と結びつけて捉える。「われらベンバは木を残してチテメネを作るから、チテメネは木立の中にある」と言い、「ベンバが住む地域は木々がなくならない」とも「木がない土地に価値はない」とも表現する（杉山二〇〇七）。

かれらがこう表現するときには、対比的に畝立て耕作を中心とする他の民族集団が想起される。ベンバの村びとは、他の民族集団の人びとが住む地域の景観を「木が少なくて草ばかり」と評する。[110] その原因を「ミオンボ林を地上伐採で伐開して焼くからだ。かれらは大きな木を恐がっているようだ」と表現する。これは、環境利用をめぐる様式や指向性のちがいを端的に表し、それぞれの農法によって形づくられたミオンボ林の景観に、自らのアイデンティティを映し出していることができる。環境利用の様式や指向性のちがいによって、ミオンボ林が「木々が茂る景観」にも、「木が少なくて草ばかりの景観」にもなりうると考えているようだ。

図7―1は、一九四〇年代までに生じた二つのイノベーションを例に、環境利用についての村びとの認識を反映し、ミオンボ林の在来農法についての伊谷（二〇〇三）の論考を参照して作成した[111]。縦軸にはベンバがこれまで参照してきた林地型パラダイムと、かれらが他民族集団に代表させた草地型パラダイムを対極に配置した。横軸は当該の技術を用いる戦略的指向性に注目して、これまでの生計戦略の軸であった「自給指向・平準化」と近代化の変化に伴う「現金獲得指向・（結果的な）差異化」とを対極においた。これらの軸が作る四象限は、Ⅰ草地私有・定住性／現金獲得指向・差異化、Ⅱ草地・定住／自給指向・平準化、Ⅲ林地・移動性／自給指向・平準化、Ⅳ林地総有・移動性／現金獲得指向・差異化で、それまでのベンバの環境利用と生計戦略はⅢ象限である。

一九二〇年代～三〇年代に植民地政府が導入した畝立て耕作とキャッサバは、常畑での栽培を前提として農業生産を高め、農民の現金収入に結びつけようとした（Ⅰ象限）。一方、ベンバの村びとが他地域農村に出稼ぎに行き、自主的に習得した畝立て耕作とキャッサバは、自給の安定性を高める目的をもってイバラに導入され

（110）　村びとは景観と人口密度との関係にも触れ、ベンバでも人口が密集すると木が小さくなると述べたがここでは詳細を省く。

（111）　伊谷は、ザンビアとタンザニア南部に分布するミオンボ林の在来農法を土壌への養分供給という観点から分類し、その特徴を検討した論考のなかで、休閑による地力回復をするタイプを森林休閑型と草地休閑型に分類した（伊谷 二〇〇三）。

た（Ⅱ象限）。やがてチテメネ耕地でキャッサバが栽培され、畝立て耕作が組み込まれたことによってチテメネの輪作体系ができあがる（Ⅲ象限）。

現金収入を得る技術についてみると、一九三〇年代に出稼ぎから戻った青壮年が持ち込んだ雇用労働と酒の販売は、個人が現金収入を得るためだが（Ⅰ象限）、酒の販売は無料のふるまい酒と抱き合わせでおこなわれるようになり、女性世帯が男性の働き手を雇うために機能するようになった（Ⅳ象限）。村内で現金が還流するしくみが生成したことによって、一部の世帯に偏る現金や労働力を村全体に流し、世帯間の差を均す機能も果たす（Ⅲ象限）。

このように、もともとは個人を利する現金獲得指向に結びつく技術でも、分与や流通の方法に関わるほかの技術と結びついて再編され、ベンバの社会的文脈に埋め込まれながら、村びとの生計活動に組み込まれていく。それまでの戦略とは異質の技術が導入されても、年月を経て村びとの生計に組み込まれるあいだに、一部の世帯が占有する現金や労働力などの資源に、他の村びともアクセスできる方途が開かれ、平準化と共同化に向かっていく。ここでは検討しないが、第三のイノベーションについても同様に、技術の方向性が修正され、それまでのパラダイムに沿う動きへと変わっていることが興味深い（Sugiyama & Tsuruta 2021）。

6 個別多発的試行から村全体のイノベーションへ

1……村びとはいつも試している——個別多発的試行

前節まででチテメネ・システムが錬成される歴史には、三つの大きなイノベーションがあったと述べた。これらのイノベーションが、村びとが日常的に繰り返しているさまざまな試行の膨大な蓄積の上に生みだされたことに注意しておきたい。

一九九二年の調査にもとづいて、当時の村びとによる試行の一端を記したのが、表7―3である。新奇な作物や技術をつぎつぎ試行するのは外来の男性である。いくつか例をあげよう。当時四〇歳代前半のAは州都で給与生活を送ったあと、結婚を契機に移住してきた。彼は政策の変化に敏感で、行商で村々を回るかたわら価格の高い作物を探して、他地域の親族や友人から情報を集め、有望な作物の種子を手に入れて試作を繰り返していた。当時六〇歳代のCは、コッパーベルトでの職を辞し、遠い親族をたどってN村に移入してきた。チテメネでもっといろいろな作物ができるのではないかと考え、ラッカセイの収穫後、耕地に畝立てし、肥料を使わず早稲の在来種トウモロコシを植える試行を始めた。チテメネの縁辺部にもコムギやダイズを植え、効率的な土地利用をめざす。ファーム耕地ではトウモロコシの株間にインゲンマメとカボチャも混作した。村出身の男性でも、他所での観察経験をもとに村では栽培されたことのない場所に果樹等を試作しているし、女性たち

表7-3　村びとの試行

	人	耕地	年	新作物・農法の試行	情報・種子の入手先
他地域出身男性	A	イバラ	1978	販売用トウモロコシ	カサマの農業大学
			1985	貸付制度利用ハイブリッド種トウモロコシ	他のチーフ領
			1988	ダイズ	他地域での観察
			1990	改良種ソルガム	他のチーフ領および酒造会社
			1992	コムギ	コッパーベルトの経験／他地域親族から種子
	B	イバラ	1980	販売用トウモロコシ	ヨーロッパ人農場での経験、政府のデポで種子
			1988	食害を避けるための耕地休閑	自身の経験から
			1992	落花生の土壌肥沃化効果実験	チブワの農業普及員を観察
	C	チテメネ	1991	改良種ソルガム	酒造会社
			1992	コムギ	コッパーベルトの友人から
					自身の経験から／ムピカの友人から種子
			1992	ダイズ	コッパーベルトでの雇用先
	D	チテメネ	1984	販売用トウモロコシ	他のチーフ領の友人
村出身男性	E	ダンボ*	1993	グアバなど果樹	他地域での観察
	F	イバラ	1994頃	コムギ	チンサリの市場で購入
	G	家屋域	1992	果樹	ムピカの農業学校から入手
村出身女性	H	チテメネ	1984–	トマト	町の市場で購入したトマトから種とり
			1992	改良種シコクビエ	カサマの地方開発センター
			1987	サツマイモ	他のチーフ領
	I	チテメネ	1988	インゲンマメ、食用ヒョウタン	他地域在住の娘から
			1990頃	キャッサバ、ソルガム	他地域在住の友人から
	J	チテメネ	1991	インゲンマメの播種時期変更	親族Lの両親がしていた記憶
	K	チテメネ	1992	改良種ソルガム	酒造会社のセミナーで入手
		イバラ	1989	タマネギ含む新しい野菜	他地域在住の娘から
	L	チテメネ	1989?	落花生、インゲンマメ	他地域在住の兄から
	M	イバラ	1990頃	タバコ、ジャガイモ	他地域を訪問した親族の土産
	N	イバラ	1992	タバコ、ジャガイモ	他地域の親族から
	O	イバラ	1991	改良種トウモロコシ	種子会社のセミナーで入手

*ダンボは河川周辺の季節湿地。

も新しい品種や種子会社の説明会で話題になった作物を試作する。

これらの試行の導入のしかたには特徴がある。それぞれの村びとが独自の情報源とネットワークによって得た情報や作物を使うのだ。たとえば当時村で小麦を試作していた三人の男性(A・C・F)は、まったく別の判断にもとづき、異なる経路を使って栽培法や種子を得た。栽培を始めた年がずれているので、後発の男性Fは先発の男性に種籾を分けてもらうこともできたのだが、あえてそうせず、自分のもつ経路で種子を入手した。これが村びとの試行を「個別多発的試行」と呼ぶ所以である。では、この個別多発的試行が村全体の大きなイノベーションに結びつくには、どんな経緯を経るのだろうか。

2……イノベーション拡大の五段階

個別多発的な試行が全体に拡大するとき、一時的に世帯間の経済的格差が拡大するが、結果的にそれが均され、全体を底上げするように、ほぼすべての村びとが新しい方法に着手できるようになる過程を経る。前出の三つのイノベーションはいずれも、同様の過程を経て一般化した。[112] ここでは第三のイノベーションであるファーム耕作の拡大過程を例に、個別多発的試行が村全体に波及する過程をモデル化した(図7―2)。

---

(112) 一九九七~一九九八年におきたブタ飼養の急速な拡大も、同様の経緯をたどっている(大山二〇〇二)。

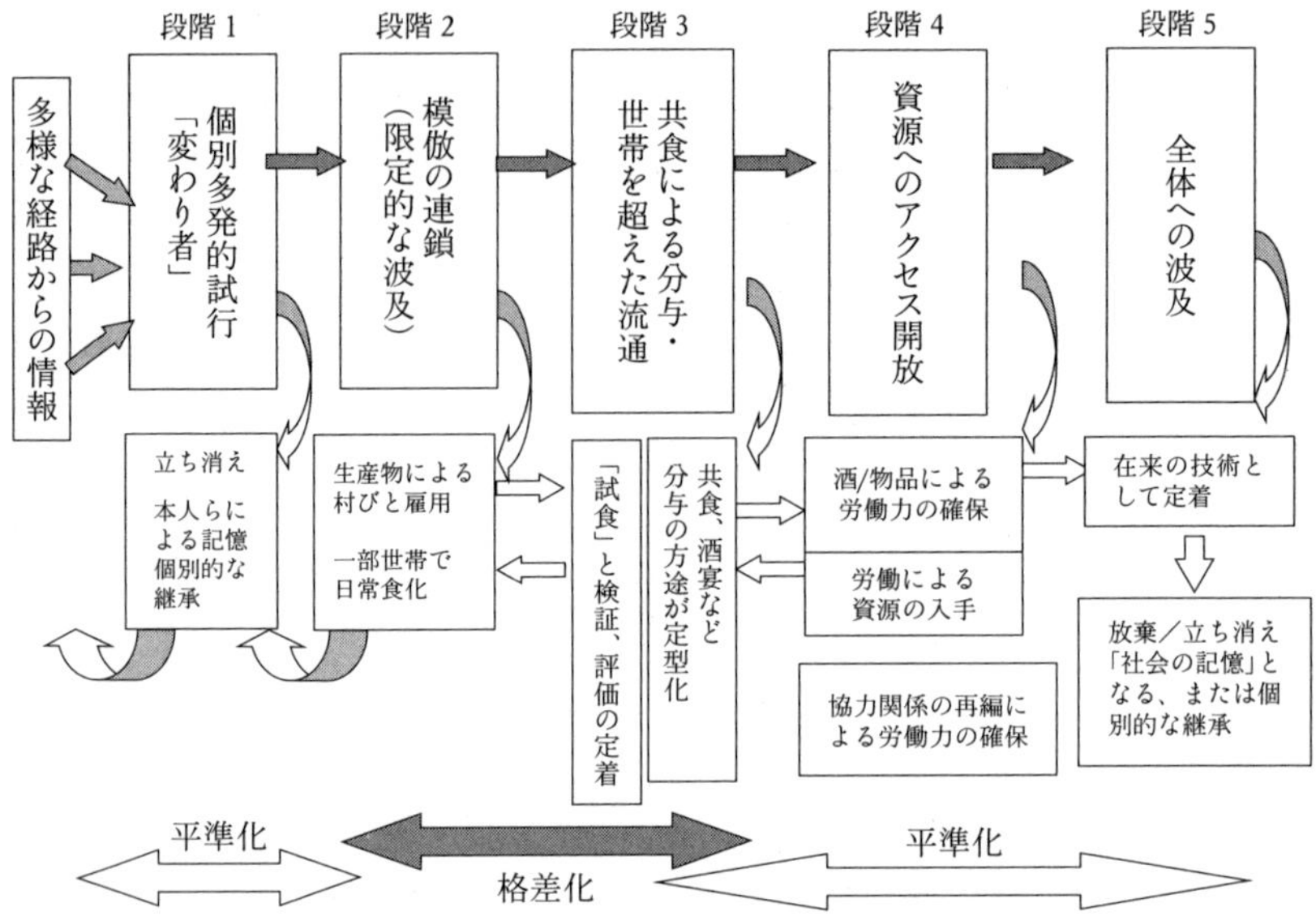

図7-2　イノベーション拡大の5段階

①　段階1：個別多発的試行

それぞれの村びとは自分のもつ経路から得た情報をもとに試行する。大胆な試行をするのは「変わり者」とみなされる村びとだが、程度の差はあれ、村びと誰もが何かを試している。

それぞれが好き勝手に始め、他の村びとに相談することもなければ、誰かと共同でするわけでもない、さまざまな試行が同時並行で生じていることの段階を、個別多発的試行と名づける。他地域で味わった作物の種や苗を手に入れて、試作する例がよく見られるが、他の村びとはそれを横目で、注意深く観察する。他の村びとが自分にとって評価に値しないと考えればそれ以上広がらない。始めた本人も飽きて立ち消えになる。ただ試行の経験は、本人や本人に近い親族の記憶に残される。他の村びとよりも新奇な試行をする人びとは、自分の試みが注視されていることを熟知しており、ほかの村びとより突出しすぎないように、ふるまい酒などでバランスをとる配慮を欠かさない。

② 段階2：模倣の連鎖

ある村びとの試行を他の村びとが取り入れるかどうかは、その村びとの直接観察によって決まる。採用の基準としては、「食べられる物」であることが重要である。先駆者たちの新しい試みは、村びとの日常的な相互接触のなかで、村びとそれぞれの経験を通して評価される。他地域の親族や友人の訪問、酒宴、共同労働のほか、調理加工作業などを契機にした集いの場でのおしゃべりや共食によって、新しい情報が経験的に共有される。

二、三年にわたる観察の結果、自分が新しい作物や技術を取り入れることができ、生活上も有用だと評価すると、自分でも同じ方法を始める。さらにそれを見て良さそうだと考えた人がそれに続く。少数の先駆者が新しい情報をもとに始めた「実験」が、他の村びとへのデモンストレーションのような効果をもって作用し、模倣の連鎖が起きる。この段階で何か問題が見つかれば、それ以上広がることなく、立ち消えになる。

この段階はある意味で、村内の差異化を生じるプロセスでもある。新しい方法や作物をすぐに採用できるのは、自分の世帯にそれが可能な財力や労働力を備えた村びとだけだからである。それらをもたない世帯の人々は取り残され、新しい作物や技術の導入に着手した世帯との格差が生じる。

③ 段階3：共食による「分与」、世帯をこえた財の流通

一部の人びとに模倣の連鎖がおきることによって、村内の差異化が進むのが段階2だが、それまでの平準化機構には乗らなかった外来の新しいモノの利用と意味づけが新たな状況に合うように調整され、その格差が均

される方向に向かうのが段階3である。その契機は、新しく持ち込まれた作物が日常食化し「食物」になることである。ベンバの村で「食物」は分かち合いの対象であるから、新奇な作物は人びとの集まりで共食され、同時に食物としての評価が定着する。[113] その生産物を酒に加工するなど、みんなで消費できる形にする技術が加わると、特定の世帯の専有であった生産物が、ひとつの世帯内にとどまらず、世帯の垣根を越えて流れ出す。「食物」にかかわる活動領域を担う女性たちが、ここで大きな役割を果たしている。

④ 段階4：資源へのアクセス回路の開放

稀少な資源である現金と労働力が村内を中心に流通する方途が確立する。労働力や資源の少ない世帯にも、それら稀少な資源へのアクセスが開かれ、新しい技術や作物を導入できるようになる。その契機となるのは、酒の醸造と販売、物を報酬とする雇用労働などである。それぞれの村びとは、その方途にしたがって希少な資源にアクセスし、新しい技術を模倣しつつ取り入れるようになる。

⑤ 段階5：全体への波及

多くの世帯が模倣を繰り返すことによって、世帯構成の差異にかかわらず、村全体の世帯がなんらかのかたちで新しい技術や作物の導入を完了する。底上げ的にイノベーションの拡大が実現する。その後何年もかけて、さまざまな工夫がその上に重ねられ、やがて「自分たちのやりかた―在来の技術」として定着する。状況の変化によってその必要性を失うと、一部の人びとは継続するが、多くは立ち消えになる。ただし、このことは多くの人びとによって記憶され集合的な「社会の記憶」として残る。

3……イノベーションの諸段階における平準化機構と財の意味変換

村びとによる試行のほとんどは、段階1に止まる。段階1の個別多発的試行が、模倣の連鎖を呼ぶ段階2に発展するのは、それを観察する他の村びとの判断によるが、それは新しい作物が食料になるかどうかに大きく影響される。さらに段階2が段階3以降に発展するには、それらの「日常食化」が不可欠である。当該の生産物が、人びとの間での分与の対象になるからである。段階3と段階4では、それまで蓄積された村内の格差を平準化するさまざまな動きが生じる。

段階3で、新しい作物を日常食に取り込む動きが生じる。それによってなじみのなかった作物は「食物の道」でやりとりされるモノへと変換され、村における「食物の道」「敬意の道」「お金の道」という三つの交換様式の通路ができる。食物の分与についての規範は、ほかの何よりも強い。食物ならば、多く持つ者は持たない者に分与する責務を負うし、持たない者は公然と分与を要求することができる。食事の場では、食材を提供した持ち主に主張できる権利はほとんどない。同席した人はすべてその分与を受ける。新しい作物はそれを生産した特定の世帯だけでなく、他の世帯の人びとによっても消費される。他の世帯の人びとにとっては、自分の世帯で生産していない新しい食物を味見する機会にもなる。

さらに重要なのが、段階4に至って、イノベーションを展開するのに必要な資源である現金と労働力へのア

---

(113) ブタ飼養ブームが拡大した時には、その肉が雇用労働の報酬として支払われた。肉の味の良さとブタの多産性が強く人びとにアピールしたという(大山 二〇〇二)。

クセスが開放されることである。そのままでは分与の対象ではない現金を、酒の売買などを通して分与できるものに変換し、村内に現金の流れを作り出すとともに、酒宴で飲む酒として消費してしまうしくみは、とくに有効に働いてきた。また、ファーム耕作が女性世帯にも拡大する時期に見られたように、酒を「対価」にすることによって、世帯外の男性労働力を得ることも可能にしている。

雇用労働じたいも、重要なアクセス回路である。村の中ではそれが現金を得る手段にもなる。物品を介した雇用労働では、物品じたいの流通をも生み、その物品を生産しない世帯の人びとが当該の物品を使う経験をする契機になる。さらに、現金の余裕がない世帯でも、酒や衣服、鶏などの物品を調達することができれば、必要な労働力を得ることができる。新しい農法を使った畑の雇用労働に雇われた結果、その技術を習得して自分の世帯で応用する例もある。

段階4では、現金の流れを作り出すしくみや雇用労働慣行の再編、日常的な共同関係の調整が重なりあって新結合が生みだされる。新しい技術に着手するのに必要な資源が、特定の世帯に囲い込まれず、広く利用できるようになる。これらを発現させる動きの根底にあるのが、他者への分与を基本におく生活原理であった。

ここまでくると、前章でも指摘した平準化機構の二つの機能についての理解——すなわち、ふだんは変化を抑制する働きをするが、ある条件下では急激な変化を促進する機能を発揮すること——に、修正を加える必要があることがわかる。

イノベーションが村全体に拡大する過程を細かく検討すると、平準化機構じたいが抑制と促進の両面機能を持っているのではないことがみえてくる。かつて現金と同じ意味づけを与えられて分与の対象でなかったトウモロコシが「食物」となり、「食物の道」における分与の対象として平準化機構の文脈にのせられたために、新奇な作物であったトウモロコシと外来のファーム耕作という技術の意味変換が生じた。さらに酒の販売を通じて、イノベーションの受容に必要な男性労働力という希少な資源へのアクセスが開かれたことによって、資源の偏在が均され、結果的に変化の促進につながっているのである。つまり、平準化機構が変化の促進に結びつくには、新しい作物や技術の意味変換の過程を経るのが不可欠だということができる。

7 ベンバにおけるフォークイノベーション・ヒストリー（ＦＩＨ）

1……フォークイノベーション・ヒストリー（F-H）の特徴

これまで見てきたように、フォークイノベーションの歴史（ＦＩＨ）をたどることによって、さまざまな試行が複合する過程を把握し、それらが作り出す変化のパターンに特徴的な指向性を読み取ることができる。ベンバにおける特徴は次のように総括できる。

①　イノベーションの中心をもたない個別多発的な試行の累積がイノベーションを生む

高度に産業化された社会において、イノベーションは一般の人びとの日々の営みから生まれるというより、技術革新を牽引する社会的な役割を与えられた特定の諸機関を基点にして組織的に生み出される。技術革新に必要な物資や情報、人材などの資源が集積されたそれら諸機関がイノベーションの中心となり、イノベーションの発信源となる。これに対して、ベンバのイノベーションは固定的な中心を持たず、個々人による個別多発的な試行の累積を土台に生み出される。それはある状況への対応について数多くの可能性を温存し、状況が大きく変化しても対応できる柔軟さを醸成する。これを支えるのは、ベンバの村びとが共有する、技術や知識に関する態度であることを、最初に指摘しておこう。

②「創始者」は問題にされず、権威化もされない

イノベーションの中心が固定化されないのは、「創始者」が問題にされず権威化もされないという、技術や知識の位置づけが深く関連する。村びとが新しい作物や技術を取り込むときには、まずそれが自分で実践できるものかを問い、その基準に従って個々の技術や知識を評価するからだ。かれらにとって、技術は実践する自分自身の身体と不可分なので、それができるかどうかは、当の村びと自身の力しだいである。それぞれの村びとは自分に使えそうだと判断したときに、少しずつその作物や技術を試してみて、うまくいけば、それを最初に始めた誰かのおかげというより、自分の判断が良かったと考える。逆にその試みがうまくいかなくても、誰かのせいにすることはない。ただそれをやめて、別の試行に移るだけである。

村びとによって語られたベンバのフォークイノベーションの歴史の中で、新しい作物や農法の導入にまつわるできごとは、導入した本人や近い親族によって、持ち込んだ人の名前とともに、個別に記憶されている。複数の村びとが、同じ作物や技術を導入したのは自分だと語るのもよくあることだ。それ以外の人びとは、新しい作物や技術を誰が最初に導入したかを問題にもしないし、まして自分に関わりない誰かの人の名前を挙げて語ることもない。こうした村の日常の中では、「創始者」が長くコミュニティ全体で記憶され、他の村びとからの尊敬を集めること（またそのように語られること）はほとんどありえない。新しい有用な技術や作物が導入され

普及したとしても、それを持ち込んだ人が、権威化される道筋はあらかじめ封じられている。

実際、先駆的な試行を数多くこなし、ほかの村びとにも有用な作物や技術を持ちこむのは「変わり者」たちだが、かれらがイノベーションの発信源として他の村びとから注目されたり、人びとの模範になったりするわけではない。その作物や技術が広がったとしても、それは「変わり者」たちのおかげではなく、その技術を取り入れた個々の村びとの判断が重なった結果だから、「変わり者」が特別に尊敬されたり、権威化されたりすることはない。かれらは依然として村の政治の中心からはずれた位置にありつづけ、自由にさまざまな試行をしつづける。

技術や作物の評価を、それを持ち込んだ人の権威に結びつけない態度は、政府やミッショナリーなど、村びとにとっては抗いがたい権力をもつ機関が持ち込んだ技術や作物の評価にも共通している。チテメネ耕作の歴史の中で、政府やミッショナリーによるさまざまなプロジェクトが持ち込んだお墨付きの技術でさえ、無批判に受容されはしなかったことを想起したい。これらのプロジェクトには参加への強制力が強く、第一次世界大戦時に畝立て耕作が導入されたときのように、違反者への罰則を伴うこともある。しかしその制約が解かれると、村びとは日常生活のなかでその技術を再吟味し、生計の安定に寄与すると評価したものを選択的に取り込んで、生計に根づかせてきたのである。人びとは、政府やミッショナリーが持ち込んだ技術だからといって無批判に受け入れはしないが、同時に、吟味せずに拒否することもしない。次に述べるように、それに関わった人びとの経験として、記憶の引き出しに保存され、累積される。

③　過去の試行における失敗の経験も分散的な記憶として累積される

もうひとつ、個別多発的試行の土台として重要なのは、過去の試行における失敗の経験が分散的な記憶として累積されることである。上述のとおり、過去の試行はそれに関わった村びとそれぞれが個別に記憶するという形態で残る。成功した経験だけでなく、失敗の経験も同じである。政府などのプロジェクトにおいて、プロジェクトの終了時の公式な評価が「失敗」だったとしても、それに関わった人びとにとっての経験が消え失せてしまうわけではない。それに関わった人びとは、自分の置かれた文脈に即して、プロジェクトで見聞きし経験したことを記憶に残している。それらは村全体としてみれば分散的な記憶として累積され、状況によって再利用もされる。

通常はその記憶をもつ人びとだけが、状況の変化に際して思い出し再試行する。それが試行の幅をさらに広げたり、個別の判断を深めたりする効果はあるが、他の人びとにも波及するような知識にはならない。しかし、いくつかの歴史的場面でそれらの記憶が語り合わせられて、多くの人びとが共有する知識すなわち「社会の記憶」になっていくことを見過ごさないようにしたい。

一九六〇年代にU村、D村でおきたトウモロコシ栽培の失敗と食料不足の経験が、一九八〇年代のファーム耕作導入時に思い起こされたのがその好例である。一九六〇年代でトウモロコシ栽培に一本化したがために食料不足で痛い目をみた村びとやかれらを助けた他村の人びとが、それぞれの立場からの経験を語り合わせることによって、人びとの共有する知識となり、ファーム耕作導入に際して、チテメネ耕作を放棄せずにファーム耕作を加えるというやり方で新しい生計戦略を立てる指針になったのだった。

④　既存のパラダイムとは異質な技術を馴化し、それまでのパラダイムに取り込むイノベーションが生じる

ベンバ農村のイノベーションの歴史をみると、既存のパラダイムとは異質な新しい技術の取り込みに際して、既存のパラダイムを新しいパラダイムへと転換させる方向ではなく、異質なパラダイムのもとに生まれた技術を既存のパラダイムに取り込む方向でのイノベーションが生まれていることがわかる。個別の新しい技術や作物を取り込むときには、それまでの技術や作物に付け加える形で、選択肢を増やすように変化が進む。多様な方途を充実させる環境利用のジェネラリストとしてのベンバの指向性が見てとれる。

⑤ 新しい技術や作物を「食物の道」に接続し、新しい財の意味を変換する

この動きは、現金経済が農村に深く浸透した歴史の中で生じている。一九三〇年代に持ちこまれた現金は「お金の道」でだけ交換され、分かち合いの対象にはならない稀少な資源であった。しかし、女性たちによるシコクビエ酒の醸造・販売では、酒を買う行為と酒宴とが結びついたことによって、現金を他の村びとと共に消費できる財に変換し、「敬意の道」や「食物の道」を通ってやりとりする道筋が作られた。個人が保有する財であった現金を、村びと全体で分かち合う象徴的な財としての酒に変換する方途が生み出されたともいえる。また女性がシコクビエ酒を販売するとき、従来の酒の製法で造った酒を無料でふるまう酒宴も開くという暗黙の了解が成立したことによって、現金を介した売買は酒のふるまいとのセットで定着し、慣行化する。一九八〇年代のファーム耕作でも、日常の調理加工を通じてトウモロコシの意味が「現金と同じ」から食物に変わったことによって、トウモロコシを「お金の道」で販売して個別の世帯が利益を得る対象とするだけでなく、他の村びとと分かち合うべきモノとして「食物の道」に乗せかえる動きを可能にした。

これらの動きは、稀少な資源である現金の資源性を薄める働き（脱資源化）をしている（杉山二〇〇七）。イノベーションが生み出される過程では、そこに、母系の紐帯に結ばれた女性たちの動きが複合的に関与していることにも注意しておきたい。

⑥ 平準化への強い指向との結びつき

当事者の選択をもっとも重視する考え方は、個別多発的試行の土台となっている。それは、特定の人に財力や権力が集中することを良しとせず、平準化への指向を内在化させたベンバ社会のありように通底する。

ベンバの村の村長や年長者には、一定の権威が与えられてはいるものの、他の村びとを絶対的に支配する権力を行使できる者はいない。このことは、他者より突出して多くの物を持たないように留意し、多く得た場合には、何らかの方法で分与しなければならないと考える村びとの基本的な態度にも反映される。必要以上に権威づけられたり、富が集中したりすることを当人も恐れ、他の村びとも忌避する。それは、掛谷（一九八七）が述べたように、平準化機構を裏支えする「制度化された妬み」への強い恐れと連動しているが、同時に、多くの人びとがおかれた状況にかかわらず、ほどほどの食料を確保し、生存の安定を保証されるしくみとも表裏一体である。

2……FIHからみるベンバ社会

ベンバのイノベーションは、他民族集団との接触や政府による農業政策、キリスト教ミッションや諸外国の開発協力機関、さらには村びと自身の工夫などによって、方向性や技術的原理の異なるいくつものイノベーションが、試行され吟味され、蓄積される歴史の上で展開してきた。どれかひとつに収斂するのではなく、それまでのパラダイムに沿わせながら新しいものを追加し多様性を増していく、環境利用のジェネラリストとしての特徴がＦＩＨにもあらわれている。

イノベーションの中心が構築されないまま、繰り返される個別多発的試行の中では、村びとそれぞれの選択による個別の対応がダイナミックに複合して、いくども大きなイノベーションのうねりを生み出してきた。それらは、あらかじめ想定された目的に向かって統合的にコントロールされたイノベーションではないからこそ、思いもよらぬ方向に突破口が開かれる。そのような経験の記憶は、一見バラバラな個別多発的試行の累積による、さまざまな可能性を温存する。想定外の変化に直面したとき、人びとの記憶の引き出しに蓄えられているそれらの可能性が動員され、困難な状況を打開する方途が探索的に生み出される。それがさらなる経験知として分散的に記憶され、社会に蓄積される。持つ者から持たざる者への分与を基盤とする世界に生きるかれらは、個別の試行の失敗が生存の失敗に直結しないことを知っている。分与は生存にとっての強力なセーフティーネットとなるからである。

必要以上の権威化とそれへの集中を回避し、さまざまな可能性を温存する構造は、アフリカ農民の生計戦略に共通する特徴でもある。不確定要素の多い厳しい環境下では、ベリー（一九九三）らの指摘のように、数多くのチャンネルを用意することによって、リスクを分散し、生存の確実性を高める戦略が有効である。また、掛谷（一九九八）がトングウェとの比較に基づきながら述べたように、「人々の生存に必要な量をはるかに超えるような生産を抑制し、かつ、生産物が人々の間で平準化することを促し、あるいは偏在することを忌避する分配・消費のメカニズム（「平準化機構」）を保持し」（掛谷 一九九八：一二二）つつ、広い社会的ネットワークを構築することによって、安定した食料の確保と生存の安定を招来する生計戦略の現れでもあると考えることができる。

人びとの生計戦略を実質的に支えてきたのは、人々の移動性と離合集散による消費の単位の柔軟な組み替えであった。食物の量や所在に合わせて人が移動し、離合集散によって消費の単位が柔軟に変化する。それは厳しい自然環境条件と不確実性の高い政治社会状況の下で、生存の安定を確保しながら、過度な環境の開発を抑制する結果にもつながってきた。

それは単なる「貧困の共有」ではないし、近代化を拒否するしかけなのでもない。村びとは食料の持続的な確保と生計の安定を一義としながら、新しい作物の意味づけを変換したり共同の様態を変えたりすることによって、持たざる者も必要な資源にアクセスできる状況を作り出し、自分たちのイノベーションを実現してきた。その結果、世帯構成の違いに関わらずそれぞれの世帯が、食料の確保と同時に、近代的な物質の豊かさを求めることが可能になり村全体の生活が底上げされたことは特筆に価する。

植民地化以降、独立後も一貫して、村びとの生計における軸足は、チテメネ耕作に置かれ続けている。村びとの生活には現金経済が深く浸透しているけれども、人びとは国の経済と一定の距離を保ち、完全には巻き込まれていない。外部から獲得した現金を、酒の醸造販売などを通じて、分かち合える財に変換するしくみを作り出し、ミオンボ林の環境に深く根ざした生計の自律性を保ちながら接合を果たしてきた。その土台には、ミオンボ林の広がるところどこへでも移動できると考える世界観と「木のない土地に価値はない」という資源観に支えられ、チーフの名の下に広大なミオンボ林を総有の資源として利用するしくみが再生産されてきたことを忘れてはならないだろう。

終章

小さな村からの生態人類学

1　小さな村から何を考えるか

本書では、十数世帯から成る小さな村の二〇年余りを生態人類学的な視点で追いながら、ミオンボ林帯における焼畑耕作と、それを生計の基盤とする母系社会のありようを動態的に描いてきた。冒頭で私は、ベンバの人びとの生計において自給レベルが維持されているのは生産の技術の問題ではなく、生計戦略の立ち位置の問題だと書いた。そのことは本書のこれまでの記述から明らかにできたと思う。

しかし考えてみれば、私たちの社会にもひとりじめを善しとしない倫理観もあるし、他者と食事を共にする共食（きょうしょく）の慣行もある。格差の拡大を抑制しながら近代化を進めてきたかれらの社会における分与のしくみと、私たちの社会のそれとはどのように異なるのだろうか。ここではかれらの生計にあらわれる分与の様態を中心に、人びとの生計のありかたや環境観について、そうした比較の視点をもって考察を進めたい。環境や暮らしの持続可能性が問われ、新たな共同性やコミュニティによる資源管理などが注目されている現在、それは、私たち自身の生活を考えることにもつながっていく。

2　生計にあらわれる消費と分与の様態

1……お礼のいらない分与と「その場にいること」の意味

村の日常を成り立たせているモノやサービスのやりとりは、食物の調理加工に伴う分与（「食物の道」）や儀礼に伴う贈り物（「敬意の道」）、現金による売買（「お金の道」）など、質の違う複数のやりとり方法の組み合わせから成り立っている。ここではとくに、自給レベルの確保に直結する食物の分与を中心に、その様態を見直そう。

私がひとりで住み込み調査を始めたころ、こんな失敗もあった。親しい女性がホーローの皿に入ったサツマイモの葉の煮物をくれた。お返しにと思って、空いた皿に飴を二粒入れて返したら「これは何？」と、のけぞるほど驚かれた。お返しに飴では子どもだましのように思われたかと少しあわてて、日本ではお礼の気持ちを表すのにこうして小さなお返しするのだけどと説明すると、「なぜお礼が必要なの？　あげる物がないときはどうするの？　皿を返さないの？　くれるという食べ物をもらわないの？」と矢つぎばやに質問された。皿を受け取った彼女は「私たちは空いた皿のほかは何も返さない。お金を貸したわけでもないのに（皿以外の）何かを返すなんて」と言ったあと、皿の中の飴を一粒つまんで包み紙をむき、ぽんと口に入れてから「もう一粒は子どもに取っておくわ」と去っていった。

人びとの生計における「自給レベルの維持」には、まず、どの世帯でも自分たちに必要な食物を得るための生計活動をおこなうことが前提だ。その土台のうえにこうした日常的な食物の分かち合い——食物のやりとり——が連続した行為として現れる。村の日常的な食物のやりとりの特徴は、お礼もお返しもいらないことと、その場にいる誰もが分与をうけられることに集約される。そのやり口はモースの贈与論にいう三つの責務のうち、返礼の責務を伴わない贈与であり、サーリンズのいう一般的互酬性——返礼が期待されない贈与——にあたる。[114]その伝でいけば、このやりとりは社会的距離がもっとも近い人びとの間で認められるはずである。

そう考えるとふしぎなのは、村びとと何の関係もない外来者や、移住してきて日の浅い人など、村びととの社会的距離が遠いはずの人びとが当然のような顔をして、繰り返し食事の供与にあずかることだ。しかも、ごちそうになっているのに食事をほめるでもなし、お礼を言うでもない。ましてやお返しもしない。ときにはおかずが少ないなどと文句まで言う。そんなかれらの態度は、他人様（ひとさま）から何かをもらったら必ずお礼を言うことと、適当なお返しをすることを子どもの頃から教え込まれてきた私には、はらはらするほど不作法に見えた。けれど、食事を供与した側もそれを気にしていないふうである。この経験でわかったのは「その場にいること」が、互いを「他人様」ではなく「ナカマ」として扱う条件なのだということだ。それまでの経緯や既存の関係にかかわらず、新参者でもその場にいることによって、食物の分かち合いの輪に組み込まれる。

成員の移動性が高いベンバの生活では、母系の親族関係や友人関係は、移動先の選択や移動先のよりどころとして役立つ潜在的な要件である。だが親族関係や友人関係があるだけで、村の日常生活での親和的な関係が保証されるわけではない。クタンダラ（散歩、訪問）したり、調理加工の作業を共にしたりするなど、実際に集うという行為を繰り返してお互いの関係を構築しないと、その関係は実質化されない。また、その行為を繰り返して親しさを日々更新する必要がある。

この文脈において、人びとが集う「その場にいること」は、それじたい、親和的な関係をもつナカマになろう（ナカマでいよう）とする意思の表明になる。言い換えれば、村の日常生活における親和的な関係は、集いの場にいるという行為を通して生成されるとも表現できるだろう。[115] それは第3章でみたように、集いの場に参加しないことによって、同じ村に住む親和的な関係を断ち切る意思表示をし、そのまま村を離れていく人びとの行動からも裏づけられる。お互いの親和的な関係が絶えず更新されている間、集まりに付随する食事の供与や食物のやりとりは、お礼もお返しもいらない親しい関係の上に成り立つのである。

2……食物の規範的な分与と行為遂行的な分与・「食べる」という脱資源化

食物の分与の様態は次の二つに分けられる。一つはネットハンティングでの肉の分配や酒の販売の場に顕著

(114) 贈与に伴う三つの責務——贈与、受領、返礼——を想定したモースをふまえ、社会的距離の違いと贈与の類型に注目したサーリンズは、返礼への期待の有無や時期を基準に互酬性の類型——一般的互酬性、均衡的互酬性、否定的互酬性——を示している（モース 一九二四；サーリンズ 一九八四）。その中で返礼が期待されない贈与を一般的互酬性に基づくものと考え、親族や家族など親しい関係にある人びとの間でおこなわれる贈与がそれにあたるという。また、ボハナン（一九五二）は異なる取引領域の存在に注意を向けた。

(115) ボツワナの狩猟採集民サンのシェアリングについて論じた今村は、行動そのものをシェアすることが食物分与と不可分にあることを指摘し、女性の生計活動が、世帯を越えて広がる社会的・政治的文脈と密接に関わっていることを明らかにした（今村 一九九二、一九九三、二〇〇四）。

に現れる規範的分与、もう一つは調理加工作業の共同の場に現れる行為遂行的とも呼べる分与である。

規範的分与のうちでも、ネットハンティングでの肉の分配は、狩猟採集社会での報告と同様、あらかじめ決まったルールに則って獲物が解体され分配される。酒を販売する場などでの分与は、クタナを忌む生活原理すなわち「持つ者は持たざる者に分け与えなければならない」という規範に基づいておこなわれ、制度的様相が顕著に現れる。現金を多く持つと見なされている男性へのねだりと酒を買った人への一瞬の賞賛があり、買った人は謙譲さを示して自分から飲み始めないなど、社会的に期待される態度をちりばめたやりとりが繰り返される。シコクビエの収穫作業に伴う結のような活動では、手伝いの女性が持参した籠が収穫物で一杯になると、チテメネの持ち主の女性がそれを受け取って所定の場所に中身を空ける作業を繰り返す。手伝いの女性たちはそこに近づかない。作業の終わりには、持ち主からの「あげる」という発言も手伝いの女性たちからの「もらう」という発言もお礼もなしで、収穫作業最後の一籠分のシコクビエをそれぞれの女性が持ち帰る。

このように規範が顕在化し制度的様相をもつ規範的分与に比べて、調理加工など作業の共同と集いにみられる食物のやりとりや食事の供与は、集いという行為に付随して導かれる分与という意味で、行為遂行的分与と呼べる。

行為遂行性という概念は、もともとオースティンによる言語行為論で使われたもので、発話という行為が未来の具体的な行為を促すことを指す（オースティン 二〇一九）。ジェンダーポリティクスに関心を寄せるバトラーはこれをふまえて、人びとが集まるとき（言語行為ではなく）その行為そのものがもうひとつの「アセンブリ」を生みだしそれに現実的な力を与えていると論じた（バトラー 二〇一八）。この議論を援用すれば、ベンバの村では「集まる」という行為そのものが、そこに集う人びとが相互に親和的関係をもとうとする意思の共有に他ならず、共有された意思を具現化する社会的な現れになっているといえる。集まることそれじたいが、ある政治性を帯びる。親しい者同士は食物を分かち合うが、分与される誰かの食物は、集いの場でみんなの食物となり消費される。共に食べることはその関係の確認にもなる。村の生活の中には、年齢層や生活の場面に応じて異なるさまざまな集まりがある。それを村全体として見ると、結果的にではあるが、多様な食物の調達とそれらの分かち合いが重なり合う実践を生みだしているといえる。

3……持ち主の役割は「道」に乗せること——所有することの意味

ここで興味深いのは、食物の分与が始まるときに必ずと言ってよいほど、持ち主の存在が表に現れることである。たとえば、酒が販売される場では買った人（持ち主）がひとつのバケツに酒を注ぐ。シコクビエ収穫作業では、チテメネの持ち主が手伝いの女性たちの籠を空ける作業をおこなう。行為遂行的な分与も、畑やミオンボ林で採ってきた食物の「持ち主」がそれをほかの女性たちがいる場に持ちこみ、加工処理や調理の作業に移すことから始まる。調理加工に使う道具についても、持ち主から借りることによって、共同が始まる。しかし持ち主の姿が見えているのは始まりの時だけで、その後はすっかり姿がかき消され、最終的には誰のものでもない、みんなの食物として消費されてしまう。それなのになぜ、一度、持ち主が表に出るのだろうか。私たちの社会とベンバの村では、モノを所有することの意味が大きく異なるようにみえる。

そもそも誰の物でもないモノは資源化（人の役に立つものとして評価し利用すること）できないし、分けられない。ベンバ的に表現すれば、誰の物でもないモノは呪いである。[116] だからといって、持ち主が食物の分与の過程の最後までその力を行使することは、分与という行為に対して「誰から誰への分与」という必要以上のアドレス性を与え、負債感を生みだす。それはほかの村びととの間に「与える／与えられる」非対称の関係を顕在化させつづけ、それに伴うある種の優劣関係が蓄積されることになるだろう。

私たちの社会では、そうした非対称の関係や相手に対する負債感が次なる分与を促し、お互いの関係を継続的に維持する力となる。しかしベンバの分与の様態には、「与える／与えられる」関係が顕在化するのを早くから回避し、食物の分与をめぐって人びとの違いがめだたないようにするやりくちが備えられている。この問題を考えることは、ベンバの村の分与の様態を深く知るとともに、お礼やお返しを伴う贈与も視野に入れた経済全体への理解にもつながっていく[117]。

ベンバの人びとは、すでに述べた「食物の道」「敬意の道」「お金の道」という異なる三つの道を使い分けることによって、モノのやりとりをめぐる態度とモノの意味を変えて、この問題をすり抜けてきた。

村びとが、「通り道」によるモノの意味づけを明確に区別していることを示す好例がある。一九九〇年代のあるとき私は、共同労働を酒で依頼するのと、酒を売って得た現金で伐採手を雇用するのとでは、どちらが広い面積を伐採できるかを知るため、共同労働を依頼するために使った酒がいくらの現金に相当するかを計算した。インフレが急速に進んでいた時期だったので、共同労働を依頼する方が、酒を売って得た現金で依頼するより五倍も広い面積が伐採できる計算になった。それを村の女性たちに伝えると彼女たちは、共同労働に使う酒は販売するために造ったものではないし、実際に売りもしなかったのだからと換算の愚を笑い、現金と酒は違うのがわからないのかと聞いた。「この酒は飲むために造ったのよ。飲むために造った酒は何になると思う？　酒にしかならないでしょう。これはお金の道は通らない。はじめから終わりまでお金とは関係ないの。だから、もし売ったらいくらだったかなんて考えるのは愚かなことだよ。通り道がちがうものはぜんぜん別のものなのだから」

このように同じ物でもその「通り道」によってモノが「ぜんぜん別の」意味づけをもつことを村びとは意識し、その物が何のために使われるのかを問題にする。持ち主は目的に応じて、当該のモノを三つの道のどれかに乗せる。持ち主がモノをどの道に乗せるかによって、分与するモノとしないモノ、分けられるモノとそうでないモノが分離され、社会的な意味を帯びて人びとの集まりの場に姿を現す。「食物の道」に乗せられたモノは、調理されて誰のモノだったか見えなくなり、飲食されてみんなのものとして消費される。その過程は村びとと個々人や、その持ち物の差異を不可視化し、「消えもの」にする。村びとの集まりの場で食物は広く分与されるけれども、それに伴う負債感や、与える・与えられるという立場の違いが問われることもなくなる。

---

(116) 持ち主がないモノは使うことも分けることもできない宙ぶらりんの状態にある。持ち主が誰もいないのに誰もがほしがるような魅力的なモノが目の前に現れたら、それは邪術者が呪いをかけるための呪具なので、決して触れてはならないと言われる。

(117) 村びとはお金の道に乗せて「秘密の知識」を「売買」する。お金の道を通じて知り合いになった相手との対面的なやりとりを深めて、食物の道でのやりとりも同時におこなう親しい関係を結び、社会的ネットワークをさらに広げるなどの機能も意識的に使っており非常に興味深いが、ここではその事実を言及するに留める。

3 誰かのモノを「食べてしまう」こと＝消費の力と社会的な広がりとしての世帯

フォークイノベーションの過程において、分与できなかったモノを「食物の道」に乗せかえることによって、新しい資源へのアクセスが開かれ、村びと全体が新しい生計パターンを取りこむ結果につながったことは、第6章と第7章で述べた。そこでは現金と同じ意味づけをもっていたトウモロコシが食物となり、買った酒を共に飲む酒宴や酒のねだりあいを通じて、分与の対象ではない現金が他の村びととともに消費するモノになるという、意味の変換がおきた。現金で販売する酒を他の村びととともに飲み、支払いの代わりに労働力を提供するという応用的な方法で男性労働力も共有された。本来は交差することのない「お金の道」と「食物の道」という二つの道を交差させる働きをしたのが、「食べてしまう」という消費行為であり、その舞台となる女性たちの集まりであった。

その背景にあるのは、ベンバの村における世帯が生産と消費の閉じた単位ではなく、世帯を越えて広がる社会的・政治的文脈と密接に関わっていることである。それはまた、「自給レベルの確保」という生計戦略上の課題が本来的にもつ社会的なひろがりに加え、妻方居住の母系社会というベンバの特性を前提にしている。父系社会にあっても、生産と生殖の単位としての世帯とは別に、女性が調理する炉を中心に構成される消費の集団

「炉帯 hearth-hold」の社会経済的機能の重要性が指摘されているのは、第3章で述べたとおりであるが（Ekejiuba 1995）、母系社会であるベンバのそれは村の社会経済の要ともいえる。[118]

ベンバの世帯の離合集散に見たように、生業に関わる活動の単位は、その成員がもつ社会的ネットワークを利用しながら、状況に応じて変化する柔軟性をもつ。その社会的ネットワークは多層的であり、協力関係を結んだり離合集散の糸口になったりするジェンダー関係も多岐にわたる。現代の欧米社会における議論で焦点化されるのは、一対のペアとしての夫婦というジェンダー関係で、その単位となる核家族の世帯が強調される。これに対して、ベンバの世帯は社会的・経済的単位の基本ではあるものの、母子関係の紐帯の強さ、母方を中心とする兄弟姉妹関係、それらを軸とするクラン関係など、さまざまな社会的単位の複合が生業の全体像に関わっている。ベンバの世帯はいってみれば、さまざまな社会関係のひとつの結節点なのである。

さらに、世帯の核をなす夫婦がそれぞれ異なる親族集団に属し、地位や財産が母方オジから姉妹の子どもへ継承される、母系社会ベンバの場合、夫と妻、兄弟と姉妹とでは異なる社会的前提がある。女性たちはある世帯の一員として生計活動に従事しているが、それとは別に、同じ村に住む母系の親族関係や日常的なつきあいによってできる社会関係を基盤としたネットワークを形成している。それは世帯の垣根を超えて食物が流れる

（118）ジェンダーに注目した人類学的研究には、一九八〇年代から世帯や家族（family）という分析概念の有効性を再検討しようとする動きがあった。ベンバを含む中南部アフリカの諸社会で、分析単位としての家族概念を批判的に検討したヴォーン（Vaughan 1985）、西アフリカ、ガーナのアサンテ社会の夫婦が生計をともにする単一の世帯を構成しないことを指摘しそこでのジェンダー関係について問題提起してきたガイヤー（Guyer 1980, 1986）、世帯内の夫婦それぞれを個別の経済主体と捉え、世帯内の協力関係や対立関係にも注目した高根（一九九九）などの研究もある。

ネットワークであり、「食物の道」の舞台である。女性たちは世帯単位の生産に従事すると同時に、食物が世帯を越えて流通する日々の集まりを生みだすことによって行為遂行的な分与をも実質化する位置にある。

それゆえ、夫婦を核として構成される世帯は、生産から消費までを世帯内で行う自己完結的な単位にならない。夫が他村出身である場合は、妻が村内にもつ母系の親族ネットワークが強力だし、夫が村出身である場合は、夫自身が母系の親族関係で果たすべき義務を要求される。妻がよそものである場合、夫の親族である女性たちとの間に構築するネットワークのひろがりは限られる一方、村外に住む自分の母系親族との関係は維持される。いきおい、一つの世帯内では財の蓄積がしにくく、夫婦の紐帯と世帯間の垣根は相対的に低くなる。

ベンバの女性にとって、日常生活上の行動は相手との関係によって変化する。ジェンダー要素が重要な場面でも、夫と妻、兄弟姉妹、親子、母方親族、父方親族、さらに当事者同士の年齢や出身地、ヘソの名さえも関わる多様な組み合わせで作られる文脈の中で、それぞれが自分の意思と思惑をもって行動する。

ンナエメカは、アフリカ女性の日常的な行動がはらむ主体性、政治性について言及し、諸社会におけるヘテロセクシュアルな関係に基づいたポリティクスの重要性を指摘した（Nnaemeka 2005）。ベンバの女性たちもまた、村の政治・社会関係ネットワークにおける当事者として行動している。女性の社会関係が日常的な相互交渉によって顕在化され、実効性のある政治力として現れることは本書でも指摘した。

ベンバの女性たちが日々集いながら相互に構築する親和的な関係は、母系の紐帯を実体化し、世帯レベルにおける作物生産の不均衡を緩和する効果をもたらしている。苦境を打開しようとする女性たちの試行が複合して生まれた新しい酒の醸造販売と酒宴の機会が、現金の意味を変換するコンバータの役割を果たしたのも、こうした社会的背景があってこそである。そしてまた、広い社会的ネットワークに支えられた柔軟な離合集散と状況対応が、長期的な自給レベルの維持を可能にしている。こうした特徴は他のアフリカ農耕民社会にも共通する点だと思われるが、既婚女性が親和性の高い集まりを作りやすい母系社会だからこそ、際だって見えた現象だともいえるだろう。

4 生業複合における生産から見た自給レベルの維持

1……多様な環境に適合できる人と技術――必要をベースに自分の食べ物を得る活動

これまで述べてきたような分与の様態は、多様な環境を利用するベンバの生業複合と人びとの移動性に深く結びついている。ここでは生業複合に寄せた生産の側面から「自給レベルの維持」について考え、それを支えてきた環境観とミオンボ林という資源の管理にも考察を加えておこう。

ベンバの生業複合は、環境の多様性に依存した安定的な食料の確保と自給レベルの維持をめざす生計戦略に基づいている。一定期間の定住性が必要な農耕という生業は、地力の回復という不可避の課題を抱える。定着農耕は肥料などの形で外から持ちこむことによってその課題に対応するが、焼畑農耕は休閑によって地力の回復を自然にゆだね、耕地の移動を伴う。休閑地はその再生段階に応じて、農耕以外の生業活動で多面的に使われる。それによって多様な栄養素もカロリーも得ることができ、季節による可食物の量や種類の変動も吸収できる。それは現金経済の浸透を経ても、農業の商業化政策の波をうけても変わらなかった。換金作物の受容が、むしろそれまでの生業複合に新たな選択肢を加えて、多様性を増幅する方向での対応を促したことは、前章までで明らかにしたとおりである。

自給レベルの維持を可能にする生業複合を技術と環境の関わりで見直したとき、注目したいのは、村びとそれぞれが、周囲の環境に対する精緻で幅広い知識と技術を身につけていることである。多様な環境を利用する村びとは、農耕の技術だけに専門化しない。採集・狩猟をはじめとする活動を自分でこなすことができる、いわば万能の人となる。生業活動におけるジェンダー分業は明確だが、第3章で述べたように、子どものころには男女を問わず、水汲みや料理を含む生活全般の活動に関わり、基本的に何でもできる術を身につける。

さらに特徴的なのは、年齢にかかわらず、基本的にだれもが自分の食べる物を得るための活動をすることを当然とみなす姿勢である。第4章でも触れたように、生業活動の内容や活動場所はライフステージと同期して変化する。男性を中心にみると、十分に再生した豊かなミオンボ林は既婚の青壮年男性の伐採対象だが、集落付近の若い二次林の一部は高齢の男性や少年の伐採場になる。ライフステージの変化に応じて、利用するミオンボ林の場所も変わっていく。

そこでは、いわゆる生産年齢にある青壮年の人びとだけが食料を生産するのではなく、年長者も子どもたちも、それぞれの技能や体力に応じて自分が食べるための食物を得る活動に関わる。体力も技術力も十分あるときは、他の世帯よりも大きめのチテメネ耕地で他の世帯より多くの収穫を得るが、体力が衰えてきたら他の世帯よりも小さい耕地でそこそこの収穫をめざす。伐採する働き手がいない世帯も自分たちの必要をできるだけ満たす努力をする。幼児から思春期の少年くらいの年齢層についていえば、それは遊びの延長上にあり、自身が暮らすコミュニティで在来の技術を身につけていく「導かれた学習」(ロゴフ二〇〇六)の過程でもある。

ベンバの村で観察される食物の分かち合いは、働き盛りの青壮年の人びとがその他の人びとを養うばかりではなく、それぞれが自分の力に応じて、「食べること」を目的にした生業複合に関わるという土台の上に成り立つ行為である。同時に、自力で食料が確保できない人びとについては、当然のこととして食料の分与や種々の援助をおこなうのも、この社会の特徴である。それが村びとそれぞれの暮らしの自律性を担保し、個々人の柔軟な移動を支える。このことは、社会的分業を前提に技術や知識の専門化を進め、生産の側面と消費の側面を別々の社会的文脈に位置づけてきた近代産業化社会との大きな違いである。

2……土地の占有よりもアクセスの確保が重要——王（チーフ）の名の下の総有が移動性を担保する

ここで重要になるのは、人びとのライフサイクルに伴う移動と、チテメネ伐採に適したミオンボ林の利用権（アクセス）との関わりである。第4章で見たように、村を創設するときには、村長が、その後三〇～四〇年におよぶ開墾ゾーンのローテーションを考えながら呪薬を使って結界を張り、村域を設定する。村域を設定する行為は、一見その一帯のミオンボ林の土地を囲い込み、占有権を主張するように思えるが、実際は、そこに自分たちがいることを示す旗を立てるようなものだという。

村域の境界がどこにあるのかを知るのは村長だけで、村びとは村長が結界を張ったということしか知らない。村域の結界は邪術者から人びとを守るバリアーなのであって、ミオンボ林の利用を地理的に制限したり他の村の人びとを排除したりするのではない。村びとは村域の厳密な境界を意識することなく、「そのあたりの」適当な位置にあるミオンボ林を自分の判断で選び出して伐採し、チテメネ耕地を造成する。他地域から移住してきた人も、以前からいた人と同じように自由にチテメネを造ることができる。人びとがチテメネを造成しようとする場所は、村の創設当初に村長が想定した範囲を超えてしまうこともあるし、他の村に近接する区域には、両方の村びとがチテメネを開くこともある。そしてどちらの村びとであっても、チテメネ耕地を使用している間はその持ち主としての権利が確保される。

その結果、村長が当初設定したよりも早い時期に、村域を越える広い範囲にわたってチテメネが造成され、若い世代の人びとがチテメネ伐採に適したミオンボ林を求めて、遠くの出造り小屋に移住する理由を与える。そこで醸成された次世代男性の結びつきが村の分裂にもつながる政治的な動きとなるのは、すでに述べたとおりである。またこの時期に頻発するいさかいや呪い事件で、個別に村を離れる人びとも増える。チテメネ伐採に適したミオンボ林が集落から遠くなる時期には、村長の政治的求心力が失われる過程とあいまって社会的な葛藤が色濃く現れ、ベンバ社会が内包する移動性が一気に噴出する。

ベンバ社会が内包する移動性は他方で、「木のない土地に価値はない」という資源観に裏打ちされ、「ミオンボ林ならどこへでも行ける」という開かれた環境観に支えられている。村びとが安定した生計を営むためには、土地を境界線で区切って限られた範囲のミオンボ林を占有するよりも、適度に再生したミオンボ林を求めて移動しながら、移動先でもそれを利用する権利(アクセス)が保証されつづけることが重要だ。それを可能にしてきた制度が王国である。

村びとの多くが実際に移動するのは同じチーフ領内だが、チーフ領をまたいで遠くの距離に移住する人びとも少なくない。ベンバ王国ならどこでも、ミオンボ林へのアクセスが保証されるという信念が「どこへでも行ける」という開かれた環境観を裏打ちし、土地を占有しようとする動きを封じてきた(杉山 二〇一八)。短期的かつ個別にみれば、それぞれの村びとが造成する耕地は自分たちが食べるに足るレベルの面積で、生産もそれぞれの世帯の自給をまかなう程度である。だが、広いネットワークに支えられた分与のしくみと相まった長期的な自給レベルの確保と環境の持続性は、ベンバ王国の存在とその一員である「われらベンバ」という意識のもと、広大なミオンボ林へのアクセスがあらかじめ与えられているという信念に支えられて成り立っている。

世代交代期に頻発する個々の村の分裂と人々の離村は、その村だけについていえば社会的な危機のように見える。だが、王国全体がその移動を担保しているという点で、ベンバの生活に織り込み済みで、社会全体の発達サイクルの一段階に落とし込まれた過程だ。それが結果的に過度なミオンボ林の開発と必要以上の生産を抑制し、持続的な「自給レベルの維持」を支える背景となってきたのである。

本書第1章で、私は村の生計活動は王国の組織と乖離しているように見えると述べた。けれども実際には、広大なミオンボ林が王国の名の下に総有の資源となっていることが、ミオンボ林へのアクセスを保証し、人びとの移動と村の生活の日常を長期的に支える制度的基盤になっていたことがわかる。

皮肉にも、総有の資源として維持されてきたミオンボ林の重要性を逆説的に浮かびあがらせたのは、一九九〇年代後半から次々と実施された土地法の改変や政府による土地収容と大規模な農業開発であった。ミオンボ林が政府によって収容され入植者が移住してきたため、村びとが使えるミオンボ林が大幅に縮小した。さらに土地法の変更によって事実上の私有が可能となり、土地そのものを資源とした投資ができるようになった。一方、一般の村びとはその恩恵にあずかる財力をもたない。村々では手っ取り早い現金獲得手段として木炭生産が盛んになり、チテメネ耕作ができない状態まで劣化したミオンボ林もある（大山二〇〇二；岡二〇一一b）。休閑期間不足の焼畑は生産量が落ち、それを補うためにさらに広い面積を開墾するという悪循環に陥る。劣化したミオンボ林は他に転用するすべなく常畑に姿を変えていく。

大山（二〇一六、二〇一八；Oyama 2021）の報告によれば、ＭＬ村地区でも常畑耕作が広がり、現在のベンバ農村には食料自給が困難な世帯と余剰トウモロコシを生産する世帯という大きな経済格差が生まれつつあるという。ミオンボ林という環境全体を総有財として利用していた時期を通して培ってきた、生業複合の足場が揺るがされている。そしてこの問題には、村びと個々人の工夫や努力だけでは対応しきれない。

資源利用と社会の持続可能性が議論の俎上にのぼり、小規模な経済や、サブシステンス経済の価値が再考されている現在、これまでのベンバが培ってきた所有と資源管理のありかたや、かれらが現在直面している問題は、別の位相で私たちの社会が問われている課題とも通底する。

産業化が高度に進んだ私たちの社会でも、生産効率を優先して土地や空間に単一の機能を与えてきたこれまでの環境利用への批判や反省から、環境の多様性の再評価とそれを視野に入れた利用への試行が始まっている。アグロエコロジーや都市農業、里山環境の復元と都市農村交流の促進などがその一例としてあげられるだろう。現代日本の焼畑についてみても、土地自体は区画され私有化されているが、ある種の共有財として管理・運用する方法の構築が進められているし、私有化分有された資源を総体として持続的に利用し管理するための新しい共同性のありかたが模索されている。それは、今後のベンバ社会における資源管理のありかたを考えるときにも共通する重要な課題だといえる。

5 ベンバの生活から私たちの社会を考える……食べることを前提にした共同と食物分与

みんなが安定して食べていけるという状況を再生産し、維持してきたベンバの生活にみられる食物の分与のしくみは、私たちがなじんできた産業化社会のそれとは異なる様相をもつと述べた。その違いは、かれらの社会と私たちの社会を分断する標になるのではなく、私たちの社会を別の角度から見るための手がかりになる。

高度経済成長期以降の日本では、とる（手に入れる）・加工する・調理する・食べるといった、食を構成するさまざまな段階のほとんどが産業化された。その結果、食物はすぐに調理でき、すぐに食べられるものに置き代わり、食にまつわるさまざまな行為のうち「食べる行動」だけが焦点化されやすくなった。いまや私たちの食はきわめて個別化し、家族と世帯に閉じたものになっている。さらに世帯の垣根が高くなった分、世帯間での食物のやりとりはほとんど見られないし、お返しについて相手に余計な心配をかけるかもしれないという先回りした配慮も働いて、食物をやりとりすることじたいを避けようとする傾向さえある。食が社会に開かれてさえいれば緩和されるであろう、世帯ごとの経済的な格差が直接子どもたちにも及んでいる。

こうした現状にあって、食をふたたび社会に開くいくつかの試みをみると、ベンバの村と同じように、人びとが集まり調理加工を共同することによって、食物を分与されることへの抵抗感が薄れるしかけがなされている点が興味深い。藤原（二〇二〇）が『縁食論』で紹介しているように、調理の手伝いからはじめると食事だけを無料で提供されるのとは違って、自然に食事を共にすることができる。調理加工に共に参加することが行為遂行的に食の共同を生みだす好事例である。

私たちの生活を見直すと、ほかにもいくつかの実践を見いだすことができる。農村の生活改善運動のなかで始まった共同調理の試みでは、食材の持ち寄りと調理作業の持ち回りによる相互扶助が行われていた。私が暮らす地方都市でも、保育ママさん宅を拠点にした調理と食事、後片付けの共同を通して醸成された親しい関係が、ほかの食物のやりとりや日常的な相互扶助につながっている。ただ食べさせてもらうのではなく、食べるまでの過程に参加すること、そして食べることを前提にした食物の分与と共食は、単に偏在する食物を平準化するだけでなく、世帯を越えて対等な社会関係を形成する結果にも結びつく。

さらに、季節の山菜やキノコ採集、少量の野菜や果物生産、漬物加工に至るまで、親しい知人や親族に分与する目的で、熱心におこなわれている生産活動がある。現在では生計上の必要性や経済的な重要性をほとんどもたなくなった、いわゆるマイナーサブシステンス（松井二〇〇二）も、こうした目的で維持されている側面がある。それらはカロリーや栄養、現金収入額という点では、生活全体にとって取るに足らないかもしれないが、食卓に季節の彩りを加え、食のバラエティを付与するという点で、食文化の豊かさには欠かせない。さらにそれらの食物のやりとりは、他者との親和的な関係を更新したり深めたりする働きもする。このように、食物の分与と食べることをベースにした生計活動の多様性に目を向けると、ベンバとの大きな違いとともに、私たちの生活にも消費という活動の豊かなひろがりがあることに気づく。

本書でベンバの人びとの社会について語るとき、私は「かれら」と「私たち」という表現を使って対比的に表現してきた。しかしここに至って、かれらの社会と私たちの社会がまったく異質でなんの共通性も持たないのではなく、むしろ、かれらの現在と私たちの現在が地続きであることが明らかになる。かれらの現在と私たちの現在はまた、グローバル化に伴う構造的な問題を背後に抱えるという意味でも、深く結びついている。だからといって、いまかれらが直面する土地収奪や経済格差の拡大などの深刻な問題への解決策を私たちが持ちあわせているわけではない。けれども、私たち自身が抱える諸課題を考えるとき、それと地続きの地平にあるかれらの姿を思い続けること、食物の生産から消費のシークエンスの中で小さなアクションを積み重ねていくことが、オルタナティブな可能性を掘り出し、より良く生きる方向性を見いだすために必要だと思っている。

6 生態人類学の可能性

1……小さな村の日常から「焼畑農耕民」を語る

本書の結びにあたり、生態人類学の視点と可能性について述べておきたい。これまでの記述を読んで、わずか十数世帯の小さな村での調査をもとに、なぜ「焼畑農耕民」や「母系社会」などの一般化された課題について論じられるのだろうと、疑問をもった読者もあるかもしれない。もとより、本書の主人公であるベンバは、焼畑耕作を生計の核として生きる人びとの一例にすぎない。私のフィールドワークも、小規模な村を拠点に人びととの生計活動とそれを支える村びと相互の社会関係や環境観を追いかけただけだと見えるかもしれない。しかし小さな集団であっても、その生業の生態学的な研究を緒に具体的な生活の詳細を追求し、中長期的な研究を蓄積することによって、人と環境との相互作用の全体像を考えることができるのが生態人類学の強みである。

生態人類学は生業を切り口とした詳細な行動観察を調査の軸に据える。人びとが当該の環境にどのように働きかけ、また環境から働きかけられながら、みずからの生きる場を作り出しているのかを問い、ヒト—環境系システムとして、その全体像を捉えようとする。本書第3～5章で明らかにしたように、生業は人びとの集まりや個々人の社会的地位、その基盤となる親族関係、モノのやりとりやポリティクス、祖霊信仰に支えられる環境観と不可分に絡み合いながら、日々の生活を形づくっている。また、第6、7章で述べたように農業の商業化や経済自由化など外部の政策のインパクトも、新たな社会的意味を付け加えながらシステムに読み込まれ、人びとの日常を生み出していく。

特徴的なのは、人びとの環境の認知と対象との関係の持ちかたである。在来知研究からも明らかなように、人びとは利用する対象を自己の管理下に置くことによってではなく、対象を観察してその動きを読みとりながらそれらのもつ指向性を受け入れ、寄り添うことによってある種の操作をおこなおうとする。ベンバがミオンボ林に祖霊を見るように、その対象が人間であれ非人間であれ、意思をもつものとして捉え、自身の身体も含めた関係性において自身の立ち位置やありかたを変化させながら、対象との関係を取り結ぼうとするのである。

川喜田（一九八六）は、人びとが生きる場において、主体性と環境性が相互に作用しあうシステムが環境を社会化し、社会を環境化するさまを文化生態系モデルと名づけて図化した。その視野には、自身も変化しながら生存の安定をめざす人びとの生きる現場を焦点化し、それぞれの社会に特徴的な社会生態学的様式をあぶり出すことが含まれる。それをふまえて多様な諸社会のありようを比較し、ヒトが当該の環境において生きる・生き続けるとはどういうことかという問いに迫る道筋を構想する。さらに、人間対自然、物質世界対精神世界と

いった二元論的世界観を越え、現代における過剰な人間中心主義をすり抜ける道筋を示してもいる。(119)

ヒトの生態学をめざした生態学的人類学(伊谷 一九九六)を源流とする生態人類学は、人類の進化史への関心を軸に据えてきた点にも特徴がある(田中 一九八四)。初期人類の生存を支えた狩猟採集という生業に迫るもくろみもあり、初期の生態人類学のフィールドワークは、現代の狩猟採集民社会を対象におこなわれた(田中 一九七一 Tanno 1976;市川 一九八二)。それらの調査は、それまでの狩猟採集民像を大きく転換させただけでなく、「平等性」が狩猟採集民社会に共通する特徴であることを明らかにした(田中 一九七一;丹野 一九九一;市川 一九八二;寺嶋 一九九七a)。

一九七〇年代から本格化した生態人類学におけるアフリカ農耕民研究でも、その関心の中心は、「自然埋没型」(伊谷 一九八〇)の人びとの環境との関わりかたを中心にすえた生活様式の探求であった(掛谷 一九七四;武田 一九八七)。これらの研究にも、人類の進化史上に農耕社会を位置づけようとする姿勢は共通している。とくに狩猟採集民社会の研究から明らかにされた「平等性」というトピックが、農耕民社会でどのように現れるかが重要な関心事であった。

掛谷らは、農耕という生業の特性ゆえに不平等の芽を内包しつつも、平等への指向が強く社会を律する焼畑農耕民の研究をとおして、平等性に関する人類史的な考察を深めようとした。農耕民研究の中心的課題のひとつは、富が平準化する社会的メカニズム(平準化機構)や権力の独占を抑制する社会構造の解明であったといってよい。かつての「自然埋没型」の社会は、グローバルな近代化の進展によって大きく変貌したが、国家の政

(119) それは近年の文化人類学でも注目されるマルチスピーシーズ概念が反映する時代性にも通じている。

策との関連を視野に組み込み、変化の様態じたいに焦点をあてることによって、平準化機構がみせる多様なあらわれがむしろ詳らかになってきた。

同じ時期、南米の先史学（文化人類学）や日本考古学の分野では、農耕の起源や集団規模の拡大、国家の誕生などのトピックをめぐって、環境との関わりにおける文化や社会の変化についての研究が大きく進展し、半栽培概念や遊動生活から定住生活への転換を可能にする「文化的適応」の様相が明らかにされる。さらに人類の進化史から定住化と栽培の関係を問い直した西田（一九八六）による定住革命論は生態人類学に通じる大きな刺激となった。生態人類学における農耕民研究は、隣接領域のこうした知見にも触発されながら、アフリカ、日本、オセアニアなど各地域でのフィールドワークに基づく理論的展開へと向かう。狩猟採集や牧畜を生業の基盤とする諸社会における研究の進展も相まって、移動性と定住性、狩猟採集と農耕、格差と平等性などについての一般化された議論が諸社会の比較のなかで深められる。さらに、集まり、コミュニケーション、身体性などのトピックも取り出されてきた（菅原 一九九三；北村 二〇〇二；木村 二〇〇三）。人類の進化史を軸にした理論的枠組みを参照することによって、私たちは個々の社会における生業を環境との関わりから丹念に追うと同時に、上記のようなトピックにを念頭に、個別社会における具体的なあらわれを合わせて検討し、一般化しうる知見を深める。その作業が本書のような生態人類学的民族誌につながる。個別社会の研究とともに、ヒトとは何かという大きな問いへの接近を可能にしているのも、ヒトの生態学的研究に端を発する生態人類学のフィールドワークと人類の進化史という参照軸の両輪があるからだといえよう。

2……測る・数える、聞き取る、見ればわかる──「わかりかた」のすり合わせ

生態人類学の可能性を語るときに外せないのが、徹底した観察にもとづいて測る・数えるという調査方法である。この方法を、参与観察や聞き取りなど文化人類学の一般的な方法と組み合わせることによって、対象社会を立体的に捉えることができるからである。さらに、ベンバの村びとが言うような「見ればわかる」わかりかたをすり合わせることによって、共時的にも通時的にも研究の幅を広げることができる。

生態人類学では対象社会についての生態学的な側面を把握するために、対象を徹底的に観察して測れるものは測り、数えられるものはすべて数えてデータ化する。植生や土壌、耕地面積、作付け、収穫量のほか、人びとの行動や食生活について、霊長類学や人類生態学でも使われる手法のいくつかを援用して、環境や人びとの活動を数のデータとして可視化することによって、当該地域の環境や人びとの活動の特性を把握する。他方、人類学一般で用いられる参与観察、日常的な会話ややりとり、インタビューなどの言語を介した情報も蓄積する。これらの質の違うデータのすりあわせによって生まれるズレや重なりは、さらなる課題を発見するための道標になってきた。またベンバの例でみたように、ファーム耕作の前と後で大きく変化した男性の農耕への評価など、外部状況の変化による語りの変化を、村の具体的な環境の変化へと文脈づけることもできる。

人びとが「見ればわかる」というわかりかたは、なかなか言語化されないので、先に調査者が自分の身体を使ってわかる過程を経る。それをふまえて人びとの行動や環境の変化を測り、何を数えればよいのかを知ることによって、「見ればわかる」という内容を解読し記録することができる。

こうしたすり合わせの結果は対象の人びとと共有することができるが、それによって、理解を深め、村びとと

との共同で調査をデザインする可能性をもつ。そのうえ専門領域の異なる研究者とのチーム調査も可能にする。自然科学領域の研究者を含めたチーム調査では、このようなすり合わせによるデータの検討が研究者同士のやりとりの契機になる。本書のこれまでの記述も土壌学や農学・作物学等異分野の研究者とのやりとりがあったからこその気づきにもとづいている。さらに一九九〇年代後半からのミオンボ林のバイオマス調査（大山 二〇一三）がベンバ村の発達サイクルに関する聞きとりと観察結果を裏づけたことからも、継続的なチーム調査の可能性を知ることができる。

さらにさかのぼれば、一九三〇年代～一九四〇年代のイギリスが植民地各国で実施したような、かつての生態学的調査を参照することによって（水野 二〇二〇）、これまでの生態人類学ではあまり検討されてこなかった通時的な検討――五〇～一〇〇年程度の時間軸による中長期的な環境史――も視野に入る。歴史的な観点を含んだ生態人類学的アプローチを展開させることによって、植民地政策や独立後の国家の政策の評価も含め、人びとの生きる場のありようを別の角度から検討することができるだろう。

グローバル化と産業化の急速な進展によって、私たちの社会は大きく変化し、自然とかかわりながら生きる人びとの姿は、日常生活の実感からどんどん遠ざかっているようにもみえる。しかし、現代における生態人類学的研究は、自然と深く関わりながら生きた人びととの残像を求めているのではない。環境との相互作用においてみずからの生きる場を生み出す人びとの営みの確かさと、私たち自身がその気になりさえすれば直接手の届くところにある、その現代的な様相に迫る点に、限りないおもしろさと社会的な意義を含んでいると考える。

村で暮らしながら、長い時間をともに過ごす女性たちの活動により注意を払い、村びとのやりとりの中にあらわれるジェンダーやその他の差異の具体的なありようをよく見る。掛谷さんが言われた「女の人類学」が何をさすのか、ついにうかがうことはなかったのだが、掛谷さんはありもしない「女性ならでは」の何かを求められたのではなく、このような姿勢について言われたのだと思っている。

その姿勢から見えてきたのは、ジェンダーやその他の差異は（あたりまえだが）関係性の問題であって、日々のやりとりの中で顕在化するということだ。ジェンダーのあらわれかたはライフサイクルによって変化するし、個人の捉えかたによっても異なる柔軟さをもつ。近年のジェンダー研究ではアフリカ諸社会において性別による（役割）分業は明確だが、ジェンダーじたいは柔軟だという見解がある（Cooper 2013）[1]。本書で「ジェンダーによる分業」という表現を使っているのは、この含意をふまえている。

男性と女性との関係を考えても、夫婦、親子、兄弟姉妹、親族など、さまざまな関係が同等に扱われ、女性

（1） Cooper, B.M. 2013. "Women and Gender," In: Parker, J and Reid, R. (eds.) *The Oxford Handbook of Modern African History* (kindle), pp.189–207. Oxford University Press.

といっても状況に応じて祖母、母、姉妹、母方親族・父方親族、友人、恋人、妻など、さまざまな属性があらわれる。集団としての「女性」が使われる交渉ごとでは、誰も異論をはさめない「およそひとの母たる存在」という最強のカードが持ち出される。一般的に、村の女性たちは教育機会や現金獲得機会について不利な条件下にあるが、だからといって受け身の従属的な存在ではない。ジェンダーの多様なあらわれを利用し、年齢や来歴、出自集団などの差異の標を使い分けて、政治的にも行動する。男性を含む広い社会的ネットワークを築きながら工夫を重ね、より良い生活を作り出そうとする姿勢には敬意をいだかずにはいられない。

それはフィールドワークでしかできない気づきであり、ML村の方々が私たちを受け入れてくださらなければ叶わないことだった。見ず知らずの外国人である私たちに多くの貴重な学びを与えてくださったベンバの人びとに、この場を借りて、まず心からのお礼を申し上げたい。

文化人類学という学問があるのを知り、強く興味をひかれたのは阿部年晴先生と加藤泰建先生から受けた刺激が大きい。さらに生態人類学の研究を志しての掛谷誠先生との出会いが、アフリカ研究につながった。フィールドワークの経験がほとんどない大学院生だった私が、科研費の調査隊に加えられてアフリカに行くことができたのは、当時の指導教官だった掛谷誠先生が道を開いてくださったからである。掛谷先生からは、生態人類学の基本的な考えかたやフィールドワークについての手ほどきを受けただけでなく、その後の研究と人生を大きく方向づけるさまざまな出会いにも導かれた。

フィールドワークがどれほど興味深く、かつ奥深いか、そこからどれほど広い世界が開けるかを身をもって教えてくださったのは、もうひとりの指導教官だった川喜田二郎先生である。ネパールでのフィールドワークやアクションリサーチのあるべき姿などを生き生きと語られ、院生の研究にも同じ目線でコメントされる。夜更けまで続く大学院のゼミでは、掛合先生が中心となり、西田正規先生も加わって、フィールドでの気づきから理解を進め議論を深める喜びを学んだ。職を得てからご一緒した佐藤俊先生にも、院生時代と同様、さまざまなご助言とご指導をいただいた。

川喜田先生は二〇〇九年七月に、掛谷先生は二〇一三年一二月に逝去なさったが、その後も先生の書かれた論文や著書を読み返すと、その洞察にはっとすることがしばしばだ。本書の出版も掛谷先生とおつれあいである掛谷英子さんのご支援をいただいて可能になった。今なお続く学恩にあらためて感謝したい。

以下、かつての「伝統」にしたがって先生や先輩を「さん」づけでお呼びすることをお許しいただきたいのだが、はじめてのベンバ調査では、村入り前の準備を含め市川光雄さん、今井一郎さんにさまざまなご教示をいただいた。掛谷英子さんには日本でたいへんお世話になっただけでなく、ベンバの村入りでは私が村での立ち位置を決める大きなきっかけを与えてくださった。一九八〇年代後半からのベンバ調査では、荒木茂さん、高村泰雄さん、伊谷樹一さんから受けた貴重な刺激が次の展開に結びついた。一九九〇年代半ば以降のベンバ社会の大きな変動については、大山修一さんの綿密な調査から多くを学んだ。大学院で共に学び、日本の焼畑と山村研究で厚い業績をもつ岡恵介さんとフィールドワークを一緒にできたことも大きな喜びであった。

調査をまとめるにあたっては、弘前大学人文学部人間行動コース（当時）の同僚でアフリカ研究の大先輩である丹野正さん、北村光二さんからいただいた多くのご助言がほんとうにありがたかったし、同コースの田中重好さん、今井一郎さん、作道信介さん、曽我亨さんらのコメントや議論で新しい方向性を見出したことも多い。その後、同僚となったすべての方のお名前を記すことはできないが、実習の場や研究会でいただいた忌憚のないご意見が有益な刺激となった。

アフリカ農村の社会経済変動やジェンダー研究などについては、一橋大学の児玉谷史郎さん、国立民族学博物館（当時）の和田正平さん、アジア経済研究所（当時）の高根務さん、神戸学院大学の寺嶋秀明さん、大阪大学の春日直樹さん、福井県立大学の杉村和彦さんが主催された研究会で多くを学んだ。東京外国語大学アジアアフリカ言語文化研究所の河合香吏さんの共同研究会では、ベンバ調査の知見をつねに新しい視点から検討し直す機会を与えられた。

ザンビアで現地調査を開始するにあたっては、東京大学人類生態学研究室の鈴木継美先生に食事調査のご教示をいただき、ザンビアの日本大使館におられた小倉充夫先生に多くのご支援とご教示を賜った。JICA・JOCVルサカ事務所の皆様にもたいへんお世話になった。またザンビア東部州のチェワの村で調査を進められた吉田憲司さん、吉田真理子さんご夫妻には公私にわたり多大なご支援をいただいた。

ザンビア大学アフリカ研究所（Institute for African Studies、現在Institute of Economic and Social Research）の歴代の所長およびスタッフの方々、ムピカ県のIRDP（Integrated Rural Development Program）の関係者の方々には、フィールドワークを進めるうえでさまざまな便宜をはかっていただいた。記してあらためて感謝の意を表したい。

本書のもとになった調査プロジェクトは、科研費を中心とする多くの研究助成金を得て実施した。以下、本書に直接関係するものの一部を記し、謝意を表する。

日本学術振興会科学研究費

①　基盤研究（B）「アフリカ農村における小規模な現金獲得活動と在来の技術革新史への視角」（研究代表者：

杉山祐子、課題番号18H00776、二〇一八～二〇二二年度）
② 基盤研究（B）「グローバル化するアフリカ農村と現金をめぐる人類学的研究」（研究代表者：杉山祐子、課題番号25284171、二〇一三～二〇一七年度）
③ 基盤研究（B）「マイクロサッカードとしての在来知に関する人類学的研究」（研究代表者：杉山祐了、課題番号20320131、二〇〇八～二〇一一年度）
④ 基盤研究（A）「中・南部アフリカにおける在来農法の持続的評価に関する環境農学的研究」（研究代表者：荒木茂、課題番号11691186、一九九九～二〇〇一年度）
⑤ 国際学術研究「アフリカ在来農業における集約化をめぐる生態人類学的研究」（研究代表者：掛谷誠、課題番号08041059、一九九六～一九九八年度）

その他助成金
一九八七年度　トヨタ財団研究助成金（研究代表者・杉山祐子）

本書の執筆から出版までは、京都大学学術出版会の大橋裕和さんにたいへんお世話になった。編集委員の伊谷樹一さん、篠原徹さんにもお手数をおかけした。とくに篠原さんにはドラフトをお読みいただき多くの有益なコメントをちょうだいした。執筆前に体調を崩したために原稿の完成が遅れたが、出版にこぎつけることができたのは真に皆様のおかげである。記して心から謝意を表したい。

最後に、さまざまな困難のなかでの研究活動を支えてくれた家族に感謝し、さらに私たち家族をずっと支えてくださった福井慶蔵さん・福井順子さんご一家に心からのお礼を申し上げる。

本書のいくつかの章は掛谷さんとの共著論文を含め、以下の論文に加筆修正を加えたものを土台にしている。序章と第1章、第2章の一部、終章は書き下ろした。

初出一覧

一．（共著）掛谷誠・杉山祐子

（一九八七）「中南部アフリカ・疎林帯におけるベンバ族の焼畑農耕」牛島巌編『象徴と社会の民族学』雄山閣出版、一一一―一四〇頁

二．（単著）杉山祐子

①（一九八七）「臼を貸してください――生活用具の所有と使用をめぐるベンバ女性のマイクロ・ポリティクス」『アフリカ研究』三〇：四九―六九頁、日本アフリカ学会

②（一九八八）「生計維持機構としての社会関係――ベンバ女性の生活ストラテジー」『民族学研究』五三（一）：三一―五七頁、日本民族学会

③（一九九六）「「近代化」と女性――アフリカ女性の生計活動から」秋道智彌・市川光雄・大塚柳太郎編『生態人類学を学ぶ人のために』世界思想社、一九三―二一六頁

④（一九九六）「離婚したって大丈夫」和田正平編『アフリカ女性の民族誌――伝統と近代化のはざまで』明石書店、八三―一一四頁

⑤（二〇〇一）「ザンビアにおける農業政策の変化とベンバ農村」高根務編『現代アフリカの政治経済変動と農

村社会』アジア経済研究所、二二三―二七八頁

⑥（二〇〇四）「消えた村、再生する村――ベンバの一農村における呪い事件の解釈と権威の正当性」寺嶋秀明編『平等と不平等をめぐる人類学的研究』ナカニシヤ出版、一三四―一七二頁

⑦（二〇〇七）「お金の道、食物の道、敬意の道」春日直樹編『貨幣と資源』弘文堂

⑧（二〇〇七）「ミオンボ林ならどこへでも」という信念について――焼畑農耕民ベンバの移動性に関する考察」河合香吏編『生きる場の人類学――土地と自然の認識・実践・表象過程』京都大学学術出版会、二三九―二七〇頁

⑨（二〇一二）「ベンバ的イノベーションに関する考察」伊谷樹一・掛谷誠編『アフリカ地域研究と農村開発』京都大学学術出版会、二一五―二四五頁

⑩（二〇一九）「もめごとを祖霊の世界に託して――焼畑農耕民の「考えかた」」太田至・曽我亨編『遊牧の思想――人類学がみる激動のアフリカ』昭和堂、一一七―一三九頁

⑪（二〇二二）「ヒト的な様相としての調理加工の共同と生存――食が社会にひらかれるとき」河合香吏編『極限――人類社会の進化』京都大学学術出版会、四七九―五〇三頁

参考文献

アードナー、E／オートナー、S．B．（一九八七〔一九七四〕）山崎カヲル監訳『男が文化で、女は自然か？――性差の文化人類学』晶文社
綾部恒雄（一九八二）『女の文化人類学――世界の女性はどう生きているか』弘文堂
荒木茂（一九九六）「土とミオンボ林――ベンバの焼畑農耕とその変貌」田中二郎ほか編『続 自然社会の人類学――変貌するアフリカ』アカデミア出版会、三〇五―三三八頁
荒木茂（一九九八）「焼畑・移動耕作の秘密――アフリカ・サバンナを例として」『土の自然誌』六五―七六頁
五十嵐元道（二〇一四）「植民統治における開発への思想的転換――貧困の発見と革新主義」『年報政治学』二〇一四（二）：二七一―二九〇
池野旬（一九九九）『アフリカ農村像の再検討』アジア経済研究所
伊谷樹一（二〇〇三）「アフリカ・ミオンボ林帯とその周辺地域の在来農法」『アジア・アフリカ地域研究』二号、京都大学大学院アジア・アフリカ地域研究研究科、八八―一〇四頁
伊谷樹一・荒木美奈子・黒崎龍悟（二〇二〇）『地域水力を考える――日本とアフリカの農村から』昭和堂
伊谷純一郎（一九八〇）「赤道アフリカの自然主義者たち」『季刊人類学』一一三号、講談社、六―一九頁
伊谷純一郎（一九九六）「序」『生態人類学を学ぶ人のために』世界思想社
市川光雄（一九八二）『森の狩猟民――ムブティ・ピグミーの生活』人文書院
市川光雄（一九九九）「内陸アフリカの生態史」高谷好一編『〈地域間研究〉の試み――世界の中で地域をとらえる（上）』京都大学学術出版会、二七一―二八四頁
今村仁司・今村真介（二〇〇七）『儀礼のオントロギー――人間社会を再生産するもの』講談社
今村薫（一九九二）「セントラル・カラハリ・サンにおける採集活動」『アフリカ研究』四一号、四七―七三頁
今村薫（一九九三）「サンの協同と分配――女性の生業活動の視点から」『アフリカ研究』四二号、一―二五頁
今村薫（一九九六）「ささやかな饗宴――狩猟採集民ブッシュマンの食物分配」田中二郎・掛谷誠・市川光雄・太田至編『続 自然社会の人類学――変貌するアフリカ』アカデミア出版

今村薫（二〇一〇）『砂漠に生きる女たち――カラハリ狩猟採集民の日常と儀礼』どうぶつ社
オースティン、J．L．（飯野勝己訳）（二〇一九）『言語と行為――いかにして言葉でものごとを行うか』講談社学術文庫
太田至（二〇〇二）「家畜と貨幣――牧畜民トゥルカナ社会における家畜のやりとり」佐藤俊編『講座・生態人類学4　遊牧民の世界』京都大学学術出版会、二二三―二六六頁
大貫良夫・木村秀雄（一九九八）『文化人類学の展開――南アメリカのフィールドから』北樹出版
大山修一（一九九九）『市場経済化にともなう焼畑農耕社会の変容をめぐる生態人類学的研究』京都大学博士論文
大山修一（二〇〇二）「市場経済化と焼畑農耕社会の変容――ザンビア北部ベンバ社会の事例」掛谷誠編『アフリカ農耕民の世界――その在来性と変容』京都大学学術出版会、三―五〇頁
大山修一（二〇一三）「ザンビア北部におけるチテメネ耕作の環境利用と休閑期間の算出――最適休閑期間という概念の提示」『エクメーネ研究』二：二一―三七
大山修一（二〇〇九）「ザンビアの農村における土地の共同保有にみる公共圏と土地法の改正」児玉由佳編『現代アフリカ農村と公共圏』アジア経済研究所、一四七―一八三頁
大山修一（二〇一一）「ザンビア・ベンバの農村」掛谷誠・伊谷樹一編『アフリカ地域研究と農村開発』京都大学学術出版会、二四六―二八〇頁
大山修一（二〇一三）「ザンビア北部におけるチテメネ耕作の環境利用と休閑期間の算出――最適休閑期間という概念の提示」『エクメーネ研究』二：二一―三七
岡恵介（二〇一一a）「ザンビアの近代化と焼畑経営の変容」『総合政策論集』一〇（六）：九九―一二一
岡恵介（二〇一一b）「登って枝を打つか、地上で切り倒すか――ザンビア北東部・ベンバの焼畑造成」佐藤洋一郎監修、原田信男・鞍田崇編『焼畑の環境学――いま焼畑とは』地球研ライブラリー、思文閣
小倉充夫（一九八九）『現代アフリカへの接近』三嶺書房
小倉充夫（一九九五）『労働移動と社会変動――ザンビアの人々の営みから』有信堂
掛谷誠・杉山祐子（一九八七）「中南部アフリカ・疎林帯におけるベンバ族の焼畑農耕――チテメネ・システムの諸相」牛島巌編『象徴と社会の民族学』雄山閣出版、一一一―一四〇頁
掛谷誠・伊谷樹一（編）（二〇一一）『アフリカ地域研究と農村開発』京都大学学術出版会

掛谷誠（一九七四）「トングウェ族の生計維持機構――生活環境・生業・食生活」『季刊人類学』五（三）、三―九〇頁
掛谷誠（一九七七）「サブシステンス・社会・超自然的世界――トングウェ族の場合」人類学講座編纂委員会編『人類学講座12 生態』雄山閣出版、三六九―三五八頁
掛谷誠（一九八六）「伝統的農耕民の生活構造――トングウェを中心として」伊谷純一郎・田中二郎編『自然社会の人類学――アフリカに生きる』アカデミア出版会、二一七―二四八頁
掛谷誠（一九八三）「妬みの生態人類学――アフリカの事例を中心に」大塚柳太郎編『現代の人類学Ｉ 生態人類学』至文堂、二二九―二四一頁
掛谷誠（一九九四）「焼畑農耕社会と平準化」大塚柳太郎編著『講座地球に生きる（3）資源への文化適応――自然との共存のエコロジー』雄山閣出版、一二一―一四五頁
掛谷誠（一九九六）「焼畑農耕社会の現在――ベンバの村の10年」田中二郎・掛谷誠・市川光雄・太田至編著『続 自然社会の人類学――変貌するアフリカ』アカデミア出版会、二四三―二七〇頁
掛谷誠（一九九八）「焼畑農耕民の生き方」高村泰雄・重田眞義編『アフリカ農業の諸問題』京都大学学術出版会、五九―八六頁
掛谷誠（一九九九）「内的フロンティアとしての内陸アフリカ」高谷好一編『〈地域間研究〉の試み――世界の中で地域をとらえる（上）』京都大学学術出版会
掛谷誠（二〇〇二）「序――アフリカ農耕民研究と生態人類学」掛谷誠編『講座・生態人類学3 アフリカ農耕民の世界――その在来性と変容』京都大学学術出版会、ix―xxviii頁
川喜田二郎（一九八九）「1環境と文化」河村武・高原榮重編『環境科学Ⅲ』朝倉書店：一―三三頁
河合香吏（二〇〇九）『集団――人類社会の進化』京都大学学術出版会
北村光二（二〇〇二）「牧畜民の認識論的特異性――北ケニア牧畜民トゥルカナにおける「生存の技法」」佐藤俊編『講座・生体人類学4 遊牧民の世界』京都大学学術出版会、八七―一二五頁
木村大治（二〇〇三）『共在感覚――アフリカの二つの社会における言語的相互行為から』京都大学学術出版会
クーン、T．（一九七一）『科学革命の構造』みすず書房
児玉谷史朗（一九九三）「ザンビアにおける商業的農業の発展」児玉谷史朗編『アフリカにおける商業的農業の発展』アジア

経済研究所、六三―一二四頁
児玉谷史朗（一九九五）「ザンビアの構造調整とメイズの流通改革」原口武彦編『構造調整とアフリカ農業』アジア経済研究所、五七―九四頁
児玉谷史朗（一九九九a）「ザンビアにおける農業流通の自由化」大林稔編『アフリカ――第三の変容』昭和堂、一二八―一四六頁
児玉谷史朗（一九九九b）「ザンビアの慣習法地域における土地制度と土地問題――中央州のある村の事例を中心に」池野旬編『アフリカ農村像の再検討』アジア経済研究所、一一七―一七〇頁
小馬徹（一九八五）「東アフリカの〝牛複合〟社会の近代化と牛の価値の変化――キプシギスの「家畜の貸借制度」（*kimanakta-kimanagan*）の歴史的変化と今日的意義をめぐって」『アフリカ研究』二六、一―五四頁
小馬徹（一九九六）「父系の逆説と『女の知恵』としての私的領域――キプシギスの『家財産制』と近代化」和田正平編『アフリカ女性の民族誌――伝統と近代化のはざまで』明石書店、二八一―三三二頁
サーリンズ、マーシャル（一九八四）『石器時代の経済学』法政大学出版局
シュムペーター、J．A．（一九七七）『経済発展の理論（上）（下）』岩波文庫
重田眞義（一九九四）「科学者の発見と農民の論理――アフリカ農業のとらえかた」井上忠司・祖田修・福井勝義編『文化の地平線――人類学からの挑戦』世界思想社、四五五―四七四頁
重田眞義（一九九八）「アフリカ農業研究の視点――アフリカ在来農業科学の解釈を目指して」高村泰雄・重田真義編著『アフリカ農業の諸問題』京都大学学術出版会、二六一―二八六頁
重田眞義（二〇〇二）「アフリカにおける持続的な集約農業の可能性――エンセーテを基盤とするエチオピア西南部の在来農業を事例として」掛谷誠編『講座・生態人類学3　アフリカ農耕民の世界――その在来性と変容』京都大学学術出版会、一六三―一九九頁
末原達郎（一九九〇）『赤道アフリカの食糧生産』同朋舎
菅原和孝（一九九三）『身体の人類学――カラハリ狩猟採集民グウィの日常行動』河出書房新社
杉村和彦（二〇〇四）『アフリカ農民の経済――組織原理の地域比較』世界思想社
杉山祐子（二〇〇七）「アフリカ地域研究における生業とジェンダー――中南部アフリカを中心に」宇田川妙子・中谷文美編

『ジェンダー人類学を読む――地域別・テーマ別基本文献レヴュー』世界思想社
杉山祐子（一九八七）「臼を貸してください――生活用具の所有と使用をめぐるベンバ女性のマイクロ・ポリティクス」『アフリカ研究』三〇、九―六九頁
杉山祐子（一九八八）「生計維持機構としての社会関係――ベンバ女性の生活ストラテジー」『民族学研究』五三巻一号、三一―五七頁
杉山祐子（一九九〇）「闇の王・光の王――ベンバ族における王墓守の役割」『DOLMEN』再四、一〇八―一二四頁
杉山祐子（一九九六ａ）「農業の近代化と母系社会――焼畑農耕民ベンバの女性の生き方」田中二郎ほか編著『続 自然社会の人類学――変貌するアフリカ』アカデミア出版会、二七一―三〇四頁
杉山祐子（一九九六ｂ）「離婚したって大丈夫――ファーム化の進展による生活の変化とベンバ女性の現在」和田正平編著『アフリカ女性の民族誌――伝統と近代化のはざまで』明石書店、八三―一一四頁
杉山祐子（一九九七）「ベンバの人たちの食べる虫」三橋淳編著『虫を食べる人々』平凡社、二三四―二七〇頁
杉山祐子（一九九八）「『伐ること』と『焼くこと』――チテメネの開墾方法に関するベンバの説明論理と『技術』に関する考察」『アフリカ研究』五三、一―一九頁、日本アフリカ学会
杉山祐子（二〇〇一）「ザンビアにおける農業政策の変化とベンバ農村」高根務編『アフリカの政治経済変動と農村社会』アジア経済研究所、二二三―二七八頁
杉山祐子（二〇〇九）「われらベンバの小さな村――居住集団の日常と王国をつなぐしかけ」河合香吏編『集団――人類社会の進化』京都大学学術出版会、二二三―二四三頁
高根務（一九九九）『ガーナのココア生産農民――小農輸出作物生産の社会的側面』アジア経済研究所
高村泰雄（一九九八）『旅の記録――山・作物研究・アフリカ』農耕文化研究振興会
武田淳（一九八七）「熱帯森林部族ンガンドゥの食生態――コンゴ・ベーズンにおける焼畑農耕民の食性をめぐる諸活動と食物摂取傾向」和田正平（編）『アフリカ――民族学的研究』同朋社
田中二郎（一九七七）『ブッシュマン――生態人類学的研究』思索社
田中二郎（一九八四）「アフリカにおける日本の生態人類学的研究」『アフリカ研究』25、日本アフリカ学会、五九―七〇頁
田中二郎（一九九四）『最後の狩猟採集民――歴史の流れとブッシュマン』どうぶつ社

田中二郎（二〇〇一）『講座・生態人類学1　カラハリ狩猟採集民――過去と現在』京都大学学術出版会
丹野正（一九九一）「『分かち合い』としての『分配』――アカ・ピグミー社会と基本的性格」田中二郎・掛谷誠編『ヒトの自然誌』平凡社
寺嶋秀明（一九九七a）『共生の森』東京大学出版会
寺嶋秀明（一九九七b）「環境の持続的利用のイデオロギー――狩猟採集社会における人と自然との関係」『岩波講座　文化人類学　第2巻　環境の人類誌』岩波書店、一〇七―一三二頁
寺嶋秀明（二〇〇四）『平等と不平等をめぐる人類学的研究』ナカニシヤ出版
中林伸浩（一九九一）『国家を生きる社会――西ケニア・イスハの氏族』世織書房
西田正規（一九八六）『定住革命――遊動と定住の人類史』新曜社
バトラー、J．（二〇一八）『アセンブリ――行為遂行性・複数性・政治』青土社
原口武彦（一九九五）『構造調整とアフリカ農業』アジア経済研究所
半澤和夫（一九九三）「ケニアにおける商業的農業の発達とその特徴」児玉谷史朗編『アフリカにおける商業的農業の発展』アジア経済研究所、一六三―一九八頁
藤原辰史（二〇二〇）『縁食論――孤食と共食のあいだ』ミシマ社
星昭（一九六九）「ローデシアの「原住民指定地」と「原住民購入地」」『アジア経済』一〇（二）：八二―九七
星昭（一九七〇）「ザンビアにおける「部族主義」と土地保有」『アジア経済』一一（二）：四一―五七
星昭・林晃二（一九七八）『アフリカ現代史I　総説・南部アフリカ（世界現代史11）』山川出版社
ホブズボウム、E．、レンジャー、T．（編）（前川啓治・梶原景昭ほか訳）（一九九二）『創られた伝統（文化人類学叢書）』紀国屋書店
松井健（一九九八）「マイナー・サブシステンスの世界――民俗世界における労働・自然・身体」篠原徹編『民俗の技術』朝倉書店、二四七―二八六頁
馬渕浩一（二〇〇八）『技術革新はどう行われてきたか――新しい価値創造に向けて』日外アソシエーツ
水野祥子（二〇二〇）『エコロジーの世紀と植民地科学者――イギリス帝国・開発・環境』名古屋大学出版会
モース、M．（有地亨訳）（二〇〇八［一九六二］）『贈与論（新装版）』勁草書房

吉田昌夫（一九九七）「タンザン鉄道の建設と運営――政治路線と経済計算」『鉄道史学』（一五）：三七―五〇、鉄道史学会
吉田昌夫（一九九九）「東アフリカの農村変容と土地制度変革のアクター――タンザニアを中心に」池野旬編『アフリカ農村像の再検討』アジア経済研究所、三―五八頁
吉田昌夫編（一九七五）『アフリカの農業と土地保有』アジア経済研究所
ロゴフ、B．（當眞千賀子訳）（二〇〇六〔二〇〇三〕）『文化的営みとしての発達――個人、世代、コミュニティ』新曜社
和田正平（一九九六）『アフリカ女性の民族誌――伝統と近代化のはざまで』明石書店

Adekunle AA. 2012. Agricultural Innovation in sub-Saharan Africa: Experiences from Multiple -stakeholders. In *Approaches*, Forum for Agricultural Research in Africa, Accra, Ghana.

Allan,W. 1965. *The African Husbandman*, Oliver and Boyd, Edinburgh

Berry, S. 1993. *No Condition is Permanent: The Social Dynamics of Agrarian Change in Sub-Saharan Africa*. The University of Wisconsin Press.

Bohannan, P. 1955. “Some Principles of Exchange and Investm4nt among the Tiv,” *American Anthropologist* 57: 60-69.

Boserup, E 1971. *Women’s Role in Economic Development*. St. Martin’s Press.

Byerlee, D. and Eicher, C.K. (eds.) 1997. *Africa’s Emerging Maize Revolution*, Lynne Rienner Publishers, Inc.

Colson, E. 1967. *Kariba Studies*, The Social Organization of the Gwembe Tonga, Rhodes-Livingstone Institute.

Colson, E. 1980. “The Resilience of Matrilineality : Gwembe and Plateau Adaptations,” In: Linda cordell and Stephen Beckerman (eds.) *The Versatility of Kinship*, Academic Press New York.

Colson, E. and Scudden, T. 1987. *For Prayer and Profit: The Ritual, Economic, and Social Importance of Beer in Gwembe District, Zambia, 1950-1982*, Stanford University Press.

Crehan,K. A.F. 1997. “Of Chickens and Guinea Fowl : Living matriliny in North-Western Zambia in the 1980s,” *Critique of Anthropology* 17: 211-227.

Crehan,K. A.F. 1997. *The Fractured Community :Landscapes of Power and Gender in Rural Zambia*, University of California Press.

Ekejiuba, F. 1995. “Down to Fundamentals: Women-centered Hearth-holds in Rural West Africa,” In: Bryceson, Deborah Fahy (ed.)

Women Wielding the Hoe :Lessons from rural Africa for Feminist Theory and Development Practice, Berg publishers, pp.47-61.

Food and Agricultural Organization (FAO) 1968. *Food Composition Table for Use in Africa. Rome.*

Food and Agricultural Organization (FAO) 2014. *The Study of Food and Agriculture 2014: Innovation in Family Farming*, FAO.

Gluckman, M. 1944. Manuscripts. file: FLE-LAB, Institute of Economic and Social Research, University of Zambia.

Gluckman M. 1965. "Kinship and Marriage among the Lozi of Northern Rhodesia and the Zulu of Natal." In: Radcliffe-Brown and D. Forde (eds.) *African Kinship and Marriage* pp.166-206, Oxford University Press.

Gladwin, C.H. 1991. *Structural Adjustment and African Women Farmers*, University of Florida Press.

Guyer, J. 1986. "Household and community in African studies," *African Studies Review*. pp. xxiv, ii-iii, 87-137.

Harries-Jones, P. and Chiwale, J. C. 1963. "Kasaka: A Case Study in Succession and Dynamics of a Bemba Village," *The Rhodes-Livingstone Journal* 33: 1-67, Manchester University Press.

Hyden, G. 2007. "Governance and Poverty Reduction in Africa," *Proceedings of the National Academy of Sciences of the United States of America (PNAS)* 104(43): 16751-16756.

Kakeya, M. & Sugiyama, Y. 1985. "*Chitemene*, Finger millet and Bemba Culture: A socio-ecological Study of Slash-and-burn Cultivation in North-Eastern Zambia," *African Study Monographs, Supplementary Issue* 4: 1-24.

Mikell, G. 1997. *African Feminism : The Politics of Survival in sub-Saharan Africa*, University of Pennsylvania Press.

Mitchell, C, J. 1950. "The Yao of Southern Nyasaland," In: E. Colson & M. Gluckman (eds.) *Seven Tribes of British Central Africa*, London,1951. pp. 292-353.

Moore H. L. and Vaughan,M. 1994. *Cutting Down Trees: gender, nutrition, and agricultural change in the Northern Province of Zambia, 1890-1990.* James Currey.

Moore,H.L., Sanders, T. and Kaare, B.1999. *Those who Play with Fire : Gender, fertility and transformation in East and Southern Africa*, Berg Publishers.

Muntemba, M. 1982. "Women and Agricultural Change in the Railway Region of Zambia: Dispossession and Counterstrategies, 1930-1970," In: E.G. Bay (ed.) *Women and Work in Africa*, Westview Press.

Nnaemeka, O. 2005. "Mapping African Feminisms," In Cornwall, A. (ed.) *Readings in Gender in Africa*, pp.31-41, Indiana University

Press.

Oyama, S. 1996. “Regeneration Process of the Miombo Woodland at Abandoned Citemene Fields of Northern Zambia,” *African Study Monographs* 17(3): 101-116, Kyoto University.

Oyama, S. 2005. “Ecological knowledge of site selection and tree-cutting methods of Bemba shifting cultivators in northern Zambia,” *TROPICS* 14(4): 309-321, The Japan Society of Tropical Ecology.

Oyama, S. 2013. “Guardian or misfeasor? Chief’s roles in land administration under the new 1995 Land Act in Zambia.” In: S. Moyo and Y. Mine. (eds.) *What Colonialism Ignored: ‘African Potentials’ for Resolving Conflicts in Southern Africa*. pp. 103-128. LANGAA Publishers.

Parry, J.P. and Bloch,M.1989. *Money and the Morality of Exchange*, Cambridge University Press.

Poewe, K.O. 1981. *Matrilineal Ideology: male-female dynamics in Luapula, Zambia*, Academic Press for the International African Institute.

Reij, C. and Waters-Bayer, A. (eds.) 2001. *Farmer Innovation in Africa: A Source of Inspiration for Agricultural Development*, Earthscan Publication.

Richards, A. I. 1939. *Land, Labour and Diet in Northeastern Rhodesia*, Oxford University Press.

Richards, A. I. 1940. *Bemba Marriage and Present Economic Conditions*, Rhodes-Livingstone Institute Paper.

Richards, A. I. 1950. “Some Types of Family Structure Amonsg the Central Bantu,” In: Radcliffe-Brown and Forde. (eds.) *African Systems of Kinship and Marriage*, Oxford University Press.

Richards, A. I. 1956. *Chisungu: a girl’s initiation ceremony among the Bemba of Zambia*, Oxford University Press.

Richards, A. I. and Widdowson, E. 1937. “A Dietary Study in Northern Rhodesia,” *Africa* 9: 166-196.

Richards, P. 1985. *Indigenous Agricultural Revolution: Ecology and Food Production in West Africa,* Unwin Hyman.

Roberts, A. 1974. *History of the Bemba*, Longman.

Roberts, A. 1976. *A History of Zambia*, Africana Publishing company.

Schneider, D. M. and K. Gough. (eds.) 1951. *Matrilineal Kinship*, University of California Press.

Scudder, Thayer. 1962. *Ecology of Gwembe Tonga*, Manchester University Press.

Shigeta, M. 2021. “On Launching ZAIRAICHI,” *ZAIRAICHI* 3:1-3, Zairaichi Research Group, Kyoto University.

Stromgaard, P. 1985. "A Subsistence Society under Pressure : the Bemba of Northern Zambia," *Africa* 55(1): 39-58.

Sugiyama, Y. 1987. "Maintaining a Life of Subsistence in the Bemba Village of North-estern Zambia," *African Study Monographs Supplementary Issue* 6: 15-32, Kyoto University.

Sugiyama, Y. 1992. "The Development of Maize Cultivation and the Changes in the Village Life of the Bemba of Northern Zambia," *Senri ethnologial studies* 31: 173-201. National Museum of Ethnology.

Sugiyama, Y. 1993. "Tradition as a sequence of changes: Local kuowledge about *Chitemene* and Development of Maize cultivation amoug the Bemba of Northen Zambia," *African /American /Japanese Scholars Conference for Coopvation in the Educational, Cultural and Enviroumantal Sheres in Africa*, pp. 387-410, Tokyo University of Foreign Studies.

Sugiyama, Y. 2020. "Making Innovation Socially Inclusive : Lessons from the Bemba in Zambia," In: G. Hyden, K. Sugimura and T. Tsuruta (eds.) *Rethinking African Agriculture : How Non Agrarian Factors Shape Peasant Livelihood*, Routledge.

Sugiyama Y. and Tsuruta. 2021. *Conflicting Paradigms and Strategies of Local Innovation: A Case Study among the Bemba*, Northern Zambia.

Tanno, T. 1976. "The Mbuti Net-Hunters in the Ituri Forest, Eostern Zaire," *Kyoto University African Studies* 10: 101-135.

Trapnell, C. G. 1943. *The Soils, Vegetation and agriculture of North-Eastern Rhodesia*, Government Printer, Lusaka.

Turner, V. 1972 (1957). *Schism and Continuity in an African Society : A Study of Ndembu Village Life*. Manchester University Press.

Tanguy, F. 1975 (1948). *Imilandu ya Babemba*, Oxford University Press /National Educational Company of Zambia Ltd. Lusaka.

Vaughan, M. 1985. "Household units and Historical process in Southern Malawi," *Review of African Political Economy* 34: 35-45.

Valdes, A. and Muir-Lelesche, K. (eds.) 1993. *Agricultural Policy Reforms and Regional Market Integration in Malawi, Zambia, and Zimbabwe*. IFPRI.

Whiteley,W. and Slaski, J. 1950. *Bemba and Related Peoples of Northern Rhodesia bound with Peoples of the Lower Luapula Valley*, International African Institute.

Wright, M. 1983. "Technology, Marriage and Women's Work in the History of Maize Growers in Mazabuka, Zambia," *Journal of Southern African Studies* 1: 71-85.

Whitehead, Ann. 1994. "Wives &Mothers:Female farmers in Africa," In: Adepoju A. and Oppong, C. (eds.) Gender, *Work & Population in sub-Saharan Africa*, James Currey.

【ま】

【や】

【ら】

【わ】

【な】

【は】

【た】

【さ】

索引

著者紹介

杉山　祐子（すぎやま　ゆうこ）

弘前大学人文社会科学部教授。筑波大学大学院歴史・人類学研究科博士後期課程修了、京都大学博士（地域研究）。主な著作に、『極限――人類社会の進化』（共著、京都大学学術出版会、2020年）、『地方都市とローカリティ――弘前・仕事・近代化』（弘前大学出版会、2016年）などがある。

生態人類学は挑む　MONOGRAPH 7
サバンナの林を豊かに生きる――母系社会の人類学

2022年7月15日　初版第一刷発行

著　者　杉山祐子
発行人　足立芳宏

京都大学学術出版会
京都市左京区吉田近衛町69番地
京都大学吉田南構内（〒606-8315）
電　話（075）761-6182
FAX（075）761-6190
Home page http://www.kyoto-up.or.jp
振　替　01000-8-64677

ISBN978-4-8140-0420-1
Printed in Japan

ブックデザイン　森　華
印刷・製本　亜細亜印刷株式会社
定価はカバーに表示してあります

混迷する21世紀に
人類文化の深淵を辿りなおす

生態人類学は挑む
全16巻

◆は既刊、タイトルや刊行順は
変更の可能性があります

SESSION

◆SESSION 1
動く・集まる
大塚柳太郎 編

◆SESSION 2
わける・ためる
寺嶋秀明 編

◆SESSION 3
病む・癒す
稲岡 司 編

SESSION 4
つくる・つかう
伊谷樹一 編

◆SESSION 5
関わる・認める
河合香吏 編

SESSION 6
たえる・きざす
伊藤詞子 編

MONOGRAPH

◆MONOGRAPH 1
交渉に生を賭ける
東アフリカ牧畜民の生活世界
太田 至

◆MONOGRAPH 2
ウェルビーイングを植える島
ソロモン諸島の「生態系ボーナス」
古澤拓郎

◆MONOGRAPH 3
ニューギニアの森から
平等社会の生存戦略
須田一弘

◆MONOGRAPH 4
自給自足の生態学
ボサビの人びとのオートポイエーシス
小谷真吾

◆MONOGRAPH 5
川筋の遊動民バテッ
マレー半島の熱帯林を生きる狩猟採集民
河合 文

◆MONOGRAPH 6
バナナの足、世界を駆ける
農と食の人類学
小松かおり

◆MONOGRAPH 7
サバンナの林を豊かに生きる
母系社会の人類学
杉山祐子

MONOGRAPH 8
狩猟採集社会の子育て論
クン・サンの子どもの社会化と養育行動
髙田 明

MONOGRAPH
微生物との共進化
梅﨑昌裕

MONOGRAPH
記憶でつながるモンゴル世界
風戸真理